교원 임용 2차 심층면접 대비

임용 면접 레시피
Recipe

류은진 양왕경 이광한 이지혜 공저

강원 | 경남 | 경북 | 광주 | 대구 | 대전 | 부산 | 세종 | 울산 | 인천 | 전남 | 전북 | 제주 | 충남 | 충북

예시답안

위더스

Contents

평가원 기출문제 연습하기 예시답안

CHAPTER 1. 초등(2025~2018)
1. 2025 평가원 초등   6
2. 2024 평가원 초등   8
3. 2023 평가원 초등   10
4. 2022 평가원 초등   12
5. 2021 평가원 초등   14
6. 2020 평가원 초등   15
7. 2019 평가원 초등   16
8. 2018 평가원 초등   17

CHAPTER 2. 중등 교과(2025~2018)
1. 2025 평가원 중등 교과   18
2. 2024 평가원 중등 교과   22
3. 2023 평가원 중등 교과   25
4. 2022 평가원 중등 교과   29
5. 2021 평가원 중등 교과   31
6. 2020 평가원 중등 교과   32
7. 2019 평가원 중등 교과   33
8. 2018 평가원 중등 교과   35

CHAPTER 3. 중등 비교과(2025~2018)
1. 2025 평가원 중등 비교과   36
2. 2024 평가원 중등 비교과   40
3. 2023 평가원 중등 비교과   43
4. 2022 평가원 중등 비교과   47
5. 2021 평가원 중등 비교과   49
6. 2020 평가원 중등 비교과   51
7. 2019 평가원 중등 비교과   52
8. 2018 평가원 중등 비교과   54

평가원 실전 모의고사 예시답안

- 평가원 지역 1회차 56
- 평가원 지역 2회차 57
- 평가원 지역 3회차 59
- 평가원 지역 4회차 60
- 평가원 지역 5회차 61
- 평가원 지역 6회차 63
- 평가원 지역 7회차 65
- 평가원 지역 8회차 66
- 평가원 지역 9회차 68
- 평가원 지역 10회차 69
- 평가원 지역 11회차 71
- 평가원 지역 12회차 73
- 평가원 지역 13회차 74
- 평가원 지역 14회차 75
- 평가원 지역 15회차 77
- 평가원 지역 16회차 78
- 평가원 지역 17회차 80
- 평가원 지역 18회차 81
- 평가원 지역 19회차 83
- 평가원 지역 20회차 85
- 평가원 지역 21회차 87
- 평가원 지역 22회차 89
- 평가원 지역 23회차 90
- 평가원 지역 24회차 91
- 평가원 지역 25회차 93
- 평가원 지역 26회차 94
- 평가원 지역 27회차 95
- 평가원 지역 28회차 97
- 평가원 지역 29회차 98
- 평가원 지역 30회차 100
- 평가원 지역 31회차 101
- 평가원 지역 32회차 102
- 평가원 지역 33회차 104
- 평가원 지역 34회차 105
- 평가원 지역 35회차 107
- 평가원 지역 36회차 108
- 평가원 지역 37회차 110
- 평가원 지역 38회차 111
- 평가원 지역 39회차 113
- 평가원 지역 40회차 115
- 평가원 지역 41회차 117
- 평가원 지역 42회차 118
- 평가원 지역 43회차 119
- 평가원 지역 44회차 121
- 평가원 지역 45회차 123
- 평가원 지역 46회차 124
- 평가원 지역 47회차 126
- 평가원 지역 48회차 127
- 평가원 지역 49회차 129
- 평가원 지역 50회차 130

STEP 03
Recipe

평가원 기출문제 연습하기 예시답안

CHAPTER 1. 초등(2025~2018)
CHAPTER 2. 중등 교과(2025~2018)
CHAPTER 3. 중등 비교과(2025~2018)

CHAPTER 1

초등(2025~2018)

2025 평가원 초등

구상형

예시답변

구상형 문제 답변드리겠습니다.

장면 1에 나타난 김 교사 수업의 문제점 2가지는 다음과 같습니다. **첫째, 디지털 리터러시 교육이 부족해 보입니다.** 학생들이 인터넷에서 찾은 자료를 무비판적으로 복사하거나, 출처 없이 사용하면서 정보 윤리에 대한 인식이 부족했기 때문입니다. 예를 들어, 발표 자료에 기사 내용을 그대로 복사하거나, 다른 사람이 만든 자료를 그대로 사용한 점에서 디지털 콘텐츠의 저작권이나 출처 표기에 대한 교육이 필요함을 확인할 수 있었습니다.

이에 대한 개선 방안으로는 디지털 리터러시 체크리스트를 활용할 수 있습니다. 구체적으로 체크리스트를 활용해 디지털 기기를 활용한 수업 전에 지켜야할 규칙에 대해 생각해보고 수업 후에 자신이 잘 지켰는지 확인해보도록 합니다. 이를 통해 학생들이 책임 있는 정보 활용 방법을 스스로 점검하고 바람직한 디지털 태도를 형성할 수 있습니다.

수업의 문제점은 **둘째, 역할 분담이 명확하지 않아 모둠 활동이 비효율적으로 이루어졌습니다.** 일부 학생은 역할을 몰라서 맡고, 어떤 학생은 역할이 없어 참여하지 못한 상황이 발생했습니다. 예를 들어, PPT를 잘 다루는 학생에게 대부분의 작업이 집중되고, 태블릿을 잘 못 다루는 학생은 곤란해하거나 소극적으로 참여하게 되었습니다. **이에 대한 개선 방안으로는 모둠 역할표를 활용할 수 있습니다.** 예를 들어, 활동에서 필요한 역할 설명과 역할 이름이 안내되어 있는 역할 표를 모둠별로 제공하고 자신의 특성에 맞는 역할을 서로 나눠서 분담할 수 있도록 합니다. 이렇게 활동 전 각자의 역할과 책임을 명확히 안내하면, 모든 학생이 고르게 참여하고 협업이 원활해질 수 있습니다.

학교 교육과정 차원에서 실시할 수 있는 프로그램으로는 **실과 및 창의적 체험활동 시간을 활용한 '디지털 윤리의식 주간' 운영**을 제안하겠습니다. 디지털 기기의 사용이 일상화된 만큼, 정규 교과 시간 내에서 정보 활용 윤리와 디지털 시민성에 대한 교육이 반드시 병행되어야 하기 때문입니다. 예를 들어, 실과 시간에는 '올바른 정보 검색과 출처 밝히기', 창의적 체험활동 시간에는 '디지털 저작권 퀴즈', '가짜 뉴스 판별 토의', '모둠별 디지털 윤리 실천 다짐 만들기' 등의 활동을 구성할 수 있습니다. 이러한 프로그램을 통해 학생들은 디지털 환경에서 타인을 존중하며 정보를 책임 있게 사용하는 태도를 자연스럽게 기를 수 있고, 수업 내 디지털 기기 활용의 질도 함께 높아질 것입니다. 이상입니다.

한 눈에 보기

핵심주제 학습지도, 에듀테크

평가영역	평가항목
구상형	**[문제점]** • 저작권 및 정보 윤리 의식 부족 • 디지털 리터러시 교육의 부재 • 디지털 기기 사용 관련 규칙이 없음. • 모둠 내 역할 분담이 원활하게 이루어지지 않고 독단적으로 의사 결정됨. • 역할 분담 규칙이 사전에 설정되지 않음. **[개선방안]** • 학급회의를 통해 조사 수업에서 디지털 기기 사용 규칙 정하기 • 학급회의를 통해 조사 수업에서 디지털 기기 사용 규칙 정하기 • 디지털 리터러시 체크리스트를 활용하여 자기평가가 이루어지도록 함. • 사전에 학생 특성을 바탕으로 모둠 내 역할 안내 • 모둠 역할표를 통해 활동에 필요한 역할을 분담할 수 있도록 가이드 **[학교 차원 실시 프로그램]** • 디지털 활용의 날을 통해 학년별 퀴즈 대회 운영 • 실과 및 창의적 체험활동을 활용한 디지털 윤리의식 주간 운영 • 교과 연계 디지털 프로젝트 수업(국어, 사회, 과학 등 연계) • 디지털 활용 역량 강화 동아리 운영

▶ 즉답형 1

예시답변

즉답변 1번 답변드리겠습니다.
먼저 교사 소진 현상을 말씀드리겠습니다.

첫째, 정서적 소진입니다. 이는 교사가 지속적인 업무 스트레스 속에서 감정적으로 지치고 무기력해지는 현상입니다. 김 교사가 '혼자 있고 싶다', '학교로 가는 발걸음이 무겁다'고 느끼는 것은 정서적 에너지가 고갈되었음을 보여주는 대표적인 사례입니다. 이처럼 정서적 소진을 인식하고 적절히 대응하지 않으면 직무에 대한 회피로 이어질 수 있어 조기 인식과 지원이 필요합니다.

둘째, 개인 성취감의 감소입니다. 열심히 지도 방법을 연구하고 노력했음에도 불구하고, 그 결과에 만족하지 못하거나 무력감을 느끼는 경우입니다. 김 교사가 "열심히 해도 학생들이 달라지지 않는다."며 성과를 학생 탓으로 돌리는 것은 자신이 이룬 성과를 제대로 인식하지 못하는 상황을 보여줍니다. 이로 인해 자존감이 낮아지고 교육 활동 전반에 대한 자신감을 잃게 될 수 있습니다.

이러한 상황에서 **필요한 태도는 첫째, 성찰입니다.** 자신의 수업을 되돌아보면서 현재의 어려움을 객관적으로 바라보고, 수업의 효과를 학생의 반응만으로 단정 짓지 않도록 시야를 넓히는 것이 중요합니다. 예를 들어, 동료 교사와의 수업 나눔, 수업일지 작성 등을 통해 수업의 작은 변화와 학생의 반응을 점검하다 보면 자신이 놓쳤던 긍정적인 요소를 발견할 수 있습니다. 이러한 성찰은 자기 효능감을 회복하고 전문성을 더욱 발전시키는 계기가 됩니다.

둘째, 자기 돌봄입니다. 교사도 하나의 감정을 지닌 존재로서, 자신을 돌보고 회복하는 시간을 갖는 것이 지속 가능한 교육 활동을 위한 전제가 됩니다. 예를 들어, 동료들과의 소통을 통해 정서적 지지를 얻거나, 퇴근 후 산책이나 취미 활동 등으로 스트레스를 해소할 수 있습니다. 자기 돌봄은 정서적 회복은 물론 교육에 대한 긍정적인 태도를 유지하는 데 큰 도움이 됩니다. 이상입니다.

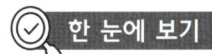 한 눈에 보기

핵심주제 교사의 태도, 교사 소진

평가영역	평가항목
즉답형	**[교사 소진 현상]** • **정서적 소진** : 열심히 해도 소용이 없다고 생각하며 무기력감을 느끼고 있고 점점 우울해지고 있음. 교사로서 의욕과 감정 에너지가 고갈된 정서적 소진의 모습 • **개인 성취감 감소** : 수업의 효과가 없는 이유를 학생 탓으로 돌리려고 하고 있으며, 학생 지도에 대해 회의감을 느끼고 있음. • **대인관계 단절 및 고립감** : 다른 교사들과 이야기하지 않고 혼자 있고 싶어하고 협업보다 회피를 선택하게 되며 정서적으로 폐쇄적인 태도를 보임. **[필요한 태도]** • **성찰** : 단기적인 결과에 연연하기보다는 발달 과정을 긴 안목에서 바라보며 꾸준히 성찰하는 태도가 필요함. • **소통** : 동료 교사들과의 대화를 통해 정서적 지지를 받고 공동의 문제로 인식하고 해결할 수 있는 관계 지향적 태도가 필요함. • **자기돌봄** : 스스로의 감정 상태를 돌보는 시간과 방법이 필요함.

▶ 즉답형 2

예시답변

즉답형 2번 답변드리겠습니다.
요구되는 리더십 행동 2가지는 다음과 같습니다.

첫째, 동료 교사들과의 적극적인 비전 공유와 소통입니다. 프로젝트가 교육적으로 가치 있는 방향으로 나아가려면, 함께하는 동료들이 그 목적과 의미에 공감하는 것이 우선입니다. 예를 들어, 전체 회의 대신 소규모 간담회나 비공식적인 대화를 통해 인문독서교육의 효과적인 사례를 공유하고, 학생들의 긍정적인 반응을 나누며 동료들의 관심을 자연스럽게 이끌어낼 수 있습니다.

둘째, 역할 부담을 줄이고 책임을 분산하는 리더십도 필요합니다. 처음부터 모두가 큰 책임을 지기보다, 작고 구체적인 역할로 나눠 부담을 줄이면 참여의 진입장벽이 낮아집니다. 예를 들어, 한 교사는 독서 목록 추천, 다른 교사는 발표 활동 운영, 또 다른 교사는 도서관 활용 지원 등의 방식으로 업무를 나눈다면 동료들이 보다 쉽게 참여할 수 있습니다.

필요한 인성적 자질로는 **첫째, 협력적인 태도**가 필요합니다. 프로젝트를 혼자 이끄는 것이 아니라, 함께 만들어가는 과정임을 인정하고 동료의 입장에서 상황을 이해하고 배려하는 자세가 필요합니다. 이런 협력적 태도는 교내 분위기를 부드럽게 만들고, 장기적으로 협업 문화를 조성하는 데 기여합니다.

둘째, 소통입니다. 단순한 정보 전달을 넘어, 서로의 생각과 어려움을 진심으로 듣고 공감하는 능력이 필요합니다. 예를 들어, 회의 이후에도 교사 개별 피드백을 듣거나, 익명 설문을 통해 다양한 의견을 수렴한다면 동료들이 존중받고 있다고 느끼게 됩니다. 이런 소통은 업무를 넘어서 공동체 내 신뢰와 유대감을 높이는 데 긍정적인 영향을 줍니다. 이상입니다.

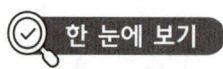 **한 눈에 보기**

| 핵심주제 | 교사의 자질 |

평가영역	평가항목
즉답형	**[리더십 행동]** • 동학년 교사들이 자연스럽게 관심을 갖도록 유도 • 동학년 교사들과 적극적으로 비전 공유 및 소통 • 작은 역할 나누기를 통해 부담을 줄이고 책임을 분산 • 경청과 배려를 통한 공동체적 관계 회복 **[인성적 자질]** • **책임감** : 자신의 업무에 끝까지 책임감을 갖고 교육적으로 의미 있게 완수하는 자질이 필요함. • **협력적 태도** : 작은 성과를 함께 공유하며 협력하도록 함. • **소통** : 목표를 명확하게 인식할 수 있도록 하여 동기부여 • **끈기, 인내심** : 쉽게 협력이 이루어지지 않더라도 포기하지 않고 지속적으로 노력함.

2024 평가원 초등

▶ 구상형

예시답변

구상형 문제 답변드리겠습니다.
제시문에서 김 교사가 학교에서 활용할 수 있는 지원 방안 2가지 먼저 말씀드리고 협조사항 2가지를 제시하겠습니다.

먼저 김 교사가 학교에서 활용할 수 있는 지원 방안 2가지는 다음과 같습니다.

첫째, 전문상담교사와 연계하여 지도를 실시하겠습니다. 현재 제시문에서 문제 행동을 보이는 준하는 교사의 문제 행동 지도에도 변화가 없다는 것을 확인할 수 있습니다. 교사가 자신이 할 수 있는 범위에서 다양한 지도를 시도하였으나 어려움을 겪고 있기에 전문가의 도움을 받는 것이 필요해 보입니다. 따라서 학교에 있는 전문상담교사와 연계하여 학생을 지도하는 것이 필요합니다. 전문상담교사에게 현재 상황과 이제까지 지도했었던 내용에 대해 이야기하고 학생에게 추가로 제공할 수 있는 지도 방법은 무엇인지 혹은 필요하다면 담임교사, 상담교사, 학생이 함께 상담하는 활동까지 이루어질 수 있도록 합니다.

둘째, 사제멘토링, 희망교실을 활용하여 지도하겠습니다. 현재 제시문에서 준하는 기초학력이 부족하고 무기력한 모습을 보이고 있습니다. 단순히 지능의 문제를 떠나 삶의 전반에서 정서적 어려움을 겪고 있는 것으로 파악할 수 있습니다. 때문에, 학교에서 진행하는 멘토링 활동으로 학생의 어려움을 도울 수 있다고 생각합니다. 사제멘토링 제도를 활용해 준하에게 심리상담, 진로체험, 문화체험 등 다양한 활동을 제공함으로써 정서적 어려움을 발견하고 해결할 수 있도록 돕겠습니다.

다음으로 준하의 원만한 학교생활을 위해 학부모에게 요청할 수 있는 협조사항을 이유와 함께 2가지 말씀드리겠습니다.

첫째, 서로 상세한 정보공유가 이루어질 수 있도록 부탁드리겠습니다. 그 이유는 현재 제시문에서 학부모는 준하의 학교생활에 대해서 잘 모르고 있었고, 김 교사는 준하가 가정에서 어떤 모습을 보이는 지에 대해 잘 모르고 있었다는 것을 알 수 있습니다. 이러한 정보의 공백은 교육공동체 사이의 협력을 어렵게 만드는 장애요인이기 때문에 상세한 정보공유는 반드시 필요하다고 생각합니다. 교사로서 학부모에게 먼저 준하의 학교생활과 현재 이루어지고 있는 지도 방법에 대해 말씀드리고 가정에서도 함께 지도가 이루어질 수 있도록 부탁드리겠습니다.

둘째, 스마트폰 중독 예방교육 관련 가정의 협조를 부탁드리겠습니다. 그 이유는 현재 제시문에서 준하의 정서적인 어려움뿐만 아니라 핸드폰 사용시간을 넘기는 모습을 통해 스스로 통제하는 것에 어려움을 겪고 있는 것을 파악할 수 있습니다. 이러한 현상은 스마트폰 중독에서 비롯된다고 보기 때문에 이를 해결하기 위해 가정과 학교의 협력은 반드시 필요하다고 생각합니다. 학교에서 중독 검사 및 생활의 실천 방안에 대해 준하와 함께 계획을 수립하고 이를 가정에서도 실천할 수 있도록 해당 내용을 학부모님께 전달하겠습니다. 가정에서도 칭찬과 습관잡기가 함께 이루어져 준하의 어려움을 해결하도록 하겠습니다. 이상입니다.

한 눈에 보기

핵심주제 학습지도, 교육공동체

평가영역	평가항목
구상형	**[학교에서 활용할 수 있는 지원 방안]** • 전문상담교사와 연계한 지도 • 두드림 학교 활용 지원 • 희망교실(사제멘토링)활용 지원 • 학습종합클리닉센터 • 튜터링 제도 활용 **[담임교사로서 가정에 협조 요청사항]** • 상세한 정보 공유 요청 • 스마트폰 중독 예방교육 협조 요청 • 정서·행동 특성검사 결과를 바탕으로 외부 치료기관과 연계 안내 • 지속적인 학생 상담 및 보호자 면담을 통해 학생의 정서적 안정 협력 요청

즉답형 1

예시답변

즉답형 1번 답변드리겠습니다.
제시문에서 공개 수업에 대해 이 교사가 가져야 할 태도 3가지는 다음과 같습니다.

첫째, 이 교사는 긍정적 태도가 필요합니다. 제시문에서 이 교사는 공개 수업하는 것에 대해 부정적으로 생각하고 자신의 수업을 다른 사람이 본다는 것에 대해 평가받는다 생각하고 부담스러워하고 있기 때문입니다. 공개 수업은 누군가를 비난하거나 비판하는 것이 목적이 아니라 상호 발전을 위해 건전한 피드백이 이루어지는 활동입니다. 공개 수업이 가지고 있는 장점에 대해 주목하고 긍정적으로 생각하는 태도가 필요해 보입니다.

둘째, 이 교사는 개방적 태도가 필요합니다. 제시문에서 이 교사는 AI, 에듀테크 등 최신 수업 도구에 대해 부정적인 모습을 보이며 새로운 수업 방식을 받아들이지 못하고 있기 때문입니다. 교사는 기존의 고유한 가치를 학생들에게 전해주는 것도 중요하지만 학생들이 미래사회에 잘 적응할 수 있도록 미래역량을 키워주는 것도 반드시 같이 지도해야 한다고 생각합니다. 따라서 개방적 태도를 통해 다양한 최신 수업 도구를 받아들이려는 태도를 갖추는 것이 필요해 보입니다.

셋째, 이 교사는 협력의 태도가 필요합니다. 제시문에서 이 교사는 다른 교사와 공개 수업을 통해 마찰이 일어나는 것에 대해 우려를 표현하고 있습니다. 이는 동료교사들과의 협력에 대해 부담감을 느끼고 있는 것으로 보입니다. 학교 공간에서 동료교사들과 협력하다 보면 당연히 갈등이 발생할 수밖에 없습니다. 하지만 이러한 갈등을 해결하는 과정에서 더 좋은 결과를 도출해 낼 수 있다고 생각하기 때문에 두려워하지 않고 동료교사들과 적극적으로 협력하는 태도를 갖추는 것이 필요해 보입니다. 이상입니다.

한 눈에 보기

핵심주제 교사의 태도

평가영역	평가항목
즉답형	**[이 교사가 가져야 할 태도]** • **개방적 태도** : 새로운 수업 방식을 받아들이려는 태도 • **책임의 태도** : 교사로서 수업 발전에 책임감을 가지려는 태도 • **협력적 태도** : 다른 교사와 수업 나눔을 통해 협력하려는 태도 • **소통의 태도** : 공개 수업으로 인한 갈등을 잘 해결하여 효과적으로 만들려는 태도 • **긍정적인 태도** : 공개 수업의 단점보다 장점에 주목하여 극대화하려는 태도 • **유연한 태도** : 내 생각이 틀릴 수 있음을 인정하고 받아들이는 태도

즉답형 2

예시답변

즉답형 2번 답변드리겠습니다.
최 교사에게 필요한 인성적 자질 3가지와 이유는 다음과 같습니다.

첫째, 최 교사는 공감의 자질이 필요합니다. 제시문에서 학부모가 자녀가 학교에서 물건을 자주 잃어버린다며 불만을 표현한 상황에 대해 최 교사는 귀찮다고 생각하고 있습니다. 학부모는 자녀의 학교생활에 대해 자녀가 이야기하지 않으면 정보를 얻을 수 있는 방법은 교사뿐이라고 생각합니다. 때문에 학부모의 현재 어려움에 대해 정서적으로 충분히 공감하고 해결방법을 같이 모색할 수 있는 공감의 인성적 자질이 필요해보입니다.

둘째, 최 교사는 소통의 자질이 필요합니다. 제시문에서 최 교사는 학부모의 이야기를 충분히 듣지 않고 이미 가늠이 된다는 생각으로 자기 할 말만 하고 통화를 끊어버렸습니다. 아직 학부모가 원하는 방향에 대해 충분히 들어보지 않고 결론을 성급하게 짓는 것은 올바른 교사로서의 태도가 아니라고 생각합니다. 본인이 학부모의 반응을 예상할 수는 있으나 예상 외에 다른 반응이나 새로운 해결 방안에 대해 생각해 볼 수 있는 또 하나의 기회가 될 수 있기 때문에 학부모와 충분히 이야기 나누는 소통의 자질이 필요해 보입니다.

셋째, 최 교사는 책임의 자질이 필요합니다. 제시문에서 최 교사는 다른 학생들은 모두 다 잘하는데 해당 학생만 문제가 있다고 결론짓고 나서 상황을 대수롭지 않게 여기고 있습니다. 교사로서 자신이 맡은 학생이 문제를 겪고 있다면 관심을 갖고 도와주려 노력하는 자세를 갖추는 것이 중요합니다. 또한 현상의 책임을 특정 학생에게 모두 전가하는 것이 아니라 학급 차원에서 다 함께 도울 수 있는 방법이 무엇인지 고민하는 책임감을 갖는 것이 필요해 보입니다. 이상입니다.

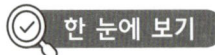

핵심주제	교사의 자질
평가영역	평가항목
	[최 교사에게 필요한 인성적 자질과 이유] • **공감의 자질** : 학부모의 상황을 이해하고 경청하려는 자세가 필요
즉답형	• **책임의 자질** : 자신이 맡은 학생에 대해 관심을 갖고 도와주려 노력하는 자세가 필요 • **소통의 자질** : 대화를 일방적으로 중단하지 않고 상호존중의 소통이 필요 • **문제해결력** : 교육공동체의 문제에 관심을 갖고 해결할 줄 아는 능력 필요 • **협력의 자질** : 학부모와 학생이 겪는 문제를 함께 해결하려고 노력해야 함. • **이해심** : 같은 문제를 여러 번 겪고 있는 학부모의 마음을 이해해야 함.

2023 평가원 초등

구상형

예시답변

구상형 문제 답변드리겠습니다.
제시문에서 각 교사들이 만난 학생들의 문제 행동 유형과 개별 지도 방안을 말씀드리겠습니다.

먼저, **최 교사가 만난 학생의 문제 행동 유형은 산만하고 부주의한 행동을 하는 주의력 결핍**입니다. 제시문에서 학생은 지속적으로 수업과 관련 없는 질문을 하거나 소란스럽게 하는 등 주의집중을 제대로 하지 못하는 모습을 보이고 있습니다. 또한 수업 중에 모든 일을 교사에게 부탁하는 등 산만한 행동을 하고 있습니다. 이 학생에게 필요한 **개별적 지도 방안**은 다음과 같습니다. **적절한 대안행동을 제시하여 주의집중을 도울 수 있습니다.** 질문이 하고 싶을 때 질문 카드를 들고 있거나 혹은 질문하는 시간을 따로 정해주는 등 시간과 방법에 대한 대안행동을 제시합니다. 주의집중이 부족한 학생들은 자신의 에너지를 발산할 수 있는 대안행동이 필요합니다. 학생과 이야기를 통해 학생의 상황을 해결할 수 있는 대안행동을 함께 정하고 수업시간에 지켜나갈 수 있도록 돕습니다.

다음으로 박 교사가 만난 학생의 문제 행동 유형은 **우울과 무기력한 모습을 보이는 것**입니다. 제시문에서 학생은 수업시간에 엎드려서 잠을 자거나 모둠활동에 전혀 참여하지 않는 모습을 보이고 있습니다. 학습에 대한 흥미 측면에서 문제가 있는지 환경적인 문제가 있는지 파악하는 것이 중요합니다. 이 학생에게 필요한 **개별적 지도 방안**은 다음과 같습니다. **개별 상담을 정기적으로** 실시하여 교사가 '게이트 키퍼' 역할을 해야 합니다. 상담을 통해 학생이 학습에 흥미를 느낄 수 있도록 함께 학습 계획을 세우는 시간을 가질 수 있습니다. 또는 친구 관계에서 어려움을 겪고 있다면 갈등 해결이 이루어질 수 있도록 적절한 도움을 제공할 수 있습니다.

마지막으로 민 교사가 말한 문제 행동 예방을 위한 수업 운영 방안을 구체적으로 1가지 말씀드리겠습니다. **프로젝트 학습을 통해 학생이 능동적으로 수업에 참여할 수 있도록 합니다.** 수업 주제 설정에서부터 학생들이 흥미로워할 만한 주제를 스스로 설정하게 하고, 직접 실행하고 평가하는 과정을 경험하게 합니다. 이를 통해 학생들은 학습에 대한 흥미를 갖게 되고 자연스럽게 주의집중력을 향상할 수 있습니다. 이상입니다.

한 눈에 보기

핵심주제 정서·행동 특성 학생 지도

평가영역	평가항목
구상형	**[최 교사가 만난 학생의 문제 행동과 개별지도 방안]** • **수업시간을 방해하는 비과제 행동을 많이 함** : 역할교환검사를 통해 다른 학생의 학습권이 침해되지 않도록 지도하고, 성찰과 반성을 통해 올바른 행동으로 교정될 수 있도록 도와야 함. 학급 규칙 이외에 교사와 학생이 개별적으로 규칙을 설정하고 목표를 도달할 수 있도록 지속적으로 피드백을 제공함. • **산만하고 부주의한 행동을 많이 함** : 질문이 하고 싶을 때 질문 카드를 들거나 질문하는 시간을 따로 정해주는 등 대안행동을 제시함. 주의력이 분산될 수 있는 창가, 문엎, 게시판 근처 등을 피해서 차분한 자리로 위치를 변경함. • **주의력 결핍 및 과잉 의존을 보임** : 학생과 상담을 통해 문제행동으로 인해 다른 사람에게 끼칠 수 있는 영향에 대해 이야기 나눔. 해결방안을 스스로 찾지 못하는 경우 적절한 지원을 제공하는 것이 중요함. **[박 교사가 만난 학생의 문제 행동과 개별지도 방안]** • **우울하고 무기력한 모습을 보임** : 정서·행동 변화에 지속적으로 관심을 갖고 개인 면담을 정기적으로 실시함. 필요하다면 보호자와 면담을 병행하여 학교생활 적응도를 높일 수 있도록 함. • **학교생활에 부적응하는 모습을 보임** : 상담을 통해 친구관계에서 겪고 있는 어려움이 있는지 파악함. 친구관계 조사를 바탕으로 갈등해결이 필요한 친구와 관계를 회복할 수 있도록 적절한 도움을 제공하도록 함. • **수업시간에 소극적인 모습을 보임** : 개별화된 학습 계획을 함께 세우는 시간을 가짐. 관심사나 학습 성향 등을 파악하고 수업과 연결 지을 수 있도록 도움을 제공. 자신의 생각이 수업에 적극적으로 반영될 수 있음을 알리고 수업의 형태를 다양화하는 시도 필요
구상형	**[문제 행동 예방을 위한 수업 운영 방안]** • 프로젝트학습을 통해 학생이 능동적으로 수업에 참여할 수 있도록 도움. 수업 주제, 설정, 평가까지 적극적으로 참여하고 해결하는 경험을 얻을 수 있도록 적극적으로 학습 기회 부여 • 매 시간 수업 목표와 계획을 명확히 설명함. 학생들이 수업 시간에 무엇에 집중해야 하는지 사전에 알려 집중력을 올리고, 수업 진행도를 파악하고 적극적으로 참여할 수 있도록 함. • 다양한 학생 중심 수업을 활용함. 교사 중심의 시작에서 점점 학생들이 직접 참여하고 활발하게 의견을 나누는 학생 중심으로 마무리되는 구조를 통해 학생들이 수업의 주인 의식을 느끼고 집중할 수 있도록 함. • 문제 예방에 대한 책임감을 강화하기 위해 나만의 수업 규칙 만들기를 진행함. 내가 지키고 싶은 수업 시간의 규칙을 스스로 정하고 자기평가가 이루어지게 하여 자신의 모습과 변화 정도를 지속적으로 관찰할 수 있도록 함.

▶ 즉답형 1

예시답변

즉답형 1번 답변드리겠습니다.
제시문 속 김 교사가 가져야 할 태도는 다음과 같습니다.

첫째, 도전하는 태도가 필요합니다. 제시문에서 김 교사는 전문적학습공동체에 참여해 보지도 않고 효과를 예단하는 모습을 보이고 있습니다. 교사로서 교육의 발전뿐만 아니라 개인의 발전을 위해서라도 도전하는 태도를 갖는 것이 중요하다고 생각합니다. 직접 경험해 보고 나에게 필요한 것인지 아닌지 판단하는 것이 필요하다고 생각합니다.

둘째, 적극적으로 소통하는 태도가 필요합니다. 제시문에서 동료 선생님들이 김 교사에게 직접 전문적학습공동체에 참여해 보라고 권유하는 모습을 볼 수 있습니다. 분명 동료 선생님들이 직접 권유한 것에는 이유가 있을 것이라고 생각합니다. 권유를 한번에 뿌리치기보다 직접 만나서 학습공동체의 필요성에 대해 이야기를 나누는 소통의 태도가 필요하다고 생각합니다.

셋째, 공동체 지향적인 태도가 필요합니다. 제시문에서 김 교사는 학교 일보다 개인의 취미 생활을 더 열심히 하고 싶어하는 모습을 보이고 있습니다. 개인의 취미 생활도 중요하지만 교사로서 학교 공동체의 발전을 위해서도 노력하는 모습도 동시에 갖추는 것이 필요합니다. 이를 위해, 문제 해결을 혼자하는 독서에서 먼저 찾기보다 다 함께 준비하고 발전하는 공동체를 통해 해결해 보려는 공동체 지향적인 태도가 필요하다고 생각합니다. 이상입니다.

한 눈에 보기

핵심주제	교사의 태도
평가영역	평가항목
즉답형	[김 교사가 가져야 할 태도] • 협동의 자세 • 융통성을 발휘하는 태도 • 도전하는 자세 • 전문적학습공동체에 적극적으로 참여하는 태도 • 발전을 위해 노력하는 태도 • 공동체 지향적인 태도 • 적극적으로 소통하려는 태도

▶ 즉답형 2

예시답변

즉답형 2번 답변드리겠습니다.
마을 축제를 성공적으로 운영하기 위해 송 교사에게 필요한 인성적 자질은 다음과 같습니다.

첫째, 맡은 업무에 끝까지 최선을 다하는 자질이 필요합니다. 원래 자신의 업무가 아니라 학교 사정으로 맡게 된 업무일지라도 자신에게 주어진 업무이기 때문에 끝까지 해내려는 마음이 필요합니다. 원래 내 일이 아니기 때문에 상관없다는 마음을 버리고 우리 모두를 위한 일이라 생각하고 최선을 다해야 합니다.

둘째, 동료교사와 협력하는 자질이 필요합니다. 자신이 맡게 된 업무이지만 필요에 따라서 적절하게 동료교사들에게 도움을 요청할 수 있어야 합니다. 내향적인 성격이라 도움을 요청하는 것에 어려움을 느낄 수 있지만 혼자서 고민하는 것보다 함께 고민하는 것이 더 좋은 결과를 만들 수 있다고 생각합니다.

셋째, 마을공동체와 소통을 위해 노력하는 자질이 필요합니다. 마을 축제가 성공적으로 운영되려면 모든 교육공동체가 하나 되어 힘을 합치는 것이 무엇보다도 중요하다고 생각합니다. 좋은 과정이 있어야 좋은 결과가 나올 수 있기에 그 과정에서 반드시 필요한 것은 소통이라고 생각합니다. 적극적으로 공동체와 소통하여 다양한 의견이 반영될 수 있도록 노력하는 것이 필요합니다. 이상입니다.

한 눈에 보기

핵심주제	교사의 자질
평가영역	평가항목
즉답형	[필요한 인성적 자질] • 마을공동체와 소통을 위해 노력하는 자질 • 업무에 최선을 다하는 자질 • 동료교사와 협력하는 자질 • 문제를 해결하려는 자질 • 책임감 • 인내심 • 자신감 • 리더십

2022 평가원 초등

▶ 구상형

핵심주제	원격수업
평가영역	평가항목
구상형	[문제점] 〈성찰일지 1〉 • 온라인 수업설계 오류 문제 • 교사와 학생, 학생 간 소통 부족(라포르 형성 부족, 사회성 발달 부족) • 원격수업 시 학생에게 주어지는 상호작용 시간 부족 • 온라인 수업의 취지가 왜곡되어 있음.

구상형	• 자기주도적 학습에 어려움을 겪고 있음. 〈성찰일지 2〉 • 수업자료, 교육자료 개발에 어려움을 겪고 있음. • 온라인 수업으로 인한 업무 가중 부담 • 동료교사와 협업하는 것에 어려움을 겪고 있음. • 자료 제작에 어려움을 겪고 있음. [해결 방안] 〈성찰일지 1〉 • 주기적인 온라인 비대면 상담 실시 • 온라인 수업 공개 및 수업 나눔 적극적 활용 • 줌 소회의실 기능을 활용한 온라인 수업 내 모둠학습 실시 • 다양한 온라인 수업 도구를 활용한 학생 중심 수업 실시 • 협업 기회 제공을 위한 온라인 협업도구 활용(구글 미트, 미로 등) • 학생, 가정과 소통 가능한 다양한 창구를 개설하여 온라인 수업과 관련된 유의사항을 가정에 안내 및 질의응답 진행 • 여러 가지 원격수업 방법 활용(실시간 쌍방향 수업, 콘텐츠 활용 중심 수업, 과제 중심 수업 등 다양한 형태 활용) • 지역사회와 연계한 과제 중심 프로젝트 학습을 통해 학생의 흥미와 상호작용 증진 촉진 〈성찰일지 2〉 • 온라인 수업 자료 제작과 관련된 연수 참여 • 전문적학습공동체 참여 • 다양한 원격수업 도구 활용(구글 문서, 패들렛 등 활용) • 콘텐츠 활용 수업 이외에 실시간 쌍방향 수업, 과제 수행 중심 수업 등을 활용 • 교육부에서 제공하는 콘텐츠 플랫폼 활용(미리 마련된 다양한 수업콘텐츠 활용하여 수업의 질 향상, 지역 교육청 제공 콘텐츠도 활용 가능)
즉답형	• 교사와 학생의 관계에 대한 재정립 필요 • 학업의 수준을 학생 판단의 기준으로 삼음. [태도] • 모든 학생을 공정하게 대하는 태도 • 학생을 있는 그대로 바라보는 마음 필요 • 책임감 있는 태도 필요 • 성찰의 태도(스스로의 판단을 돌아보고 동료교사와 대화, 학생 상담·학부모 상담 등을 활용해 종합적으로 판단하는 태도) • 학업뿐만 아니라 학생의 전인적 성장과 잠재성을 중요시하는 태도 필요(지속적 관찰과 지원을 통해 잠재력을 찾고 도와주는 책임감 필요)

▶ 즉답형 2

 한 눈에 보기

핵심주제 교사의 자질

평가영역	평가항목
즉답형	[인성적 자질과 이유] • **소통** : 학생과 소통이 지속적으로 이루어져야 함, 학급 토의를 통해 학생들과 소통하면서 규칙 마련, 사제동행 프로그램 활용 • **협력** : 선배교사, 관리자에게 도움을 요청하고 혼자 해결하기보다 집단 지성을 활용, 동학년 선생님들과 함께 학년에서 다 같이 지도하는 분위기 형성 • **성찰** : 스스로 부족한 점이 무엇인지 늘 성찰하는 자세 필요, 전문적학습공동체, 교원연수에 참여 • **존중** : 학생의 개별 특성을 고려하여 수업활동 후 적절한 지도 및 상담 실시 • **긍정적 태도** : 학생의 태도를 긍정적으로 수용하는 마음으로 문제해결 시작 • **겸손** : 단순히 지적으로 해결하려는 태도는 지양해야 함. 학급긍정훈육법 등을 활용하여 점진적인 변화를 이끌어내도록 노력해야 함.

▶ 즉답형 1

한 눈에 보기

핵심주제 교사의 태도

평가영역	평가항목
즉답형	[문제점] • 학년에 선입견을 갖고 있음. • 상담 자료만 가지고 학생을 판단 • 성급한 일반화의 오류 • 교사로서의 의무와 역할을 부정적으로 생각

2021 평가원 초등

구상형

핵심주제 학부모 상담

평가영역	평가항목
구상형	**[상황 1에서 교사가 겪는 어려움]** • 가정 상황(맞벌이 부모)으로 인해 학생(지수)의 학습지도 협조가 되지 않는 학부모 **[상황 2에서 교사가 겪는 어려움]** • 원칙을 무시하고 자녀(지민)의 편의를 봐달라고 요구하는 학부모 **[상황 1에 대한 대처 방안 2가지]** • 맞벌이로 인해 바쁘고 어려운 상황 공감 : 신뢰(라포르) 형성 • 온라인을 활용한 지수의 학습정보 제공 : 학급 밴드, SNS, 학급 학부모 단체대화방 개설 등을 통해 원격수업 계획과 시간표, 온라인 과제를 학부모에게 안내함. 맞벌이 등으로 바쁜 가정에서도 원하는 시간에 언제든 확인할 수 있는 방법을 마련하여 학부모의 협조가 가능하도록 함. • 상담 : 부모님과 지수의 어려움에 대해 공감하고 스스로 해결방안을 찾을 수 있도록 하기 위함. **[상황 2에 대한 대처 방안 2가지]** • 학생(지민)과 학부모님의 상황 확인 : 가정통신문 회신 또는 수합 과정에서 오류가 있는지 확인, 오류 있을 경우 바로잡도록 함. • 원칙에 대한 안내 및 설득 : 학예회 계획과 절차에 대한 공지가 있었고 다른 학생들과 공정성 문제가 있으므로 원칙에 협조해 주시도록 말씀드림. • 학년 회의를 통해 학예회 관련 변경 신청할 수 있는 방법 마련 : 지민 학생과 같은 상황에 있는 다른 학생이 있을 수 있으므로, 추가 신청 및 변경 신청 기회를 제공하여 모든 학생이 만족할 수 있는 학예회를 진행하도록 함.

즉답형 1

핵심주제 학생관

평가영역	평가항목
즉답형	**[자신과 더 가까운 교사·학생관에 비추어 설명]** 〈김 교사〉 • 학생들끼리 학급 규칙을 만들게 하고, 교사가 중간에 끼어들지 않음. • 학생은 논리적인 사고와 의견 제시를 통해 필요한 결정을 할 수 있는 존재임. 〈최 교사〉 • 교사가 어느 정도 학급 규칙을 만들어서 제시하는 형태로 정함. • 이 시기의 학생은 어른이나 교사에게 많이 의존하며 어른의 지도 아래 바람직하게 성장할 수 있는 존재임. **[김 교사, 학생들이 학급 규칙을 만드는 방법]** • 학급 규칙의 의미와 중요성, 필요성 이야기 나누기 • 학급에서 단체 생활을 하면서 필요한 예절, 규칙 등 토론하기 • 학생들에 의해 학급 규칙으로 정할 내용을 선별하여 규칙 만들기 **[최 교사, 학생들이 학급 규칙을 만드는 방법]** • 학급 규칙의 의미와 중요성, 필요성 제시하기 • 학급 규칙으로 적절한 내용을 몇 가지 제시하고, 그에 대해 학생들이 토론·토의함. • 교사가 학급 규칙으로 정할 내용을 선별하여 규칙 확립할 수 있도록 도움.

즉답형 2

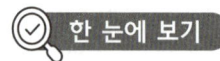

핵심주제 교사의 자질

평가영역	평가항목
즉답형	**[신규교사가 가져야 할 인성적 자질 3가지와 이유]** • 공감적 이해 • 겸손 • 사회성 • 친근감 • 사교성 • 의사소통 능력 • 비판에 대한 반응 양식 등

2020 평가원 초등

구상형

🔍 한 눈에 보기

핵심주제 학습지도

평가영역	평가항목
구상형	**[A 학생의 학습을 위한 지도방안과 그 이유]** • 학습의 내재적 동기를 향상시켜 과제를 성취해 나가는 과정 자체를 즐길 수 있도록 함. • 남들과 비교하지 않고 자기 자신의 포트폴리오를 쌓아갈 수 있도록 함. • 성공가능한 과제를 제시하여 만족감·성취감 등을 누적하여 긍정적 자아개념을 형성하도록 함. • 과제 수행 과정에 대해 자유로운 평가나 객관적으로 판단할 수 있도록 하여 과제 성공을 위해 조력함. • 과제 결과가 불만족스럽더라도 당황하지 않도록 하고, 내재적 동기를 높이고 유지시키면서 결과와 관계 없이 활동 그 자체나 과제 수행으로 인한 성취감이 보상으로 작용할 수 있도록 함. • 적절한 외재적 동기를 유발을 통해 내재적 동기를 자극함. • 학생에게 적절한 난이도의 과제를 배분하여 성공경험과 실패경험을 조절함으로써 성취동기를 높이고 유지할 수 있도록 함. • **자기효능감 향상** : 성공경험 상기시키기, 긍정적 메시지 전달, 모델링 등

즉답형 1

🔍 한 눈에 보기

핵심주제 교사의 태도

평가영역	평가항목
즉답형	**[김 교사의 잘못된 자세]** • 디지털 교과서에 대한 막연한 부정적 태도 • 기존 수업 방식을 고수하려는 경향(새로운 방식 기피) • 수업연구 역량 및 학습설계 역량 부족 • 수업 효능감 부족 등 **[해결 방안]** • 디지털 교과서 개념, 장점, 필요성, 기존 수업과의 차이점 등에 대해 알아보기 • 수업연구 역량 및 학습설계 역량 강화 • **시대적 변화의 흐름 파악** : 4차 산업혁명 도래와 함께 학교의 지식 전달 위주 수업의 변화는 필수적인 시대적 요청이라 할 수 있음. • 변화에 대해 적극적이고 능동적으로 배우려는 자세 등

즉답형 2

🔍 한 눈에 보기

핵심주제 교사의 자질

평가영역	평가항목
즉답형	**[사후 조치]** • '혐의 없음'으로 사안이 종결된 사실을 학교 관리자에게 보고 • 아동학대 신고자는 법적으로 안전하게 보호되고 있음 : 신고자 인적사항, 신고자를 짐작할 수 있는 정보는 비밀 유지 → 최 교사가 신고했다는 사실을 보호자가 알지 못함. • (학부모님과의 관계) 만약 학부모님이 최 교사의 신고 사실을 알고 계신다면 학부모님께 학생의 안전을 위한 조치였음을 이해시키고 양해 구하기 • 학생, 학부모와 지속적 소통 및 라포르 형성 • (학생과의 관계) 수사과정을 잘 해낸 것에 대해 공감하고 격려함. 아동학대 상황에 대해 인지하도록 함. 아동학대 상황에서 자신을 지키는 방법과 도움을 요청하는 방법 교육 등
	[필요한 인성적 자질] • 사랑　　　• 열정 • 존중　　　• 실천 • 책임감　　• 소통 • 정직　　　• 이해심 • 친절　　　• 민주적 태도 • 문제해결력　• 전문성 등

2019 평가원 초등

구상형

핵심주제 학습지도

평가영역	평가항목
구상형	**[김 교사의 문제점 제시]** • A : 일관성 없는 야단 • B : 처벌 중심 언행 • C : 발표를 교사가 정함, 수업 외 행동 **[해결 방안 제시]** • A : 일관성 있는 규칙 제정, 실천 • B : 관계 중심 언행 • C : 학생들이 순서를 정하고, 동료평가 활용, 발표 요약(발표=말하기+듣기)

즉답형 1

핵심주제 전문성 신장

평가영역	평가항목
즉답형	**[스팀교육]** • 융합적 사고력 • 의사소통 역량 • 교육과정 재구성 역량 **[코딩교육]** • S/W역량 • 알고리즘 사고 • 논리적 사고 • 창의적 사고 • 문제해결 역량 • 컴퓨팅적 사고 **[한 달에 책 한 권 읽기]** • 수업 관련 전문성 • 생활지도 관련 전문성 • 반성적 사고 • 논리적 사고 • 창의적 사고

즉답형 2

핵심주제 교사의 자질

평가영역	평가항목
즉답형	**[대처 방안]** • 자기연찬의 계기로 삼는다. • 전문적학습공동체로 초대 • 정중하고 솔직하게 말씀드린다. • 수업참관을 요청드린다. **[인성적 자질]** • 자기성찰 • 개방적 태도 • 의사소통 역량 • 친절과 예의

2018 평가원 초등

구상형

한 눈에 보기

핵심주제 학습지도, 생활지도

평가영역	평가항목
구상형	**[학생의 문제행동과 교사의 지도]** • 역할(책임)수행을 안함 : 가정, 친구들과의 소통을 통해 학생의 평소 모습에 대해서 알아보는 것이 필요. 문제행동의 원인이 특수한 경우인지 일반적인 경우인지 알아보기 • 거짓말 : 학생의 심리 상태를 파악하고 적절한 방안 세우기, 교사 혼자 해결하는 것이 아닌 가정과의 연계지도 필요. 반성하는 태도에 대한 반응으로 앞으로 거짓말을 하지 않도록 지도하는 것이 중요 **[교사의 지도 방안]** • 청소를 하지 않은 원인 파악 : 원인을 파악하고 문제해결 방안을 찾기 위해 노력 • 거짓말은 잘못된 것이라는 것을 인지하도록 함 : 학생의 상황을 공감하면서도 거짓말은 문제해결 방법이 아니라 문제를 악화시키는 것이라는 것을 알게 함. • 긍정적 피드백 제공 및 올바른 행동 유지 : 바람직한 행동을 보일 때 칭찬을 하면서 행동이 유지되고 나아질 수 있도록 함. **[이 교사의 고민해결을 위한 수업]** • 프로젝트 수업 • 융합수업 • 블록타임제 • 학생참여 수업 • 토의·토론 • 거꾸로 수업 • 놀이 중심 학습 • 사전조사를 통한 동기유발 활동 • 여러 가지 협동학습 활동 • 시사학습

즉답형 1

한 눈에 보기

핵심주제 동료교사와의 관계

평가영역	평가항목
즉답형	**[바람직한 학교의 모습]** • 서로 소통하는 모습 • 학생의 성장을 위해 노력하는 모습 • 함께 배우고 성장하는 모습 등 **[교사 간 소통 문제해결 방안]** • 교원학습공동체, 교사연구동아리 등을 활용하여 문제해결 : 취미, 성향 등을 파악하여 함께 연구하고 고민하기 위한 모임 만들기 • 먼저 적극적인 태도로 다가가기 : 초임교사로서 열정과 포부를 갖고 다른 선생님들과 소통하기 위해 노력 • 수업나눔, 공유하기 : 자신이 했던 수업 중 좋았던 수업 및 수업 자료 공유 등 소통하는 분위기 조성 • 학습지도, 생활지도에서 어려움이 있을 때 적극적으로 동료교사와 대화하기 : 서로의 고민 공유를 통해 소통 기회 확대 등

즉답형 2

한 눈에 보기

핵심주제 교사의 자질

평가영역	평가항목
즉답형	**[교사에게 필요한 인성적 자질]** • 사랑 : 편견 없는 마음과 사랑 • 책임감 : 단 한 명의 학생도 포기하지 않는 마음 • 소통 : 학생들 사이의 소통이 일어나도록 돕기 • 존중, 배려 : 학급의 모든 학생 존중, 다른 학생의 입장도 함께 배려하여 문제해결 • 역지사지 • 성실 등

CHAPTER 2 중등 교과(2025~2018)

2025 평가원 중등 교과

구상형 1

예시답변

구상형 1번 답변드리겠습니다.
제시문의 상황에서 나타난 민수와 학급 학생들의 문제점과 각각의 해결 방안을 1가지씩 말씀드리겠습니다.

먼저, **민수의 문제점은 교칙의 허점을 악용하여 지각의 심각성을 인식하지 못하고 반복적으로 지각을 하고 있다는 점**입니다. 민수는 1교시에 오든 6교시에 오든 동일하게 지각으로 처리된다는 사실을 알고 점점 더 늦게 등교하는 행동을 보이고 있습니다. 이로 인해 규율에 대한 무감각과 책임감 결여가 발생할 수 있습니다.

이를 해결하기 위해, **민수와 개별 상담을 진행**하겠습니다. 민수가 반복적으로 지각하게 되는 배경을 파악하기 위해 개별 면담을 진행하겠습니다. 학교에 대한 부정적인 인식이나 학업 스트레스, 가정 환경의 문제 등 다양한 요인을 조사하여 근본원인을 찾아내겠습니다. 나아가, 상담을 통해 규칙 준수의 중요성을 이해시키고 지각 문제를 개선하기 위한 목표 설정을 돕겠습니다.

다음으로, **학급 학생들의 문제점은 민수의 행동을 보고 교칙의 기준이 느슨하다는 것을 인지하며 부정적인 모델링을 하고 있다는 점**입니다. 민수의 반복적인 지각 행동을 목격한 학급 학생들이 점차 지각을 가벼운 문제로 인식하게 되며, 지각자가 늘어나는 현상이 발생하고 있습니다.

이를 해결하기 위해, **학급 학생들을 대상으로 정시 등교 캠페인을 실시**하겠습니다. 학급 자치회를 통해 '정시 등교 챌린지'를 기획하여 학생들이 자발적으로 참여할 수 있도록 유도하겠습니다. 또한, 정시에 등교한 학생들을 칭찬하고 격려함으로써 규율 준수에 대한 긍정적인 인식을 심어주겠습니다. 이를 통해 학급 전체의 규율 의식을 강화하고, 건강한 학급 문화를 형성하도록 지도하겠습니다. 이상입니다.

한 눈에 보기

핵심주제 지각 문제와 부정적 모델링

평가영역	평가항목
구상형	**[민수와 학급 학생들의 문제점 & 해결 방안]** 〈민수의 문제점〉 교칙의 허점을 악용하여 지각의 심각성을 인식하지 못하고 반복적으로 지각을 하고 있음. 이로 인해 규율에 대한 무감각과 책임감 결여가 발생함. ▶ 해결 방안 • 교육 및 상담 진행 : 민수가 스스로 지각 문제의 심각성을 인지할 수 있도록 별도의 교육을 실시함. (지각 시간에 따라 단계적 경고 및 조치를 강화하는 규칙 마련) • 개별 상담 진행 : 상담을 통해 학교에 대한 부정적 인식 여부, 가정 내 문제 등 지각의 원인이 될 수 있는 요소를 파악하고 필요한 경우 교내 심리 상담이나 전문 기관과 연계하여 적극적으로 지원함. 또한, 상담을 통해 규칙 준수의 중요성을 이해시키고 해당 문제를 개선하기 위한 목표 설정을 돕고 지속적인 피드백을 제공함. 〈학급 학생들의 문제점〉 학급 학생들이 민수의 행동을 보고 교칙의 기준이 느슨하다는 것을 인지하게 되어 부정적 모델링을 하고 있음. ▶ 해결 방안 • 정시 등교 캠페인 실시 : 학급 자치회를 통해 '정시 등교 챌린지' 등을 기획하여 학생들의 참여율을 높임. • 보상 제도 마련 : 학급 내에 정시 등교 학생들을 칭찬하고 격려하는 보상 제도를 마련하여 규율의 중요성을 스스로 인지할 수 있는 분위기를 조성함. 또한, 학급 전체가 함께 규율을 준수할 경우 공동의 보상을 받을 수 있는 이벤트를 실시하여 긍정적인 학급 문화를 형성함.

구상형 2

예시답변

구상형 2번 답변드리겠습니다.
학생들이 겪는 어려움을 해결하기 위한 맞춤형 수업 설계 방안과 전문성 신장을 위한 노력 방안 1가지를 말씀드리겠습니다.

먼저, 학생들이 겪는 어려움을 해결하기 위해 저는 **맞춤형 수업 설계를 통해 학습 효과를 높이고자** 합니다. 학생들의 학습 수준에 따라 다양한 자료를 제공하는 것이 맞춤형 수업 설계의 핵심이라고 생각합니다. 예를 들어, 수업 내용을 이해하기 어려워하는 학생에게는 기본 개념을 쉽게 이해할 수 있는 기초 자료를 제공하고, 학습의 중점 사항을 파악하지 못하는 학생에게는 핵심 개념을 정리한 자료를 제공하여 학습의 방향성을 명확히 할 수 있도록 하겠습니다. 이를 통해 학생들이 자신의 학습 수준에 맞는 자료를 활용하며 학습 효과를 극대화할 수 있도록 돕겠습니다.
또한, 수업 중간에 형성 평가를 실시하여 학생들이 학습 내용을 제대로 이해하고 있는지 진단하고, 그 결과를 바탕으로 개별적인 피드백을 제공하겠습니다. 학습 과정에서 학생들이 겪는 어려움을 신속하게 파악하고 보완할 수 있도록 돕는 과정은 매우 중요합니다. 학습이 어렵게 느껴지는 학생에게는 기초 개념부터 차근히 접근할 수 있도록 지도하고, 학습의 중점 사항을 파악하지 못하는 학생에게는 학습 목표와 방향을 보다 명확히 제시함으로써 혼란을 줄이고 학습 효과를 높이겠습니다.

다음으로, 전문성 신장을 위한 노력 방안에 대해 말씀드리겠습니다. **저는 전문적 학습 공동체에 적극적으로 참여하여 수업 설계 전문성을 지속적으로 발전시키고자** 합니다. 전문적 학습 공동체에서 동료 교사들과 수업 설계 방안을 공유하고 피드백을 주고받으며 개선점을 논의하겠습니다. 또한, 학생 개별 맞춤형 교육을 주제로 연구 활동을 진행하고, 우수 수업 사례를 공유하면서 다양한 시도를 통해 수업 설계 역량을 강화하겠습니다. 특히, 에듀테크를 활용한 교수·학습 방법이나 평가 방법을 수업에 반영하여 개선점을 모색하겠습니다. 디지털 도구와 플랫폼을 적극 활용하여 학생들의 학습 과정과 성취도를 분석하고 이를 바탕으로 보다 효율적이고 체계적인 맞춤형 교육을 설계하겠습니다. 이와 같은 노력을 통해 학생들이 겪는 학습의 어려움을 해결하고, 동료 교사들과의 교류를 통해 성장을 도모하는 교사가 되도록 노력하겠습니다. 이상입니다.

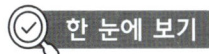

한 눈에 보기

핵심주제	맞춤형 수업 설계와 전문성 신장

평가영역	평가항목
구상형	**[학생들이 겪는 어려움에 따른 수업 설계 방안]** 〈맞춤형 수업 설계〉 • **개별 맞춤형 학습법 안내** : 학생들의 학습 수준과 학습 양식을 고려하여 개별 학습법을 제시함. 학습 목표를 명확히 제시하고 효과적인 학습 방법(필기 방법, 자료 정리법, 복습 방법) 등을 구체적으로 안내함. • **수준별 자료 제시** : 다양한 수준의 학습 자료를 준비하여 학생들의 학습 수준에 맞게 제공. 학생 1에게는 기초 자료를 제공하여 기본 개념 이해를 돕고, 학생 2에게는 핵심 개념 정리 자료를 제공하여 학습의 중점 사항을 명확히 파악하게 함. • **형성 평가 실시 후 피드백을 통한 맞춤형 교육 제공** : 수업 중간에 형성평가를 실시하여 학습 내용을 이해 여부를 판단함. 형성 평가를 기반으로 개별 피드백을 제공함. 예컨대, 학생 1에게는 기초부터 접근할 수 있도록 돕고, 학생 2에게는 학습 목표와 방향을 명확히 제시함. **[전문성 신장을 위한 노력 방안]** • **연수를 통한 전문성 신장** : 최신 교수·학습 방법 연수에 참여하여 수준별 학습 지도법, 학생 형성평가 활용법 등을 익혀 수업에 적용함. 또한, 학생의 학습 수준과 특성에 따라 다양한 피드백을 제공하는 방법을 습득하여 내실 있는 수업 설계를 하고자 노력할 것임. • **전문적 학습 공동체 참여를 통한 전문성 신장** : 전문적 학습 공동체에서 수업 설계 방안을 공유하고 피드백 주고 받으며 개선점을 논의함. 학생 개별 맞춤형 교육을 주제로 연구 활동을 진행하고 우수 수업 사례를 나누며 새로운 자극을 통해 수업 설계 역량을 지속적으로 발전시킬 것임.

구상형 3

예시답변

구상형 3번 답변드리겠습니다.

〈A 교사 선택〉
저는 A 교사의 입장에 동의합니다. 그 이유는 학교의 계획 수립과 운영은 교육 전문가인 교사와 관리자를 비롯한 교내 구성원들이 중심이 되어 결정해야 효율적인 운영이 가

능하기 때문입니다. 교사는 교육학적 지식과 교수·학습 방법에 대한 전문성을 바탕으로 교육 목표 달성을 위해 지역 사회의 다양한 자원을 효과적으로 활용하는 방법을 모색할 수 있습니다.

따라서 지역 사회의 자원은 교육 활동을 지원하는 보조적인 역할로 활용하는 것이 바람직하다고 생각합니다. 교사의 전문성을 기반으로 필요한 경우에 이를 선택적으로 활용하는 것이 중요하며, 외부 인사들이 학교 운영 계획에 과도하게 참여하는 것은 오히려 학교의 자율성을 침해할 수 있다고 생각합니다.

〈B 교사 선택〉
저는 B 교사의 입장에 동의합니다. 그 이유는 교사의 전문성이 지역 사회의 다양한 분야에서 활동하는 전문가들의 역량과 결합했을 때 학생들에게 더 풍부하고 현실적인 학습 경험을 제공할 수 있다고 생각합니다. 특히, 지역 사회 인사들은 학교가 놓치기 쉬운 사회적 요구나 변화하는 환경에 대한 통찰을 제공할 수 있습니다. 학교 운영 계획에 지역 사회가 참여하게 되면, 학교 교육이 보다 실천적이고 다양한 방식으로 이루어질 수 있습니다.

또한, 학교의 자원을 지역 사회에 제공함으로써 학교가 단순히 교육 기관으로 머무르지 않고 지역 사회 발전에 기여하며 상호 발전할 수 있다고 생각합니다. 학교가 보유한 자원을 공유함으로써 주민들에게도 학습 기회를 제공하고, 지역 사회와의 협력을 강화할 수 있습니다.

학교와 지역 사회가 협력한 사례로는 '마을 교육 공동체 프로그램 운영'을 들 수 있습니다. 이 프로그램은 학교와 지역 사회가 협력하여 학생들에게 지역의 역사, 문화, 환경 등을 배우고 체험할 수 있는 기회를 제공하는 것입니다. 예를 들어, 학생들이 지역 어르신들과 함께 마을의 역사와 전통을 배우거나, 지역 환경 보호 활동에 참여하는 프로그램을 운영할 수 있습니다. 이상입니다.

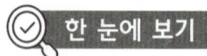
한 눈에 보기

핵심주제	교육관

평가영역	평가항목
	[교사 입장 선택 & 그 이유] 〈A 교사 선택〉 학교의 계획 수립과 운영은 교육 전문가인 교내 구성원(교사, 관리자 등)이 중심이 되어 결정해야 효율적인 운영이 가능함. 교사는 교육학적 지식과 교수·학습 방법에 대한 전문성을 갖추고 있기 때문에 교육 활동 설계와 운영에서 중추적인 역할을 담당해야 함. 지역 사회의 자원은 교육 활동을 지원하는 보조적인 역할로 활용하는 것이 적절하며 교사의 전문성을 기반으로 선택적으로 활용하는 것이 중요함. 교육의 주체는 학교 구성원이므로, 외부 인사들이 계획 수립에 참여하는 것은 학교의 자율성과 교사의 전문성을 침해할 수 있음. 〈B 교사 선택〉 학교의 계획 수립과 운영 과정에 지역 사회 인사들이 참여하는 것은 학교 교육의 전문성을 강화하고 교육의 질을 높이는 데 기여할 수 있음. 교사는 교육의 전문가이지만, 지역 사회의 다양한 분야에서 활동하는 전문가들과 협력함으로써 학생들에게 더 풍부하고 현실적인 학습 경험을 제공할 수 있음. 지역 사회 인사들은 학교가 놓치기 쉬운 사회적 요구나 변화하는 환경에 대한 통찰을 제공할 수 있기 때문에 학교 운영 계획에 참여하는 것이 바람직함. 학교의 자원을 지역 사회에 제공함으로써 학교가 단순히 교육 기관으로 머무르지 않고, 지역 사회 발전에 기여하며 상호 발전할 수 있음.
구상형	[학교와 지역 사회가 협력한 사례] • 마을 교육 공동체 프로그램 운영 : 학교와 지역 사회가 협력하여 학생들에게 지역의 역사, 문화, 환경 등을 배우고 체험할 수 있는 프로그램을 제공함. ⓔ 지역 어르신들과 함께 마을 역사 배우기 프로젝트 운영, 지역 환경 보호 활동 참여 등 • 지역 연계 진로 탐색 프로그램 : 지역의 기업, 기관과 협력하여 학생들에게 다양한 직업 체험의 기회를 제공함. ⓔ 지역 공공기관과 연계하여 직업 체험 프로그램 운영, 지역 기업 방문 및 현장 학습 진행 • 학교 시설을 활용한 지역 사회 프로그램 운영 : 학교의 체육관, 도서관 등을 지역 주민들이 활용할 수 있도록 개방하여 지역 사회 발전에 기여함. ⓔ 방과후 시간에 학교 체육관을 주민 체력 단련 프로그램 장소로 제공, 학교 도서관을 지역 주민들에게 개방하여 독서 문화를 확산 • 지역 봉사 활동 프로그램 운영 : 학생들이 지역 사회에서 봉사 활동을 하며 지역 주민들과 교류하는 활동을 장려함. ⓔ 지역 복지관과 협력하여 노인 돌봄 봉사 활동을 실시

즉답형

예시답변

〈행정 업무 수락〉

즉답형 문제 답변드리겠습니다.

제가 A 교사라면, **학교 운영의 연속성과 안정성을 유지하기 위해 기존의 행정 업무를 수락**하겠습니다. 교직 사회는 하나의 공동체이므로 동료 교사들이 행정 업무 공백을 우려하며 요청한 사항을 존중하고 학교 운영에 차질이 없도록 협조하는 것이 필요하다고 생각하기 때문입니다.

덧붙여, 행정 업무를 맡으면서도 학생 지도 업무를 병행할 수 있는 방안을 고민하겠습니다. 예를 들어, 행정 업무의 효율성을 높여 시간적 여유를 확보하고, 방과후 활동이나 동아리 지도를 통해 학생 지도 역량을 강화할 기회를 찾겠습니다. 이렇게 하면 기존 행정 업무를 충실히 수행하면서도 학생 지도 업무에 대한 의지를 실현할 수 있을 것입니다.

다음으로, 제가 **업무 분장 담당 교사라면, A 교사에게 기존의 행정 업무를 맡기는 것이 적절하다고 판단**할 것입니다. 업무의 연속성과 안정성을 유지하는 것이 중요하며, A 교사가 이미 해당 업무에 대한 경험과 전문성을 갖추고 있기 때문입니다. 또한, A 교사가 업무를 부담 없이 수행할 수 있도록 업무 과중이 발생하지 않도록 업무 분배를 조정하겠습니다. 예를 들어, 행정 업무를 수행하는 데 필요한 절차를 간소화하거나, 다른 교사들과 협력하여 업무 부담을 줄일 수 있는 방안을 마련하겠습니다.

특히, 행정 업무 매뉴얼을 작성하여 필요 시 동료 교사들과 공유하고 협력 체계를 마련하여 업무의 효율성을 높이도록 하겠습니다. 이를 통해 A 교사가 기존의 행정 업무를 더욱 원활히 수행할 수 있도록 지원하겠습니다. 이상입니다.

〈행정 업무 거절〉

즉답형 문제 답변드리겠습니다.

제가 **A 교사라면, 기존의 행정 업무 대신 학생 지도 중심의 업무를 맡겠다고 요청**하겠습니다. 그 이유는 학생들과 소통하며 교직 생활의 초심을 되찾고 교육적 성장을 도모하고자 하는 자발적 의지가 존중되어야 한다고 생각하기 때문입니다. 또한, 행정 업무 경험과 학생 지도 역량이 조화를 이루었을 때 교사로서 한 걸음 더 성장할 수 있을 것이라고 판단합니다.

물론, 기존 행정 업무를 맡지 않음으로 인해 발생할 수 있는 공백 문제를 충분히 인지하고 있습니다. 따라서 업무 공백을 줄이기 위해 기존 업무에 대한 매뉴얼을 작성하고 이를 다른 교사들과 공유하겠습니다. 또한, 철저한 인수인계를 통해 업무 수행에 어려움이 없도록 돕겠습니다. 이러한 준비 과정을 통해 학교 운영에 차질이 발생하지 않도록 적극 협조하겠습니다.

다음으로, 제가 **업무 분장 담당 교사라면 A 교사에게 학생 지도 중심의 업무를 부여**하겠습니다. 업무를 분장할 때 가장 중요하게 고려해야 할 요소는 교사의 열정과 의지라고 생각합니다. A 교사는 학생 지도 업무에 대한 열정을 가지고 있으며, 이를 발휘할 기회를 제공하는 것이 학교 교육의 질을 높이는 데 기여할 수 있다고 판단합니다. 특히, A 교사가 본래 희망했던 업무를 맡지 못하는 상황이 지속될 경우 업무에 대한 동기와 열정이 감소할 수 있다고 생각합니다. 따라서 A 교사가 원하는 학생 지도 업무를 맡을 수 있도록 배려하고 지원하는 것이 필요하다고 판단합니다.

또한, 행정 업무의 공백 문제를 방지하기 위해 업무에 대한 질의응답과 인수인계를 철저히 진행하여 업무 공백을 최소화하도록 하겠습니다. 부족한 부분은 협력 체계를 통해 함께 해결하며 학교 운영의 안정성을 유지하기 위해 노력하겠습니다. 이상입니다.

한 눈에 보기

핵심주제 교사로서의 대처 방안

평가영역	평가항목
즉답형	**[A 교사 입장에서의 대처 방안]** 〈행정 업무 수락〉 • 기존 업무 수락 : 행정 업무 공백을 우려하며 요청한 사항을 존중하고 업무의 연속성과 안정성을 고려하여 학교 운영에 차질이 없도록 협조함. • 업무 병행 방안 모색 : 행정 업무를 맡으면서도 학생 지도 역량을 향상시킬 수 있는 방법을 고민함. 예컨대, 행정 업무의 효율성을 높여 시간적 여유를 확보하고 방과후 활동 또는 동아리 지도 등으로 학생 지도 기회를 만들고자 노력함. 〈행정 업무 거부〉 • 학생 지도 업무 요청 : 교직 생활의 초심을 찾고, 학생 지도 중심 업무를 맡으며 교육적 성장을 도모하고자 함을 분명히 전달함. 다양한 업무 경험을 통해 전문성을 신장할 수 있다는 점을 강조하며 학생 지도 업무에 대한 의지를 표현함. • 행정 업무 공백에 대한 대책 마련 : 기존 행정 업무에서 발생할 수 있는 공백을 줄이기 위한 업무 매

즉답형

뉴얼을 사전에 작성함. 철저한 인수 인계를 통해 다른 교사들이 행정 업무를 수행하는데 도움을 받을 수 있도록 지원함.

[업무 분장 담당 교사의 입장에서의 선택]
〈행정 업무 부여〉
- **기존 업무 배정 이유** : 업무의 연속성과 안정성을 고려할 때, A 교사가 계속 해당 업무를 담당하는 것이 적절하다고 판단함. A 교사가 이미 해당 업무를 수행하며 쌓은 전문성과 경험을 고려하여 업무의 효율성을 유지하고자 함.
- **업무 효율성 강화 방안** : 업무의 효율성을 높이기 위한 방안을 함께 고민하며, 행정 업무를 겸하면서도 학생 지도 역량을 기를 수 있는 기회를 제공함. 예를 들어, 행정 업무의 절차를 간소화하거나 디지털 도구를 활용하여 업무 효율성을 향상시키는 방법을 마련함.
- **업무 과중 방지 및 협력 체계 마련** : 업무 과중이 발생하지 않도록 업무 분배를 조정하고, 필요시 동료 교사들과 협력할 수 있도록 협력 체계를 구축함. 행정 업무 매뉴얼을 작성하여 필요한 경우 다른 교사들이 업무를 원활히 수행할 수 있도록 지원함.

〈학생 지도 업무 부여〉
- **업무 배정 이유** : 업무 분장에서 가장 중요한 요소는 업무에 대한 열정과 의지라고 판단함. A 교사가 학생 지도 중심 업무에 열정을 가지고 있음을 확인하였고, 이를 발휘할 기회를 제공하는 것이 필요하다고 판단함.
- **업무 배정 방식** : A 교사에게 학생 지도 업무를 맡기며, 열정을 발휘할 수 있는 환경을 조성하고 적극적으로 지원할 계획임. 기존 행정 업무의 공백을 방지하기 위해 A 교사의 업무에 관한 질의응답과 철저한 인수인계를 실시함.
- **지속적 지원 방안** : A 교사가 학생 지도 업무에 집중할 수 있도록 필요한 자원을 제공하고, 업무 수행 과정에서 부족한 부분을 지속적으로 보완할 계획임. 협력 체계를 마련하여 업무 공백을 최소화하고, A 교사의 열정을 실현할 수 있는 환경을 구축함.

2024 평가원 중등 교과

구상형 1

예시답변

구상형 1번 답변드리겠습니다.
제시문의 수업일지에서 유추할 수 있는 김 교사의 수업설계 시 문제점은 다음과 같습니다.

김 교사의 수업설계의 **문제점은 수업 자료가 학생들의 흥미와 경험을 고려하지 못했다는 점입니다.** 제시문에서 김 교사는 학생들이 쉽게 경험하지 못하는 사례를 수업 자료로 준비하였고 그 결과 학생들은 집중하지 못하고 딴짓을 하게 되었습니다. 또한 그로 인해 추가적으로 제시한 자료들도 학생들의 흥미를 이끌어내지 못하게 되었습니다. 이는 교사가 학생의 특성을 제대로 파악하지 못했다는 것을 보여주며 교사로서 학습자의 특성을 면밀히 파악할 필요가 있음을 보여줍니다.

이러한 문제점을 **해결하기 위한 방안으로는 학생에게 친밀한 자료를 제공하여 관련성을 높여 학습 동기를 향상시키겠습니다.** 켈러의 ARCS 이론에 따르면 주의집중, 관련성, 자신감, 만족감을 활용하여 학생의 동기를 높일 수 있습니다. 이 중에서 관련성에 주목하여 학생의 일상생활에서 관련 사례를 찾거나, 수업 내용이 일상의 문제를 해결해 줄 수 있다는 것을 통해 흥미를 이끌어내도록 하겠습니다. 이때 사진과 동영상과 같은 시각 자료를 적절히 활용하여 수업의 이해도와 주의집중을 유도할 수 있습니다. 이상입니다.

한 눈에 보기

핵심주제 학습지도

평가영역	평가항목
구상형	[수업설계의 문제점] • 학생들의 흥미와 경험을 적절히 고려하지 못하고 수업설계를 진행함. • 학생들의 현재 수준을 고려하지 못한 수업을 진행함. • 배움이 삶과 연계되지 않는 수업을 진행함. • 학생들이 이해하지 못하는 자료 활용으로 배움이 적절히 일어나지 못함. • 학습자의 특성을 제대로 파악하지 못함.

| 구상형 | [해결 방안]
• 사전 설문조사를 통해 학생의 흥미와 관심을 파악하고 이를 바탕으로 수업 사례를 제시함.
• 학생들의 배움과 삶이 연계되도록 프로젝트 학습을 통한 문제 해결 활동을 설계함.
• 학생들이 이해하기 쉬운 다양한 시각자료를 활용하여 이해와 흥미를 동시에 높임.
• 거꾸로 교실(플립러닝) 등과 같은 수업을 활용하여 학생의 이해도를 높임.
• 켈러의 ARCS이론을 활용하여 학생과의 관련성이 높은 수업설계를 통해 학습 동기를 향상시킴. |

▶ 구상형 2

예시답변

구상형 2번 답변드리겠습니다.
학교 현장에서 새로운 수업 방법에 대한 연구를 하는 것도 중요하지만 그에 따른 장·단점을 잘 파악하여 활용하는 것이 중요합니다.
그에 따라 테크놀로지 활용 수업을 할 때 교사로서 유의점 1가지와 전문성을 신장하기 위한 향후 계획을 1가지 제시하겠습니다.

먼저 교사로서의 **유의점은 디지털 리터러시 교육이 반드시 함께 이루어져야 한다는 점입니다.** 테크놀로지는 완벽하지 않습니다. 특히, 테크놀로지 활용 시 가짜 정보 혹은 사이버 폭력, 음란물 등 위험에 노출될 가능성이 높아집니다. 따라서 활용 시 오류 가능성과 위협이 있음을 인지하고 학생들이 이를 활용할 때 자율성과 더불어 책임감도 지닐 수 있도록 디지털 리터러시 교육이 동반되어야 한다고 생각합니다.

이와 관련된 전문성을 신장하기 위한 **향후 계획은 전문적 학습공동체에 참여하여 활동하는 것입니다.** 특히, 디지털 리터러시 교육을 주제로 한 전문적학습공동체에 참여하고 싶습니다. 구체적으로 학생들과 함께 할 수 있는 테크놀로지 활용 수업의 다양한 수업사례를 탐구하고 이때 교사로서 학생들에게 어떻게 장·단점을 인지시킬 수 있는지 연구하도록 하겠습니다. 이를 통해 새로운 수업 도구가 학생들의 미래사회 역량을 함양하는 데 도움이 될 수 있도록 연구하고 싶습니다. 이상입니다.

🔍 한 눈에 보기

| 핵심주제 | 에듀테크, 교사의 노력 |

평가영역	평가항목
구상형	[수업 시 유의사항] • 디지털 리터러시 교육이 함께 이루어져야 함. • 목적과 수단이 바뀌지 않도록 유의해야 함. • 단순 흥미를 위한 일회성 사용을 유의해야 함. • 교사가 테크놀로지에 대한 이해도를 갖춰야 함. • 학생들의 테크놀로지 활용능력을 점검해야 함. • 디지털 윤리(저작권, 사이버폭력, 생산 및 소비) 관련하여 유의해야 함. [전문성 신장 계획] • 전문적학습공동체 참여 • 교사 연수 참여 • 테크놀로지 교육 연구회 참여 • 테크놀로지를 활용한 수업 공개 적극적 운영 • 지역의 미래교육 관련 기관 활동에 적극적 참여

▶ 구상형 3

예시답변

구상형 3번 답변드리겠습니다.
제시문의 두 교사의 관점 중 저의 **교육관에 부합하는 관점은 A 교사입니다.**

저의 **교육관은 교육은 시대의 흐름에 맞춰 끊임없이 변화해야 한다는 것입니다.** 존 듀이의 말을 인용하면 "오늘의 학생을 어제의 방식으로 가르친다면 우리는 그들의 내일을 빼앗는 것이다."라는 말이 저의 교육관을 잘 보여주는 말이라고 생각합니다. 학생들이 살아가는 미래는 현재 우리가 살아가고 있는 시대보다 훨씬 변화가 빠르고 예측이 불가능할 것으로 보입니다. 그렇기 때문에 미래사회에 적응할 수 있도록 변화에 맞는 교육을 제공하는 것이 중요하다 생각합니다. 이런 이유로 저는 A 교사의 관점을 선택하였습니다.

이를 바탕으로 제가 실현할 교육활동 1가지를 말씀드리겠습니다. **저는 에듀테크 활용 수업을 적극적으로 실시하겠습니다.** 특히, ○○지역은 24년까지 모든 학교에 1인 1태블릿 PC를 도입하기로 하였습니다. 이에 맞추어 태블릿 PC를 적극적으로 수업에 활용하고자 합니다. 저의 교과인 기술교과와 연계하여 태블릿 PC를 활용한 캐드 프로그램을 수업에 활용하겠습니다. 학생들은 이를 통해 3D 모델링을 학습하고 체험할 수 있는 기회와 경험을 제공하겠습니다. 또한 학습 결과물을 산출하는데 있어 AI를 활용하여 그림, 영상, 글 등으로 다양하게 표현할 수 있도록 하고 이를 통해 학생이 창의력을 기를 수 있도록 돕겠습니다. 이상입니다.

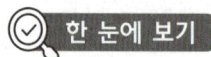 한 눈에 보기

핵심주제 교육관

평가영역	평가항목
구상형	**[교육관에 부합하는 관점]** 〈A 교사〉 • 4차 산업혁명 시대에 맞는 디지털 교육이 반드시 이루어져야 함. • 교육은 시대성을 반영할 수 있어야 함. • 학생 맞춤형 교육 실현을 위해서는 시대 변화에 민감한 교육을 지향해야 함. • 교육을 통해 미래사회 인재로 성장할 수 있도록 해야 함. • 교육은 사회적 요구를 반영할 수 있어야 함. 〈B 교사〉 • 교육의 본질적 가치는 변하지 않는다고 생각함. • 교육은 인간으로서 기본적으로 갖춰야 하는 소양을 길러줘야 함. • 최신 변화를 따라가는 것이 중요한 것이 아니라 본질을 바탕으로 최신 변화에 대응할 수 있어야 함. **[실현할 교육활동]** 〈A 교사〉 • 에듀테크 활용 수업설계 • 메타버스 활용 수업설계 • AI 디지털 교과서 활용 수업 • AI를 활용한 진로교육, 인성교육 실시 • 디지털 리터러시 교육 실시 • AI 활용 모의실험 실시 〈B 교사〉 • 기초학력 책임지도 실시 • 기본 생활 습관 형성 지도 실시 • 인성교육 실시 • 협동학습 실시

즉답형

예시답변

즉답형 1-1번 답변드리겠습니다.
제가 생각하는 교사의 역할은 '촉진자' 역할이라고 생각합니다. 학생이 학습에 참여하고 이를 통해 성장할 수 있도록 옆에서 적극적으로 응원하고 도와주는 것이 교사의 중요한 역할이라고 생각합니다.

이러한 역할에 따라 제시문 속 상황에서 **지민이가 수행 평가에 참여할 수 있도록 개입하겠습니다.** 이를 위해 근접 간섭을 활용하여 간접적으로 독려하겠습니다. 지민이는 평소에 성실하고 수업에 적극적으로 참여하는 학생이기 때문에 근접 간섭 신호를 통해 평가에 참여할 수 있도록 유도할 수 있다고 생각합니다. 또한, 필요하다면 모둠을 독려하여 자연스럽게 지민이도 함께 긍정적 영향을 받을 수 있도록 하겠습니다.

즉답형 1-2번 답변드리겠습니다.
위와 같이 행동했을 때 유의점 2가지는 다음과 같습니다.

첫째, 평가의 공정성이 훼손되지 않도록 해야 합니다. 평가 상황임을 고려하여 다른 학생들이 '공정하지 않다'고 느끼지 않도록 유의해야 합니다. 교사가 평가 내용과 과정에 대한 직접적인 개입을 최대한 자제하고, 스스로 평가에 참여할 수 있도록 동기를 부여하거나 관심을 제공하는 식으로 간접적으로 개입할 수 있도록 유의해야 합니다.

둘째, 지민이 이외에도 도움이 필요한 학생들도 적절하게 촉진할 수 있어야 합니다. 교사의 역할은 촉진자 역할이기 때문에 지민이 외에 평가 상황에서 참여하지 않고 어려움을 겪고 있는 학생이 더 있을 수 있다고 생각합니다. 교사로서 특정 학생에게만 관심을 쏟는 것이 아닌 모든 학생들에게 관심을 갖고 도움을 제공할 수 있도록 유의해야 합니다. 이상입니다.

한 눈에 보기

핵심주제 교사상, 교사의 태도

평가영역	평가항목
	[교사의 역할과 관련 행동 방안] 〈개입한다〉 • 교사는 촉진자 역할을 해야 하기 때문에 자연스럽

	게 평가를 참여할 수 있도록 개입하여 유도함.
• 교사는 학습 안내자로서의 역할을 해야 하고 평가도 학습의 일부라고 지민이에게 적절히 안내하는 것이 필요함.
• 교사의 역할은 학생을 관찰하고 적절한 도움을 주는 것이라 생각하기 때문에 도움이 필요해 보이는 지민이에게 필요한 것이 있는지 물어야 함.
• 교사는 과정에서의 조력자 역할을 해야 하기 때문에 학습의 과정인 평가에서도 학생에게 어려움이 있는지 묻거나 갈등을 해결해 주는 등 적절한 도움을 주는 것이 필요함.

〈개입하지 않는다〉
• 교사의 역할은 공정한 리더라고 생각하기 때문에 평가를 공정하게 진행하기 위해서 특정 학생을 독려해서는 안 된다고 생각함.
• 교사의 역할은 공정한 평가자라고 생각하기 때문에 다른 학생들과의 형평성을 위해 별도로 독려하지 않고 개입하지 않겠음.
• 교사는 인내하는 조력자라고 생각하기 때문에 평소에 잘하는 지민이의 상황을 고려하여 스스로 해낼 수 있도록 개입하지 않고 기다리면서 지민이를 관찰함. |
| 즉답형 | [행동 시 유의점]
〈개입한다 관점〉
• 평가의 공정성을 위해 다른 학생을 차별하지 않는 선에서 참여 유도해야 함.
• 지민이의 평가의 과정에서 모둠 동료평가를 반영하여 객관적인 평가가 이루어지도록 함.
• 수행평가의 목적을 설명하고 참여의 의의에 대해 전체 학생 대상으로도 설명하는 것이 필요함.
• 지나치게 많은 개입을 통해 참여가 이루어지는 것이 아니라 스스로 평가에 참여하도록 하는 것이 필요함.
• 지민이 이외에도 도움이 필요한 학생들에게도 적절한 독려를 제공해야 함.
• 학생의 감정에 유의하여 직접적으로 바로 개입하려는 것보다 조심스럽게 접근해야 함.

〈개입하지 않는다 관점〉
• 평가 이후에 개인 상담을 통해 지민이의 상태를 정확히 파악하는 것이 필요함.
• 평가 이후에 수행평가의 목적과 의미에 대해 전체 학생 대상으로 다시 한번 알려주는 것이 필요함.
• 지민이에게 개입하지 않았으므로 다른 학생이 참여하지 않더라도 공정성을 유지해야 함.
• 평가 종료 이후 공정성으로 인해 개입하지 않았음을 알리고 지민이를 개인적으로 부정적으로 생각하여 그런 것이 아님을 안내함.
• 교사가 평가에 무관심한 것처럼 보이지 않도록 사 | 후지도가 필요함.
• 앞으로 학습 동기가 저하되지 않도록 상담을 통해 원인을 파악하고 적절한 조언과 지지를 제공해야 함. |

2023 평가원 중등 교과

▶ 구상형 1

예시답변

구상형 1번 답변드리겠습니다.
메타버스 활용 수업에서 발생한 문제점 3가지를 학생별로 찾고 해결 방안을 3가지 말씀드리겠습니다.

먼저, **학생 A가 겪은 문제점은 사용방법에 대한 안내가 충분히 이루어지지 못했다는 점입니다.** 제시문에서 학생 A는 사용방법에 대한 이해가 전혀 이루어지지 않고 있고 갑자기 로그아웃된 현상에 당황함을 겪었다고 말하고 있습니다. 이는 기본적인 사용방법을 충분히 익히지 못한 상태에서 급하게 수업을 진행하다 보니 일어난 현상이라 생각합니다. 이를 **해결할 수 있는 방안은 유튜브, 구글클래스룸을 활용하여 사용방법 관련 영상, 파일 등을 올리고 충분히 학습할 수 있도록 돕습니다.** 유튜브 영상은 쉬는 시간, 수업시간, 집, 학교 등 시·공간을 가리지 않고 언제든지 학습할 수 있기 때문에 학생의 부족한 기본조작 능력을 높이는 것에 도움을 줄 수 있습니다.

다음으로, **학생 B가 겪은 문제점은 메타버스 화면 구성이 효과적으로 이루어지지 못했다는 점입니다.** 제시문에서 학생 B는 복잡한 화면 구성으로 인해 제대로 학습을 하지 못하고 있습니다. 이는 교사의 메타버스를 활용한 교수·학습 설계 능력이 부족했기 때문에 일어난 현상이라 생각합니다. 이를 **해결할 수 있는 방안은 교사 연수 참여 및 교원학습공동체를 통해 교사의 전문성을 키워야 합니다.** 이러한 활동을 통해 수업 내용에 따라 가장 효율적으로 활용할 수 있는 메타버스 도구는 무엇일지 연구하고, 적절한 도구와 간단한 화면 구성을 배울 수 있습니다. 화려한 기술보다 학습에 도움이 되는 본질적인 도구 활용이 중요하다 생각합니다.

마지막으로 **학생 C가 겪은 문제점은 한 가지 평가방법만 활용하여 평가를 진행했다는 점입니다.** 제시문에서 학생은 새로운 학습도구에 흥미를 느끼고 있지만 교실 수업에서와 다른 차별점을 느끼지 못하고 있습니다. 이를 **해결할 수 있는 방안은 메타버스를 활용하여 다양한 평가활동을 진행하는 것입니다.** 예를 들어, 활동 결과물을 메타버스 공간에 누적하여 업로드하도록 하고 이를 활용한 포트폴리오 평가를 진행할 수 있습니다. 또한 공간 속 동료평가 공간을 마련하여 서로 실시간 피드백, 누적 피드백이 가능하도록 할 수 있습니다. 혹은 게임 형식의 평가방법을 활용하여 학생의 흥미를 높일 수 있는 방법도 있습니다. 이상입니다.

 한 눈에 보기

평가영역	평가항목
구상형	**[수업의 문제점]** 〈학생 A〉 • 사용방법에 대한 안내가 충분히 이루어지지 못했음. • 학생의 활용능력을 고려하지 못한 수업 도구 활용이 이루어짐. • 활용능력에 따라 학습 정도가 달라지고 있음. • 접근성과 활용성이 쉬운 메타버스 도구를 사용하지 못했음. 〈학생 B〉 • 수업의 목적과 수단이 바뀐 모습을 보임. • 학습의 본질과 멀어진 단순 흥미 위주의 수업이 됨. • 메타버스 화면구성이 효과적으로 이루어지지 못함. • 수업에 가장 효과적인 도구를 사용하지 못함. 〈학생 C〉 • 동일한 평가방식으로만 평가가 이루어지고 있음. • 메타버스를 활용한 다양한 평가가 이루어지지 않음. • 수업과 연계한 적절한 평가가 이루어지지 않음. **[해결 방안]** 〈학생 A〉 • 사전에 사용방법을 충분히 안내함. • 협동학습을 통해 서로 사용방법을 익히는 시간 갖도록 함. • 유튜브, 구글클래스룸에 사용방법을 미리 올려 사전에 시청할 수 있게 함. • 로그인하지 않고 이용할 수 있는 간단한 플랫폼 활용
구상형	〈학생 B〉 • 흥미는 유지하되 이해하기 쉽도록 화면 구성을 변경해야 함. • 메타버스를 활용하는 교수·학습 설계 능력 함양이 필요함. • 교사가 연수 참여 및 연구를 통해 전문성을 키워야 함. • 수업의 흐름에 꼭 필요한 기능 위주로 사용해야 함. 〈학생 C〉 • 활동 결과를 메타버스 공간에 누적하여 포트폴리오 평가를 실시함. • 메타버스 공간 속 동료평가 공간을 마련하여 상호 피드백이 가능하도록 함. • 메타버스를 활용하여 게임 형식의 평가를 실시하여 학생의 흥미를 높임. • 전문적학습공동체에 참여하여 메타버스에 대한 전문성을 키워 다양한 메타버스 활용 평가방법을 실시하도록 함.

핵심주제: 에듀테크 기반 수업

구상형 2

예시답변

구상형 2번 답변드리겠습니다.
교사가 가능한 모든 학생을 칭찬해야 하는 이유를 사명과 관련지어 2가지 말씀드리겠습니다.

첫째, 모든 학생에게 관심과 애정을 동등하게 제공해야 하기 때문입니다. 교사는 학생을 차별하지 않고 모두를 동등하게 대해야 하는 존재라고 생각합니다. 학생마다 갖고 있는 특징이 다르기 때문에 학생 하나하나의 장점을 발견하고 칭찬해주는 것이 교사의 중요한 역할이라고 생각합니다.

둘째, 학생의 성장과 발전에 선순환을 일으킬 수 있기 때문입니다. 교사는 학생이 적절한 동기를 갖고 학습에 참여하고 자신의 능력을 발전시킬 수 있도록 도와야 하는 안내자 역할을 하는 존재라고 생각합니다. 누구나 내면에 성장 가능성을 갖고 있다고 생각합니다. 그렇기 때문에 교사가 모든 학생들의 성장과 발전에 긍정적인 영향을 미칠 수 있도록 칭찬을 해주는 것이 중요합니다.

다음으로 제시문의 A 학생을 칭찬하기 위한 노력 방안을 2가지 말씀드리겠습니다.

첫째, 관찰일지를 작성하여 학생의 작은 행동을 놓치지 않고 기록하겠습니다. A 학생이 일상에서 큰 문제를 일으키지 않고 반대로 뛰어난 모습도 보이지 않다 보니 교사로서 무의식적으로 신경쓰지 않게 될 수 있습니다. 이때 관찰일지를 작성한다면 학생을 한 번 더 관찰하게 되고 학생으로부터 작은 칭찬할 요소를 발견할 가능성이 커질 수 있다고 생각합니다.

둘째, 학급에 기여할 수 있는 작은 역할을 부여하여 수행에 대한 칭찬을 제공하겠습니다. A 학생이 충분히 수행할 수 있거나 혹은 조금 난이도가 높은 역할을 제공하여 학생이 도전할 수 있도록 합니다. 이때 역할을 충분히 잘 해내는 과정과 결과를 관찰하고 구체적으로 학생에게 피드백 해준다면 충분히 칭찬을 할 수 있다고 생각합니다. 이상입니다.

한 눈에 보기

핵심주제 교사의 노력

평가영역	평가항목
	[가능한 모든 학생을 칭찬해야 하는 이유] • 학생의 자기효능감을 증진시키기 위해서 필요함. • 모든 학생에게 관심과 애정을 동일하게 제공해야 함. • 긍정적 자아를 형성할 수 있도록 돕기 위해서 필요함. • 학생의 현재 모습보다 발전 가능성에 주목해야 하기 때문임. • 학생은 교사에게 많은 영향을 받기 때문에 칭찬이 필요함. • 칭찬은 학생의 성장과 발전에 선순환을 일으킬 수 있음. • 모든 학생은 존중받을 권리를 갖고 있기 때문임.
구상형	**[칭찬하기 위한 노력 방안]** • 관찰일지 작성으로 학생을 세심하게 관찰하여 작은 행동도 놓치지 않고 강점을 찾으려고 노력 • 학급에 기여할 수 있는 작은 역할을 부여하여 수행에 대한 칭찬을 제공 • 학생 상담을 통해 학생의 관심 분야를 파악하고 해당 분야에서 강점을 강화시킬 수 있는 다양한 활동을 제안 • 동료교사와 협력하여 학생의 생활 전반을 관찰하고 기록하여 장점을 발견 • 규칙을 어기지 않고 모범적인 생활을 하고 있는 학생의 현재 현상을 있는 그대로 칭찬함. • 학생 상담과 학부모 상담을 동시에 진행하여 교사가 알지 못하는 A의 배경과 강점을 발견하고 이를 학교생활에 자연스럽게 적용할 수 있도록 도움.

• 사제동행 프로그램을 활용하여 학생과 내적 친밀감을 높이고 A 학생이 갖고 있는 그 자체의 강점을 발견.

구상형 3

예시답변

구상형 3번 답변드리겠습니다.
다음 제시문의 교사 중 저의 교육적 가치관과 **일치하는 교사는 B 교사**입니다. 그 이유는 **노력의 가치가 삶에 있어서 중요한 요소**라고 생각하기 때문입니다. 개인의 삶의 방향성과 주체성을 결정하는 것은 사회적 요인이 아닌 개인의 마음과 노력이라고 믿습니다. 따라서 교사는 실제 교육현장에서 학생에게 노력의 가치를 느낄 수 있도록 도와주고 성취의 즐거움을 맛볼 수 있도록 하는 것이 중요합니다. 저도 처음 임용시험을 준비할 때 다른 사람에 비해 암기력, 이해력, 효율성 등이 떨어진다고 생각하였습니다. 하지만 제가 정말로 이루고 싶은 꿈이 무엇인가 생각해 보고 포기하지 않고 노력하여 좋은 결과를 만들어낼 수 있었습니다.

이를 바탕으로 제가 실현할 교사상은 **학생의 장점과 특성을 바탕으로 맞춤형 진로교육을 제공하는** 교사입니다. 학생들의 경우 자신의 재능이 무엇인지 깊게 생각해보고 체험해 볼 수 있는 기회를 많이 갖지 못하고 있습니다. 따라서 손쉽게 접할 수 있는 진로검사, 성향검사, 특성검사 등을 바탕으로 학생들이 자신에 대한 이해도를 높일 수 있도록 최대한 돕습니다. 이를 바탕으로 자신이 경험해보고 싶은 미래에 대해 우선순위를 정해 체험형 진로교육을 경험할 수 있도록 하고, 다른 사람과 경험을 공유하면서 자신의 생각을 정리하고 삶의 가치관과 노력의 방향을 정할 수 있도록 돕고 싶습니다. 이상입니다.

한 눈에 보기

핵심주제 교사상

평가영역	평가항목
구상형	**[교육적 가치관과 일치하는 교사 선택]** 〈A 교사〉 • 선천적인 요소는 학생의 선택으로 이루어진 것이 아니므로 그 격차를 해소시키기 위해 노력하는 것이 중요하다고 생각함. • 학생의 재능이 사회경제적 배경에 의해서 제한된다면 그 사회는 불평등한 사회라고 생각함.

구상형	• 노력으로 바꿀 수 없는 요소들은 학생에게 미치는 영향이 최소가 되도록 해야 함. 〈B 교사〉 • 교육은 학생의 잠재력을 최대한 발현할 수 있도록 도와주는 것이라 생각함. • 학생의 특성에 맞는 개인차를 고려한 지원을 해주는 것이 중요하다고 생각함. • 누구나 노력한다면 성장하고 성공할 수 있다고 믿고 있음. [자신이 실현할 교사상] 〈A 교사〉 • 사회경제적 배경에 상관없이 모두를 동등하게 대하는 편견 없는 교사 • 학생이 사회에 대해 긍정적인 마음과 건강한 비전을 갖도록 지도하는 교사 • 사회적 관계를 바탕으로 서로 돕고 돕는 교육을 구현하는 교사 • 학생에게 도움이 될 수 있는 다양한 제도를 이해하고 활용할 수 있는 교사 〈B 교사〉 • 학생의 강점과 특성을 고려한 개별맞춤 교육을 제공하는 교사 • 학습 성취도가 낮은 학생도 자신만의 학습법을 찾을 수 있도록 돕는 교사 • 학생에게 맞는 맞춤형 진로교육을 실현하는 교사

▶ **즉답형**

예시답변

즉답형 1-1번 답변드리겠습니다.
제시문 속 상황에서 제가 **A 교사라면 학생 참여 중심의 이벤트 수업의 효과에 대한 근거 자료를 바탕으로 B 교사를 설득하려고 노력하겠습니다.** 평소의 친분을 이용하여 무논리적으로 우기는 것은 갈등 해결의 열쇠가 될 수 없습니다. A 교사의 제안이 B 교사의 제안에 비해 갖는 장점과 효과를 다양한 근거와 수업 사례를 활용하여 논리적으로 설득하려고 노력하겠습니다.

즉답형 1-2번 답변드리겠습니다.
위에서 한 답변대로 행동했을 때 유의할 점은 **지나치게 나의 주장만 계속 주장하지 않도록 유의해야 합니다.** 내가 설득을 위해 시간을 들여서 다양한 자료를 준비했지만, B 교사도 반대로 자신이 제안한 수업이 갖는 장점과 효과를 제시할 수 있습니다. 이때 조금 더 열린 마음과 객관적인 시선으로 대화를 통해 좋은 수업을 구상하는 것이 중요하다고 생각합니다.

즉답형 1-3번 답변드리겠습니다.
내가 A, B 교사를 중재해야 하는 **제3자 입장이라면 학교 전체 교직원회의에서 해당 안건을 토론 주제로 정해볼 것을 제안하겠습니다.** 둘이서만 계속 대화를 이어나간다면 결론이 나지 않고 객관적인 시선으로 보지 못할 수 있습니다. 토론이 있는 교직원회의를 통해 다른 구성원들의 생각을 듣다 보면 서로 생각이 정리될 것이고, 더 좋은 수업 방안을 마련할 수도 있습니다. 이처럼 갈등 해결의 열쇠를 둘에게 떠넘기기보다 다 함께 해결할 수 있는 방법을 제안하겠습니다. 이상입니다.

🔍 **한 눈에 보기**

핵심주제 갈등상황 대처

평가영역	평가항목
즉답형	**[A 교사로 가정한 행동]** • 평소 친밀했던 관계를 활용하여 나의 의견을 조금 더 어필해 볼 수 있도록 함. • 학생 참여 중심의 이벤트 수업의 효과에 대한 근거 자료를 바탕으로 호소력 있게 상대방을 설득하려고 노력함. • B 교사와 대화하는 시간을 더 많이 가지고 의견을 모으거나 타협점을 찾기 위해 노력함. • 상대방의 마음이 상하지 않도록 갈등을 조절해 가며 설득하도록 함. • 자신이 주장하는 학생 참여 중심의 이벤트 수업이 어떻게 진행될 것인지에 대한 구체적인 방향을 문서화시켜 설명하면서 설득하도록 함. **[유의사항]** • 지나치게 나의 주장만 계속 주장하지 않도록 유의해야 함. • 상대방이 기분 나쁘지 않도록 존중과 배려의 태도로 비언어적, 반언어적 표현에 유의해야 함. • 상대방이 충분히 납득할 수 있도록 충분한 근거를 제시하며 대화해야 함. **[제3자 입장에서의 중재 방안]** • 전체 교사들을 대상으로 토론이 있는 교직원회의 개최를 제한하고자 함. • A 교사의 제안 내용과 B 교사의 제안 내용이 가진 장점을 혼합할 수 있는 방법에 대해 셋이서 같이 연구해 보자고 제안하고자 함. • 교사들이 함께 서클을 운영할 것을 제안하고자 함.

평등한 관계로 서로 처한 갈등상황을 해결하고 교사 간 의견 간극을 좁힐 수 있는 시간을 마련하고자 함.
• 당사자 둘이 편하게 대화할 수 있도록 시간과 공간을 마련하여 충분한 대화가 이루어질 수 있도록 돕고자 함.

2022 평가원 중등 교과

구상형 1

 한 눈에 보기

핵심주제 학습지도

평가영역	평가항목
구상형	**[동기유형]** • 학생 A : 노력, 성취감, 유능감, 내재적 동기. 과제를 효과적으로 통제하고 성공적으로 수행하는 욕구에 의한 동기 • 학생 B : 자율성, 자기주도성. 외부의 통제, 간섭 없이 행동을 자율적으로 선택, 결정하고자 하는 욕구에 의한 동기 • 학생 C : 또래와의 관계, 관계성. 의미 있는 타자와의 관계를 맺고자 하는 욕구에 의한 동기 **[적절한 과제 제시]** • 학생 A : 학생의 수준보다 약간 높은 수준의 도전 과제 제시. 성공 가능성이 높은 과제부터 제시하여 자신감을 높인 후 단계적으로 과제 제시. 과제를 쪼개어 수시로 과제를 제시하여 많은 성공의 경험 제공 • 학생 B : 자기주도적 프로젝트 실시(목표, 계획, 실행, 평가 전 과정에 걸쳐 학습자가 통제하고 수행하는 학습). 교사가 전체적인 과제의 범주만 제시하고 학생이 구체적인 주제를 선택하여 학습이 가능하도록 과제 제시 • 학생 C : 토의토론형 과제를 제시. 협동학습 실시. 짝활동, 모둠활동에 어울리는 과제 제시. 협력종합예술활동을 통해 함께 어울릴 수 있는 과제 제시

구상형 2

 한 눈에 보기

핵심주제 교사의 자질, 기초학력

평가영역	평가항목
구상형	**[필요한 인성적 자질]** • 인내 • 소통 • 사랑 • 이해심 • 책임감 **[필요한 전문적 자질]** • 교과전문성 • 협력적 자질 • 퍼실리테이터(조력자)로서의 능력 • 학생의 수준 파악 능력 • 수업설계 역량 • 기초학력에 대한 전문성 **[인성적 자질을 기르기 위한 노력]** • 잦은 칭찬을 통한 효능감 기르기 • 학생 관찰일지 작성 • 학생 상담 실시 • 독서를 통한 인성적 자질 함양 **[전문적 자질을 기르기 위한 노력]** • 다양한 연계 가능 기관 탐색 및 활용 • 우수 수업 사례 연구 • 학생 상담 실시 • 전문적학습공동체 참여

구상형 3

 한 눈에 보기

핵심주제 교사상

평가영역	평가항목
구상형	**[선호하는 교사]** 〈A 교사〉 • SNS 활용은 개인의 표현의 자유이기 때문에 보장해야 함. • SNS를 교육적으로 잘 활용하는 교사들이 많아지고 있음. • 법적인 문제가 없다면 활용 형태는 개인의 자유

평가영역	평가항목
구상형	• 민주시민을 양성해야 하는 교사도 하나의 민주시민으로서 권리를 누릴 수 있어야 함. 〈B 교사〉 • 과도한 SNS 활동은 교사로서의 품위에 악영향을 끼칠 수 있음(품위 유지 의무). • 교육적으로 부정적인 영향을 끼칠 수 있는 콘텐츠를 양성할 수 있음. • 교사는 학생의 거울이므로 교육적인 활용 내로 제한되어야 함. [선호하는 입장의 유의점] 〈A 교사 선택 시 유의점〉 • 성찰적 태도로 자신의 SNS 활동이 적절히 이루어지고 있는지 스스로 돌아볼 수 있어야 함. • 학교 공동체와 소통에 방해가 되지 않도록 활용해야 함. • 자유가 방종이 되지 않도록 학교 공동체 문화를 존중해야 함. • 수평적 학교 문화와 극단적 개인주의의 차이를 잘 구별해야 함. 〈B 교사 선택 시 유의점〉 • 학교 공동체에 의해 지나치게 개인의 자유가 침해받지 않도록 조심해야 함. • 교사의 다양성과 창의성이 존중받을 수 있도록 해야 함. • 개방적인 학교 조직문화를 위해 노력해야 함.

즉답형

 한 눈에 보기

핵심주제　학생과의 관계

평가영역	평가항목
즉답형	[A 교사] • 교사의 신뢰가 전제되지 않으면 학생들이 먼저 마음을 열 수 없음. • 학생을 누구보다 제일 먼저 신뢰해야 하는 사람이 교사여야 함. • 신뢰에 조건이 붙기 시작하면 학생 지도 시 결국 조건을 붙여서 지도하게 됨. • 진정한 교육과 소통의 시작은 진정한 신뢰에서 나옴. [B 교사] • 신뢰는 하루아침에 이루어지는 것이 아니기 때문에 무조건적이 아닌 단계별로 접근해야 함. • 사람 사이의 관계에 100%라는 것은 존재하지 않
	음. 스승과 제자도 이전에 사람과 사람이기 때문에 신중하게 생각하고 행동해야 함. • 신뢰의 감정을 악용할 수 있는 여지가 있다면 교사로서 약점으로 이용당할 수 있음. • 두 학생의 진술이 다를 때 무조건적인 신뢰는 딜레마에 빠질 수 있기 때문에 무조건적인 신뢰는 옳지 않음.
즉답형	[A 교사 유의점] • 신뢰할 때 일관성 있는 태도로 학생을 대하는 것이 중요함. 학생은 교사의 일관성 있는 태도로부터 교사의 진정한 마음을 파악하고 무조건적인 신뢰를 믿게 될 수 있음. • 교사의 존중이 신뢰와 동반되어야 함. 무조건 믿는다는 말만 하기보다 하나의 인격체로서 학생을 존중해줄 때 그 신뢰가 더 효과적으로 빛날 수 있음. • 무조건적인 신뢰를 기반으로 관계 형성을 진행하되 바람직하지 못한 행동이 있었다는 객관적인 증거가 있는 경우 적절한 지도는 필요함. [B 교사 유의점] • 교사가 학생을 믿지 못한다는 인식을 심어주지 않도록 조심해야 함. 학생들은 한번 불신하기 시작하면 다시 신뢰하도록 하는 데 어려움이 있음. • 객관적인 사실과 증거로 학생들을 신뢰하되 학생에 대한 교사의 태도가 일관성이 있어야 함. • 무조건적인 신뢰를 피하는 것은 좋으나 선입견이나 편견을 가지고 학생을 대하면 안 됨. • 평소에 신뢰 관계 구축을 위해 다양한 노력이 필요함. 학생이 자연스럽게 교사를 신뢰할 수 있도록 하여 상호 적절한 신뢰 관계를 만들어가야 함. [바람직한 신뢰 관계 형성 방법] • 지속적인 상담을 실시 • 학급 규칙을 함께 정하고 일관성 있는 규칙 적용이 이루어지도록 함께 노력 • 개인 상담과 더불어 집단 상담을 통해 1대1의 신뢰 관계뿐만 아니라 학급 공동체 안에서 전체적인 신뢰가 형성될 수 있도록 함. • 사제동행 프로그램 활용 • 학급운영에 원칙을 세우고 일관적인 태도로 학생들을 지도

2021 평가원 중등 교과

구상형 1

한 눈에 보기

핵심주제 학습지도

평가영역	평가항목
구상형	**[학생들이 겪고 있는 어려움]** • 민수 : 학업 성적에 대한 부담 • 수지 : 학습량 부담으로 인해 망설여짐. **[담임교사로서 해결 방안]** 〈민수〉 • 현행 입시제도에 대한 설명 : 등급 자체를 잘 받는 것도 중요하지만, 전공적합성도 중요하다는 것을 안내 • 예습·복습 등 민수의 학습 방법과 공부 습관에 대한 상담 및 조언 • A 과목 관련 보충수업·방과후 수업 등 안내를 통한 실력 향상 도모 • 성적 부담에 대한 상담 및 격려, 지지를 통한 자신감 고취 〈수지〉 • B 과목에 대한 효율적인 학습 방법 안내 • 사제동행 멘토링 연결 • B 과목 학습에 대한 외재적 목적(진로 연계)과 함께 내재적 목적(과목 자체에 대한 흥미) 부여 등

구상형 2

한 눈에 보기

핵심주제 교사의 자질

평가영역	평가항목
구상형	**[최 교사가 갖춘 자질]** • 관찰 • 사랑 • 반성적 추론 • 통찰력 **[자질과 관련한 향후 노력]** • 라포르 형성 • 상담

• 학생·학부모와 소통
• 문제해결, 관계 회복을 위한 회복적 생활교육
• 긍정적인 학생관 가지기
• 전문적학습공동체
• 일기 쓰기 : 관찰 일지, 성찰 일기
• 교육·연수 이수 등

구상형 3

한 눈에 보기

핵심주제 교사상

평가영역	평가항목
구상형	**[가장 중요하다고 생각하는 가치와 이유]** 〈기초학력〉 • 기초학력은 무엇인가를 배울 수 있는 힘, 인간답게 살아가기 위한 기본적인 힘이기 때문에 가장 중요함. • 읽기, 쓰기, 셈하기는 과거와 마찬가지로 미래에도 중요한 능력이 될 것 • 초연결을 골자로 하는 4차 산업혁명 시대에서도 기본적인 읽기, 쓰기, 셈하기 능력이 갖추어져야 다른 사람들과 함께 살아갈 수 있음. 〈자신감〉 • 자신감은 자신을 신뢰하는 감정임. 자신감은 학력 향상, 교우관계에 영향을 긍정적인 미치는 요소임. • 자신감은 더 나은 선택과 더 긍정적인 행동을 하는 데 영향을 미침. 〈교우관계〉 • 학생들은 대부분의 시간을 학교에서 친구들과 함께 보내므로 교우관계가 중요함. • 돈독한 교우관계는 삶의 만족을 결정하는 중요한 요인임. **[해당 교사상으로 교육했을 때 기대되는 학생의 모습]** → 근거가 적절하다면 기대되는 학생의 모습은 3가지 교사상 모두 공통적으로 사용할 수 있습니다. 〈기초학력〉 • 다양한 매체로 표현된 글과 언어 이해 및 정보 해석·활용 가능 • 학습자가 자기 자신을 존중하고 타인을 존중하며 조화롭게 살아갈 수 있음. 〈자신감〉 • 자신을 신뢰하는 데 도움을 주는 생각, 느낌, 행동을 탐색하고 지각함. • 사건이나 현상에 대해 긍정적으로 생각하고 실패

구상형	를 두려워하지 않음. • 어려운 상황에서 인내하고 자신을 비판적으로 바라볼 수 있음. 〈교우관계〉 • 삶의 만족감 증진 • 의사소통 역량, 공동체 역량 등 함양 • 또래 간 긍정적인 관계 형성은 학교에 잘 적응하고 있다는 것을 나타내기도 함 등

▶ 즉답형

핵심주제 동료교사와의 관계

평가영역	평가항목
즉답형	**[김 교사의 입장]** • 시간 많이 뺏김. • 자신이 해야 할 일을 못하고 있음. • 동료교사들에 대한 서운함. 수고에 대한 고마움의 표시 안 함 등 **[교직 윤리적 측면에서 김 교사 비판]** • 성실의 의무 : 주어진 업무를 적극적으로 수행할 의무 **[내가 김 교사라면 동료교사에게 어떻게 할 것인지]** • 전체 교직원 연수 • 어려움이 있을 때 도움 요청

 2020 평가원 중등 교과

▶ 구상형 1

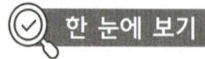

핵심주제 평가

평가영역	평가항목
구상형	**[수행평가의 문제점]** • 수행평가 과제의 과중으로 인한 비교육적 현상 초래 • 교과 간 수행평가에 대한 협의가 이루어지지 않음. • 학생들이 수행평가에 대한 인식 부족 • 수행평가 과제는 학생들의 종합적 사고능력을 활용하여 문제를 해결할 수 있어야 하는데, 그렇지 못한 경우가 있음(단편적 지식, 암기능력으로 해결하는 과제 등). • 교사의 주관적 판단으로 평가하는 정성평가 : 평가의 객관성에 대한 이의제기 우려 **[해결 방안]** • 교과협의회 활성화 : 학기 초 교과 간 협의를 통해 과제 분량 및 조절, 평가 시기의 적정 배분 필요. 수행평가 연간계획서 작성을 통하여 세부 수행평가 계획 수립 • 여러 과목을 통합하여 범단원, 범교과적 수행평가 과제를 제시하고, 학생의 종합적인 능력을 평가할 수 있도록 함. • 수행평가의 의미 제고 : 수행평가의 필요성과 목적을 교육하여 기본적인 학습 습관을 교육 • 수행평가의 본질에 충실하기 : 과제는 학생의 고차적 사고능력을 평가할 수 있어야 함. 단답형 또는 서술형 문제 출제 지양 • 협력형 수행평가 과제 확대 : 학생 간 협력을 통해 과제를 해결할 수 있도록 과제 설정 등

▶ 구상형 2

핵심주제 교사의 자질

평가영역	평가항목
구상형	**[교사에게 필요한 자질]** • 공감 : 학생을 비난하거나 야단을 치기보다는 학생의 힘든 상황에 대해 공감해주기 → 현우가 지각하게 된 근본적인 원인을 파악 • 응보적 생활지도가 아닌 회복적 생활교육 관점으로 접근 • 소통 • 학생의 변화에 대해 긍정적으로 바라보는 자질 • 협력적 문제해결 : 학생과 교사가 힘을 합하여 문제를 해결하도록 노력함. • 생활지도 자질 등 **[자질과 관련한 향후 노력]** • 라포르 형성 • 상담 • 원인에 따른 해결방법을 현우와 함께 생각해 보고 도움주기 • 문제해결, 관계 회복을 위한 회복적 생활교육 • 긍정적인 학생관을 바탕으로 학생에 대한 긍정적인 기대를 지속적으로 표현 • 전문적학습공동체 등

구상형 3

한 눈에 보기

핵심주제 교육관

평가영역	평가항목
구상형	**[㉠과 ㉡에 해당하는 현장 사례]** 〈㉠〉 • 토의·토론식 수업, 문제해결 학습, 프로젝트 수업, 학생 중심 수업 • 학생자치회 • 회복적 생활교육 〈㉡〉 • 일제식 수업, 강의식 수업, 교사 중심 수업 • 학교나 교사가 일방적으로 하달하는 방식 • 응보적 생활지도 • 학생에게 필요한(또는 학생이 원하는) 교육이나 정보 제공 등 **[㉠ 또는 ㉡과 관련하여 본인이 추구하는 교육관]** 〈㉠〉 • 누군가에게 배움의 기회를 제공할 수는 있지만 실제로 그 배움을 획득하는 것은 학습자의 의지에 달려 있다는 의미 • 좋은 조련사는 말이 목마르게 해서 스스로 물을 마시게 함. • 학생은 자신을 둘러싼 환경과 상호작용하여 스스로 문제를 해결해 나가는 존재임. 교사는 학생이 문제를 해결해 나갈 수 있도록 도와주는 조력자, 촉진자 〈㉡〉 • 말이 먹으면 안 되는 물이라면 먹게 해서는 안 됨. 반대로 말의 생존이나 성장에 필수적이라면 억지로라도 먹게 해야 함(동기유발, 목표설정 등). • 어떤 학습자들은 강제적인 교육이 필요하기도 함. 말에게 억지로 물을 먹이는 것이 꼭 나쁜 것은 아님( 발달장애 학생을 대상으로 자립생활교육 등).

즉답형

한 눈에 보기

핵심주제 동료교사와의 관계

평가영역	평가항목
즉답형	**[선호하는 부장교사와 그 이유]** 〈A 부장교사〉 • 의사소통은 언어적, 비언어적 요소가 모두 중요함. • 메신저로만 하는 소통은 오해가 생길 우려 있음. 〈B 부장교사〉 • 메신저를 최대한 활용하고, 꼭 필요한 경우에만 대면하는 것이 효율적 **[비선호 부장교사와 갈등이 발생하였을 때 대처]** • 부장교사의 상황에 공감 • 부장교사의 장점을 찾도록 노력 • 신규교사로서 부족한 점을 인정하고 부장교사에게 도움 요청, 협력적으로 문제해결 • '배우는 자세로 협력하겠다' 등

2019 평가원 중등 교과

구상형 1

한 눈에 보기

핵심주제 상황대처

평가영역	평가항목
구상형	**[A 상황의 문제점 2가지 제시]** • 수업 분위기를 방해하는 학생이 있음. • 교사의 조언이 학생들에게 통하지 않는 상황 • 다른 반보다 진도가 느림. • 학생이 교사에게 짜증을 내며 의견을 제시함 등 **[교사의 대처방안]** • 수업을 정상적으로 진행할 수 있도록 함. • 다른 학생들에게 방해가 되는 상황임을 알림. • **학급별 진도를 맞출 수 있도록 함** : 수업계획서 작성, 구체적인 지도안 작성 등 • 서로 존중하는 문화 조성 • 필요할 경우 교권보호위원회 개최 • 담임교사와 협력하여 학습 분위기 조성 등

▶ 구상형 2

핵심주제 교사의 가치관

평가영역	평가항목
구상형	**[전보신청 여부]** • 한다 : 교사가 필요한 곳으로 가야 한다, 통일 후의 북한도 대한민국이므로 당연히 갈 수 있다 등 • 하지 않는다 : 북한 문화에 익숙하지 않다. 남한에서도 할 수 있는(혹은 해야 하는) 일이 많다 등
	[통일 상황에서 어떤 마음으로 교육에 임할 것인가] • 남한과 북한 학생들의 사회통합 중시 • 민주시민교육 • 존중, 공감 • 진로교육 • 문화 통합 등

▶ 구상형 3

핵심주제 교육관

평가영역	평가항목
구상형	**[인간과 로봇 중 학교 수업은 누가 진행할까?]** • 교사의 역할이 인공지능 기술로 대체되기보다는 인공지능 기술의 도움 속에서 교육의 질적 제고 가능 • 인공지능 기술은 대량의 학습 분석결과를 교사에게 제공하여 교수 효율을 높이는 데 긍정적으로 작동 • 온라인 학습 기회가 증가함에 따라 학생들의 학습을 안내하거나 지원하는 학습관리자로서 여전히 교사가 필요 • 인공지능 기술 발전에 따라 기계가 대체할 수 없는 인간의 고유한 능력/기능/역할이 있음.
	[학생 지도 방안] • 학습자 중심 활동 • 자기주도적 학습 지원 • 협력적 학습활동 강화 • 온전하고 윤리적인 사고 함양 • 적응력, 추진력, 위기관리 능력 함양 • 글로벌 관점과 시각 배양 • 디지털 활용 능력 함양 • 리더십과 팀워크 등 • 다양한 교수방법

▶ 즉답형

핵심주제 동료교사와의 관계

평가영역	평가항목
즉답형	**[성실성 측면에서 자신과 같은 교사 고르기]** • A 교사 선택 : 학생들과 소통하는 교사, 수업에 대한 학생들의 높은 만족도 • B 교사 선택 : 동료와 소통하는 교사, 교재 연구 철저히 함.
	[자신이 선택한 교사를 교사의 역할, 임무 측면에서 비판하기] • A 교사 : 동료와의 협력도 중요한 교사의 자질이고, 수업 연구는 수업의 기본임. • B 교사 : 수업방법이 지루하다는 것은 학생의 요구를 반영하지 않는다는 것이고, 학생과 소통하는 것도 교사의 중요한 역할임.
	[협력수업을 한다면 누구와 할 것인가] • A 교사 : 임기응변 능력과 유창한 언어 구사 능력은 수업과 학생 소통에 매우 중요한 요소임. • B 교사 : 동료와 소통하고 좋은 관계를 맺는 것은 사회생활과 교직생활을 하는 데 있어서 훌륭한 자산임.

2018 평가원 중등 교과

구상형 1

한 눈에 보기

핵심주제 다문화 교육

평가영역	평가항목
구상형	**[A의 문제 원인]** • 한국어 사용 능력 부족 • 친구 사귀는 방식에 대한 문화 차이 • 내성적인 성격 **[해결 방안]** • 방과후 학교 • 지역사회 프로그램 • 다문화 교육, 문화 체험 • 배려와 존중의 학급 분위기 조성 • 마니또 등의 학급 활동 • 단체 활동

구상형 2

한 눈에 보기

핵심주제 교사상

평가영역	평가항목
구상형	**[김 교사에게 필요한 자질]** • 비판적인 성찰 자질 • 수업 개선 자질 **[지금까지의 노력과 향후 계획]** • 학생의 의견을 들으며 지속적으로 수업 발전 • 성찰일지 작성 • 비판적 성찰과 수업 발전 • 교원학습공동체 • 교과 전문성 신장

구상형 3

한 눈에 보기

핵심주제 학생상

평가영역	평가항목
구상형	**[학습자에 대한 인간관]** • 성장 잠재력 지닌 존재 • 다양한 개성과 창의력을 지닌 존재 • 전인적 성장이 필요한 존재 **[박 교사 의견 입장·찬성]** • 교사의 노력이 반영되는 지표 중 하나 • 교사의 수업 전문성 향상의 원동력 **[박 교사 의견 입장·반대]** • 전인적 관점 무시 • 교사의 역할 왜곡

즉답형

한 눈에 보기

핵심주제 교사상

평가영역	평가항목
즉답형	**[부장교사 행동 원인]** • 행정업무 과중으로 인해 바쁨. • 업무 효율 고려 • 신임교사와 의사소통 부재 • 자신에게 편한 방법을 선택 **[부장교사에게 필요한 인성]** • 협력 • 소통 • 배려 **[신임교사의 대처]** • 대화 필요 • 전문성 향상을 위한 노력 • 문제해결 능력 • 자신감 있는 태도

중등 비교과(2025~2018)

2025 평가원 중등 비교과

구상형 1

예시답변

구상형 1번 답변드리겠습니다.
학생들은 진로 탐색 과정에서 다양한 어려움을 겪으며, 교사는 이를 정확히 이해하고 적절한 지원을 제공해야 합니다. 제시문의 학생들이 겪는 어려움과 이에 대한 지도 방안을 1가지씩 말씀드리겠습니다.

먼저, **A 학생의 어려움은 진로 고민을 해본 적이 없어 미래를 생각하면 막막함을 느끼는 것입니다.** 이는 자기 이해 부족과 정보 부족에서 기인할 가능성이 높습니다.

이에 대한 지도 방안으로, **직업카드와 다중지능카드 등을 활용하여 진로탐색 상담을 하고 A 학생이 자신에 대해 탐색할 수 있도록 자기 이해 활동을 진행하겠습니다.** 이를 통해 A 학생이 자신의 흥미, 성향, 강점, 단점, 적성, 소질 등을 파악할 수 있도록 돕고 자기 이해를 바탕으로 미래 설계를 할 수 있도록 지원하겠습니다. 또 막연한 미래가 아닌 10년 후, 20년 후 모습을 구체적으로 상상해 봄으로써 자신의 진로를 적극적으로 설계할 수 있는 동기를 제공하겠습니다.

다음으로, **B 학생의 어려움은 스스로 탐색하는 과정 없이 부모님의 권유에 따라 진로를 선택하려고 하는 것입니다.** 이는 수동적, 순종적, 의존적인 성향을 가진 사람에게 나타나는 형태로 의사결정 과정에 타인의 영향을 많이 받습니다.

이에 대한 지도 방안으로, **B 학생과 개인 상담, 그리고 학부모님과 학부모 상담을 진행하겠습니다.** 개인 상담을 통해 진로 탐색의 중요성을 강조하고 자신의 가치관과 흥미를 반영한 진로 결정이 중요하다는 것을 알려주겠습니다. 또 학부모와 함께 상담을 진행하여 학생의 적성과 부모의 기대를 모두 존중할 수 있는 진로를 결정할 수 있도록 하겠습니다.

마지막으로, **C 학생의 어려움은 타인을 돕는 것에 흥미와 적성이 있지만, 관련 직업을 찾는 과정에서 부담을 느끼는 것입니다.** 이는 직업 정보 부족과 탐색 과정의 어려움에서 비롯될 수 있습니다.

이에 대한 지도 방안으로, **사회 공헌과 관련된 다양한 직업을 탐색하고 경험할 수 있는 기회를 제공하겠습니다.** 진로 박람회나 진로직업 체험관 등을 방문하여 의료, 복지, 상담 등 다른 사람을 도울 수 있는 여러 직업을 탐색할 수 있는 기회를 제공하고, 봉사활동 프로그램을 안내하여 C 학생의 관심 분야에서 실제로 활동을 경험해볼 수 있도록 지원하겠습니다. 이상입니다.

한 눈에 보기

핵심주제	진로지도

평가영역	평가항목
구상형	**[학생들이 겪고 있는 어려움 각 1가지와 지도 방안]** 〈A 학생〉 • 진로 고민을 해본 적이 없어 미래를 생각하면 막막함을 느끼고 있음. 이는 자기 이해 부족과 정보 부족에서 기인할 가능성이 높으므로 이에 대한 지도가 필요함. • **자기 이해 활동** : 심리 검사, 적성 검사 등을 활용하여 학생이 자신의 성향과 강점을 파악할 수 있도록 도움. • **직업 탐색 프로젝트** : 다양한 직업군을 소개하고, 각 직업의 역할과 필요 역량을 학습할 기회를 제공함. • **진로 체험 프로그램** : 현장 견학, 진로체험 박람회 방문 등 직·간접적 직업 체험 활동을 통해 실질적인 경험을 쌓도록 지원함. • **멘토링 시스템** : 졸업생 및 전문가와의 만남을 주선하여 구체적인 조언을 받을 수 있도록 함. 〈B 학생〉 • 부모님의 권유에 따라 진로를 선택하려 하며, 스스로 탐색하는 과정 없이 특정한 방향을 정하려고 함. 이는 진로의사결정유형(Harren) 중 의존적 유형에 해당하는 것으로 볼 수 있음. 즉, 의사결정에 대한 책임을 부정하고 외부로 돌리며 의사결정과정에 타인의 영향을 많이 받는 유형임. 수동적, 순종적이며 사회적 인정에 대한 욕구가 높음.

구상형	• **진로 탐색의 중요성 강조** : 상담을 통해 자신의 가치관과 흥미를 반영한 진로 결정이 중요함을 교육함. • **다양한 진로 탐색 기회 제공** : 특정 직업에 국한되지 않고, 여러 분야를 탐색할 수 있도록 함. • **자기 결정력 강화 프로그램 운영** : 학생이 스스로 진로를 결정할 수 있도록 자기주도적 목표 설정 활동을 진행함. • **진로 상담 및 대안 탐색 지원** : 부모의 기대를 존중하면서도 학생 본인의 적성과 흥미를 고려한 대안을 모색할 수 있도록 상담을 진행함. 〈C 학생〉 • 타인을 돕는 것에 흥미와 적성이 있지만, 관련 직업을 찾는 과정에서 부담을 느낌. 이는 직업 정보 부족과 탐색 과정의 어려움으로 보여짐. • **사회 공헌 관련 직업 탐색 활동** : 의료, 복지, 상담 등 누군가를 돕는 것과 관련된 다양한 직업을 탐색할 기회를 제공함. • **현직자 인터뷰 및 멘토링** : 실제 종사자와의 만남을 통해 직무 이해도를 높이고 현실적인 조언을 얻을 수 있도록 함. • **봉사활동 연계 프로그램** : 관심 분야에서 실제 활동을 경험해 볼 수 있도록 지원함. • **진로 로드맵 설계 지도** : 희망 직업을 기준으로 구체적인 준비 과정을 설계할 수 있도록 함.

▶ 구상형 2

예시답변

구상형 2번 답변드리겠습니다.
디지털 시대에 정보의 홍수 속에서 가짜 뉴스와 허위 정보는 학생들의 판단력과 윤리의식에 큰 영향을 미칠 수 있습니다. 따라서 교사는 학생들이 올바른 정보 습득 능력을 갖추고, 책임감 있는 SNS 활용 태도를 기를 수 있도록 지도해야 합니다. 제시문과 같은 상황에서 학생 지도 방안 1가지와 이와 관련된 전문성 신장을 위해 교사로서 노력할 방안 1가지를 말씀드리겠습니다.

먼저, **학생 지도 방안으로는 미디어 리터러시 교육을 실시하겠습니다.** 미디어 리터러시 교육은 미디어가 전달하는 정보나 콘텐츠를 무분별하게 받아들이는 것이 아니라 비판적으로 이해하고 분별적으로 이용하면서, 이와 동시에 주체적으로 향유할 수 있는 능력을 높이기 위한 것입니다. 구체적인 활동으로는 **팩트 체크 프로젝트 수업을 진행하겠습니다.** 하나의 주제를 정하여 그와 관련된 여러 가지 정보 가운데 신뢰성 있는 자료와 그렇지 못한 자료를 구별

하여 내용을 정리하고 발표하는 수업을 진행하겠습니다. 주제에 맞는 자료를 출처별로 정리하고 각 자료의 신뢰성을 평가하면서 올바른 정보를 공유하는 역량을 향상시키겠습니다.

다음으로, 이와 관련하여 전문성 신장을 위한 노력 방안에 대해 말씀드리겠습니다. **저는 미디어 리터러시 교육과 관련된 연수나 교사 네트워크에 적극적으로 참여하고 활동하겠습니다.** 최신 미디어 환경과 학생들이 알아야 할 내용들을 미리 알고 올바른 미디어 환경을 이용하도록 알려줄 수 있는 안내자가 되기 위해 국내·외 미디어 리터러시와 관련된 교육을 적극 이수하겠습니다. 또 이와 관련된 교사 모임을 운영하거나 팀원으로 활동하면서 교육 자료를 제작하고 교육 현장에서 활용하면서 효과적인 미디어 리터러시 교육이 이루어질 수 있도록 하겠습니다. 나 혼자가 아닌 동료 교사들과의 교류를 통해 성장을 도모하는 교사가 되도록 노력하겠습니다. 이상입니다.

🔍 한 눈에 보기

핵심주제 미디어 리터러시

평가영역	평가항목
구상형	**[학생 지도 방안]** • **미디어 리터러시 교육 실시** : 미디어가 전달하는 정보나 콘텐츠에 적절히 접근하여 이를 비판적으로 이해하고 분별적으로 이용함과 동시에 주체적으로 향유할 수 있는 능력을 높이기 위함. • 정보의 출처를 확인하는 방법과 가짜 뉴스를 판별하는 기준 등을 교육함. • 디지털 시민성(digital citizenship) 개념을 바탕으로 책임감 있는 온라인 활동을 강조함. 온라인 공간에서 허위 정보를 유포하는 것이 가져올 수 있는 법적, 도덕적 책임을 강조함. • 학생들이 직접 가짜 뉴스를 찾아 분석하고 올바른 정보를 공유하는 활동을 진행함. • **온라인 토론 프로그램 운영** : 다양한 정보를 비교하고 검증하는 과정에서 비판적 사고력을 기를 수 있도록 지도함. • **캠페인 활동** : 올바른 미디어 사용과 관련된 인식을 고취하기 위한 캠페인 주간을 마련하여 포스터 그리기, 표어 짓기 등 캠페인 활동을 진행함. **[전문성 신장을 위한 노력 방안]** • **연수를 통한 전문성 신장** : 미디어 리터러시 교육과 관련된 연수에 참여하여 관련 내용을 익히고 수업에 적용함. 교사 대상 미디어 리터러시 교육을 주기적

구상형	
	으로 이수하여 교육 역량을 강화함. • **전문적 학습 공동체 참여를 통한 전문성 신장** : 전문적 학습 공동체에서 미디어 리터러시 수업 방안을 공유하고 피드백 주고 받으며 개선점을 논의함. • **학문적 연구 및 미디어 리터러시 관련 논문 탐색** : 미디어 리터러시 교육에 대한 최신 연구 논문을 분석하여 수업에 반영함. 미디어 관련 학술지를 구독하여 최신 동향을 지속적으로 학습함. • **교육 자료 개발 및 공유 활동 참여** : 동료 교사들과 함께 최근 사례를 반영한 교육 자료를 제작하고 수업에 활용함. 교육 커뮤니티(예) 교육부 교사 커뮤니티, 미디어 리터러시 연구회)에서 활동하며 사례를 공유하고 피드백을 주고받음.

▶ 구상형 3

예시답변

구상형 3번 답변드리겠습니다.

〈A 교사 선택〉

저는 A 교사의 입장에 동의합니다. 그 이유는 **학교의 계획 수립과 운영은 교육 전문가인 교사와 관리자를 비롯한 교내 구성원들이 중심이 되어 결정해야 효율적인 운영이 가능하기 때문입니다.** 교사는 교육학적 지식과 교수·학습 방법에 대한 전문성을 바탕으로 교육 목표 달성을 위해 지역 사회의 다양한 자원을 효과적으로 활용하는 방법을 모색할 수 있습니다.

따라서 지역 사회의 자원은 교육 활동을 지원하는 보조적인 역할로 활용하는 것이 바람직하다고 생각합니다. 교사의 전문성을 기반으로 필요한 경우에 이를 선택적으로 활용하는 것이 중요하며, 외부 인사들이 학교 운영 계획에 과도하게 참여하는 것은 오히려 학교의 자율성을 침해할 수 있다고 생각합니다.

〈B 교사 선택〉

저는 B 교사의 입장에 동의합니다. 그 이유는 **교사의 전문성이 지역 사회의 다양한 분야에서 활동하는 전문가들의 역량과 결합했을 때 학생들에게 더 풍부하고 현실적인 학습 경험을 제공할 수 있다고 생각합니다.** 특히, 지역 사회 인사들은 학교가 놓치기 쉬운 사회적 요구나 변화하는 환경에 대한 통찰을 제공할 수 있습니다. 학교 운영 계획에 지역 사회가 참여하게 되면, 학교 교육이 보다 실천적이고 다양한 방식으로 이루어질 수 있습니다.

또한, 학교의 자원을 지역 사회에 제공함으로써 학교가 단순히 교육 기관으로 머무르지 않고 지역 사회 발전에 기여하며 상호 발전할 수 있다고 생각합니다. 학교가 보유한 자원을 공유함으로써 주민들에게도 학습 기회를 제공하고, 지역 사회와의 협력을 강화할 수 있습니다.

학교와 지역 사회가 협력한 사례로는 '마을 교육 공동체 프로그램 운영'을 들 수 있습니다. 이 프로그램은 학교와 지역 사회가 협력하여 학생들에게 지역의 역사, 문화, 환경 등을 배우고 체험할 수 있는 기회를 제공하는 것입니다. 예를 들어, 학생들이 지역 어르신들과 함께 마을의 역사와 전통을 배우거나, 지역 환경 보호 활동에 참여하는 프로그램을 운영할 수 있습니다. 이상입니다.

한 눈에 보기

핵심주제 교육관

평가영역	평가항목
구상형	**[교사 입장 선택 & 그 이유]** 〈A 교사 선택〉 • 학교의 계획 수립과 운영은 교육 전문가인 교내 구성원(교사, 관리자 등)이 중심이 되어 결정해야 효율적인 운영이 가능함. 교사는 교육학적 지식과 교수·학습 방법에 대한 전문성을 갖추고 있기 때문에 교육 활동 설계와 운영에서 중추적인 역할을 담당해야 함. • 지역 사회의 자원은 교육 활동을 지원하는 보조적인 역할로 활용하는 것이 적절하며 교사의 전문성을 기반으로 선택적으로 활용하는 것이 중요함. 교육의 주체는 학교 구성원이므로, 외부 인사들이 계획 수립에 참여하는 것은 학교의 자율성과 교사의 전문성을 침해할 수 있음. 〈B 교사 선택〉 • 학교의 계획 수립과 운영 과정에 지역 사회 인사들이 참여하는 것은 학교 교육의 전문성을 강화하고 교육의 질을 높이는 데 기여할 수 있음. 교사는 교육의 전문가이지만, 지역 사회의 다양한 분야에서 활동하는 전문가들과 협력함으로써 학생들에게 더 풍부하고 현실적인 학습 경험을 제공할 수 있음. • 지역 사회 인사들은 학교가 놓치기 쉬운 사회적 요구나 변화하는 환경에 대한 통찰을 제공할 수 있기 때문에 학교 운영 계획에 참여하는 것이 바람직함. 학교의 자원을 지역 사회에 제공함으로써 학교가 단순히 교육 기관으로 머무르지 않고, 지역 사회 발전에 기여하며 상호 발전할 수 있음. **[학교와 지역 사회가 협력한 사례]** • **마을 교육 공동체 프로그램 운영** : 학교와 지역 사

구상형

- 회가 협력하여 학생들에게 지역의 역사, 문화, 환경 등을 배우고 체험할 수 있는 프로그램을 제공함.
  <small>예</small> 지역 어르신들과 함께 마을 역사 배우기 프로젝트 운영, 지역 환경 보호 활동 참여 등
- **지역 연계 진로 탐색 프로그램** : 지역의 기업, 기관과 협력하여 학생들에게 다양한 직업 체험의 기회를 제공함. <small>예</small> 지역 공공기관과 연계하여 직업 체험 프로그램 운영, 지역 기업 방문 및 현장 학습 진행
- **학교 시설을 활용한 지역 사회 프로그램 운영** : 학교의 체육관, 도서관 등을 지역 주민들이 활용할 수 있도록 개방하여 지역 사회 발전에 기여함. <small>예</small> 방과후 시간에 학교 체육관을 주민 체력 단련 프로그램 장소로 제공, 학교 도서관을 지역 주민들에게 개방하여 독서 문화를 확산
- **지역 봉사 활동 프로그램 운영** : 학생들이 지역 사회에서 봉사 활동을 하며 지역 주민들과 교류하는 활동을 장려함. <small>예</small> 지역 복지관과 협력하여 노인 돌봄 봉사 활동을 실시

▶ 즉답형

예시답변

〈행정 업무 수락〉

즉답형 문제 답변드리겠습니다.
제가 A 교사라면, **학교 운영의 연속성과 안정성을 유지하기 위해 기존의 행정 업무를 수락**하겠습니다. 교직 사회는 하나의 공동체이므로 동료 교사들이 행정 업무 공백을 우려하며 요청한 사항을 존중하고 학교 운영에 차질이 없도록 협조하는 것이 필요하다고 생각하기 때문입니다.
덧붙여, 행정 업무를 맡으면서도 학생 지도 업무를 병행할 수 있는 방안을 고민하겠습니다. 예를 들어, 행정 업무의 효율성을 높여 시간적 여유를 확보하고, 방과후 활동이나 동아리 지도를 통해 학생 지도 역량을 강화할 기회를 찾겠습니다. 이렇게 하면 기존 행정 업무를 충실히 수행하면서도 학생 지도 업무에 대한 의지를 실현할 수 있을 것입니다.

다음으로, **제가 업무 분장 담당 교사라면, A 교사에게 기존의 행정 업무를 맡기는 것이 적절하다고 판단**할 것입니다. 업무의 연속성과 안정성을 유지하는 것이 중요하며, A 교사가 이미 해당 업무에 대한 경험과 전문성을 갖추고 있기 때문입니다. 또한, A 교사가 업무를 부담 없이 수행할 수 있도록 업무 과중이 발생하지 않도록 업무 분배를 조정하겠습니다. 예를 들어, 행정 업무를 수행하는 데 필요한 절차를 간소화하거나, 다른 교사들과 협력하여 업무 부담을 줄일 수 있는 방안을 마련하겠습니다.
특히, 행정 업무 매뉴얼을 작성하여 필요 시 동료 교사들과 공유하고 협력 체계를 마련하여 업무의 효율성을 높이도록 하겠습니다. 이를 통해 A 교사가 기존의 행정 업무를 더욱 원활히 수행할 수 있도록 지원하겠습니다. 이상입니다.

〈행정 업무 거절〉

즉답형 문제 답변드리겠습니다.
제가 A 교사라면, 기존의 행정 업무 대신 학생 지도 중심의 업무를 맡겠다고 요청하겠습니다. 그 이유는 학생들과 소통하며 교직 생활의 초심을 되찾고 교육적 성장을 도모하고자 하는 자발적 의지가 존중되어야 한다고 생각하기 때문입니다. 또한, 행정 업무 경험과 학생 지도 역량이 조화를 이루었을 때 교사로서 한 걸음 더 성장할 수 있을 것이라고 판단합니다.
물론, 기존 행정 업무를 맡지 않음으로 인해 발생할 수 있는 공백 문제를 충분히 인지하고 있습니다. 따라서 업무 공백을 줄이기 위해 기존 업무에 대한 매뉴얼을 작성하고 이를 다른 교사들과 공유하겠습니다. 또한, 철저한 인수인계를 통해 업무 수행에 어려움이 없도록 돕겠습니다. 이러한 준비 과정을 통해 학교 운영에 차질이 발생하지 않도록 적극 협조하겠습니다.

다음으로, 제가 **업무 분장 담당 교사라면 A 교사에게 학생 지도 중심의 업무를 부여**하겠습니다. 업무를 분장할 때 가장 중요하게 고려해야 할 요소는 교사의 열정과 의지라고 생각합니다. A 교사는 학생 지도 업무에 대한 열정을 가지고 있으며, 이를 발휘할 기회를 제공하는 것이 학교 교육의 질을 높이는 데 기여할 수 있다고 판단합니다. 특히, A 교사가 본래 희망했던 업무를 맡지 못하는 상황이 지속될 경우 업무에 대한 동기와 열정이 감소할 수 있다고 생각합니다. 따라서 A 교사가 원하는 학생 지도 업무를 맡을 수 있도록 배려하고 지원하는 것이 필요하다고 판단합니다.
또한, 행정 업무의 공백 문제를 방지하기 위해 업무에 대한 질의응답과 인수인계를 철저히 진행하여 업무 공백을 최소화하도록 하겠습니다. 부족한 부분은 협력 체계를 통해 함께 해결하며 학교 운영의 안정성을 유지하기 위해 노력하겠습니다. 이상입니다.

한 눈에 보기

핵심주제 교사로서의 대처방안

평가영역	평가항목
즉답형	**[A 교사 입장에서의 대처 방안]** 〈행정 업무 수락〉 • **기존 업무 수락** : 행정 업무 공백을 우려하며 요청한 사항을 존중하고 업무의 연속성과 안정성을 고려하여 학교 운영에 차질이 없도록 협조함. • **업무 병행 방안 모색** : 행정 업무를 맡으면서도 학생 지도 역량을 향상시킬 수 있는 방법을 고민함. 예컨대, 행정 업무의 효율성을 높여 시간적 여유를 확보하고 방과후 활동 또는 동아리 지도 등으로 학생 지도 기회를 만들고자 노력함. 〈행정 업무 거부〉 • **학생 지도 업무 요청** : 교직 생활의 초심을 찾고, 학생 지도 중심 업무를 맡으며 교육적 성장을 도모하고자 함을 분명히 전달함. 다양한 업무 경험을 통해 전문성을 신장할 수 있다는 점을 강조하며 학생 지도 업무에 대한 의지를 표현함. • **행정 업무 공백에 대한 대책 마련** : 기존 행정 업무에서 발생할 수 있는 공백을 줄이기 위한 업무 매뉴얼을 사전에 작성함. 철저한 인수 인계를 통해 다른 교사들이 행정 업무를 수행하는데 도움을 받을 수 있도록 지원함. **[업무 분장 담당 교사의 입장에서의 선택]** 〈행정 업무 부여〉 • **기존 업무 배정 이유** : 업무의 연속성과 안정성을 고려할 때, A 교사가 계속 해당 업무를 담당하는 것이 적절하다고 판단함. A 교사가 이미 해당 업무를 수행하며 쌓은 전문성과 경험을 고려하여 업무의 효율성을 유지하고자 함. • **업무 효율성 강화 방안** : 업무의 효율성을 높이기 위한 방안을 함께 고민하며, 행정 업무를 겸하면서도 학생 지도 역량을 기를 수 있는 기회를 제공함. 예를 들어, 행정 업무의 절차를 간소화하거나 디지털 도구를 활용하여 업무 효율성을 향상시키는 방법을 마련함. • **업무 과중 방지 및 협력 체계 마련** : 업무 과중이 발생하지 않도록 업무 분배를 조정하고, 필요시 동료 교사들과 협력할 수 있도록 협력 체계를 구축함. 행정 업무 매뉴얼을 작성하여 필요한 경우 다른 교사들이 업무를 원활히 수행할 수 있도록 지원함. 〈학생 지도 업무 부여〉 • **업무 배정 이유** : 업무 분장에서 가장 중요한 요소는 업무에 대한 열정과 의지라고 판단함. A 교사가 학생 지도 중심 업무에 열정을 가지고 있음을 확인하였고, 이를 발휘할 기회를 제공하는 것이 필요하다고 판단함. • **업무 배정 방식** : A 교사에게 학생 지도 업무를 맡기며, 열정을 발휘할 수 있는 환경을 조성하고 적극적으로 지원할 계획임. 기존 행정 업무의 공백을 방지하기 위해 A 교사의 업무에 관한 질의응답과 철저한 인수인계를 실시함. • **지속적 지원 방안** : A 교사가 학생 지도 업무에 집중할 수 있도록 필요한 자원을 제공하고, 업무 수행 과정에서 부족한 부분을 지속적으로 보완할 계획임. 협력 체계를 마련하여 업무 공백을 최소화하고, A 교사의 열정을 실현할 수 있는 환경을 구축함.

2024 평가원 중등 비교과

▶ 구상형 1

예시답변

구상형 1번 답변드리겠습니다.
제시문의 학생들에게 발생한 동기 문제와 지도 방안을 각각 1가지씩 말씀드리겠습니다.

먼저, **A 학생은 낮은 자기효능감으로 인해 진로에 대한 동기가 낮다는 문제점을 보이고 있습니다.** 제시문에서 학생은 자신이 잘 해낼 수 있을지 모르겠다며 본인이 원하는 진로의 방향은 있지만 본인에 대한 자신감이 낮다는 것을 알 수 있습니다. 이러한 문제가 해결되지 않는다면 학생은 본인이 원하는 진로를 결국 선택하지 못하게 될 것입니다.

이에 대한 **지도 방안은 학생에게 반복적인 성공의 경험을 제공하는 것입니다.** 현재 자신의 능력을 비하하는 낮은 자기효능감은 작은 성공의 경험이 반복된다면 점점 올라갈 수 있다고 생각합니다. 예를 들어, 학생이 화가나 웹툰 작가와 관련된 꿈을 가지고 있다면 활동의 결과물을 미술로 표현하도록 돕겠습니다. 또한, 다른 친구들을 돕거나 또래 선생님 역할을 맡도록 하여 성공의 경험이 누적되도록 하겠습니다. 이를 통해 진로에 대한 성공경험을 심어주고 자연스럽게 자기효능감의 동기가 높아지도록 할 수 있습니다.

다음으로, **B 학생은 진로 특강이 자신의 진로와 관련 없다 생각하여 특강에 대한 내재적 동기가 부족하다는 문제점을 보이고 있습니다.** 제시문에서 B 학생은 1인 방송과 프로게이머를 목표로 하고 있어 특강에 참여하는 것을 원치 않고 있습니다. 학생의 내재적 동기 문제가 해결되지 않는다면 어떤 좋은 특강이 있어도 B 학생에게는 도움이 되지 않을 것입니다.

이에 대한 **지도 방안은 학생들과 함께 비교수 교과 특강을 들으면 좋은 점과 필요성에 대해 토론하도록 하겠습니다.** 자치시간을 활용하여 본인의 진로와 비교수 교과목과의 연계성에 대해 생각하고 이야기를 나누도록 하겠습니다. 이 과정에서 자신이 생각하지 못했던 진로특강의 필요성에 대해 스스로 깨닫게 된다면 특강에 대한 내재적 동기가 향상될 것이라 생각합니다. 이상입니다.

한 눈에 보기

핵심주제 진로교육, 동기적 특성

평가영역	평가항목
구상형	**[동기 문제]** 〈A학생〉 • 자신감 부족 • 자기효능감 저하 • 성공 경험의 부족 〈B학생〉 • 진로특강의 필요성을 모름. • 진로특강과 본인 진로의 연관성을 모름. • 진로와 무관한 지식으로 생각하는 편협한 태도 • 진로에 대한 좁은 시야 **[지도방안]** 〈A학생〉 • 사제동행 프로그램 • 과제부여를 통한 성공 경험 제공 • 1인 1역을 통한 자신감 부여 〈B학생〉 • 비교과 과목과 진로의 연관성에 대하여 설명 • 진로 관련 직업인을 초청하여 특강을 구성함.

▶ 구상형 2

예시답변

구상형 2번 답변드리겠습니다.
최근 1인 1스마트기기 등의 에듀테크 관련 정책으로 인해 학교 현장에서 다양한 문제가 발생하고 있습니다.
제시문의 상황에 학생들에게 필요한 지도 방안과 관련된 전문성 향상 계획을 말씀드리겠습니다.

먼저, **학생들에게 필요한 지도 방안은 정보통신윤리교육을 실시하는 것입니다.** 정보통신윤리교육은 학생들이 디지털 기기를 올바르게 활용하는 방법과 과의존을 예방하는 교육을 포함하고 있습니다. 이때 정보통신윤리교육을 다양한 형태로 진행할 수 있습니다. 예를 들어, 역할극을 활용하여 체험중심의 교육을 통해 학생들이 스스로 스마트폰 과의존에 대해 느끼도록 할 수 있습니다. 또한, 자치시간을 활용하여 친구들과 함께 스마트기기 사용 관련 규칙을 토의를 통해 정할 수 있도록 교육합니다. 이를 통해 학생들은 디지털 기기를 효과적으로 활용할 수 있는 역량을 갖출 수 있다고 생각합니다.

다음으로 **이와 관련된 전문성 향상계획은 전문적학습공동체에 참여하도록 하겠습니다.** 이때, 전문적학습공동체의 주제는 정보통신윤리교육과 디지털 리터러시 교육으로 설정하여 진행하고 싶습니다. 동료교사들과 함께 디지털 기기를 수업시간에 효과적으로 활용하는 방법, 학생들이 올바른 사용법을 익히도록 하는 방법 등을 같이 연구하고 실제 수업에 적용한 뒤 서로 사례를 나누는 활동을 진행하겠습니다. 이를 통해 디지털 기기 관련 전문성을 효과적으로 신장시킬 수 있다고 생각합니다. 이상입니다.

한 눈에 보기

핵심주제 에듀테크, 교사의 노력

평가영역	평가항목
구상형	**[구체적 방안]** • 스마트폰 중독 예방 교육 • 학생들과 함께 규칙 만들기 • 스마트기기 사용 관련 집단 상담 실시 • 정보통신윤리교육을 통한 적절한 스마트기기 사용 방법 생각 **[전문성 향상 계획]** • 전문적학습공동체 참가 • 교사 연수 참가 • 스마트기기 과의존 극복 사례 연구 • 시·도교육청 컨설팅에 참가하여 수업에 적절히 활용하는 방안 연구

구상형 3

예시답변

구상형 3번 답변드리겠습니다.
제시문의 두 교사의 관점 중 저의 **교육관에 부합하는 관점은 A 교사입니다.**
저의 **교육관은 교육은 시대의 흐름에 맞춰 끊임없이 변화해야 한다는 것입니다.** 존 듀이의 말을 인용하면 "오늘의 학생을 어제의 방식으로 가르친다면 우리는 그들의 내일을 빼앗는 것이다."라는 말이 저의 교육관을 잘 보여주는 말이라고 생각합니다. 학생들이 살아가는 미래는 현재 우리가 살아가고 있는 시대보다 훨씬 변화가 빠르고 예측이 불가능할 것으로 보입니다. 그렇기 때문에 미래사회에 적응할 수 있도록 변화에 맞는 교육을 제공하는 것이 중요하다 생각합니다. 이런 이유로 저는 A 교사의 관점을 선택하였습니다.

이를 바탕으로 제가 실현할 교육활동 1가지를 말씀드리겠습니다. **저는 에듀테크 활용 수업을 적극적으로 실시하겠습니다.** 특히, ○○지역은 24년까지 모든 학교에 1인 1태블릿 PC를 도입하기로 하였습니다. 이에 맞추어 태블릿 PC를 적극적으로 수업에 활용하고자 합니다. 저의 교과인 기술교과와 연계하여 태블릿 PC를 활용한 캐드 프로그램을 수업에 활용하겠습니다. 학생들은 이를 통해 3D 모델링을 학습하고 체험할 수 있는 기회와 경험을 제공하겠습니다. 또한 학습 결과물을 산출하는데 있어 AI를 활용하여 그림, 영상, 글 등으로 다양하게 표현할 수 있도록 하고 이를 통해 학생이 창의력을 기를 수 있도록 돕겠습니다. 이상입니다.

한 눈에 보기

핵심주제 교육관

평가영역	평가항목
구상형	**[교육관에 부합하는 관점]** 〈A 교사〉 • 4차 산업혁명 시대에 맞는 디지털 교육이 반드시 이루어져야 함. • 교육은 시대성을 반영할 수 있어야 함. • 학생 맞춤형 교육 실현을 위해서는 시대 변화에 민감한 교육을 지향해야 함. • 교육을 통해 미래사회 인재로 성장할 수 있도록 해야 함. • 교육은 사회적 요구를 반영할 수 있어야 함.
구상형	〈B 교사〉 • 교육의 본질적 가치는 변하지 않는다고 생각함. • 교육은 인간으로서 기본적으로 갖춰야 하는 소양을 길러줘야 함. • 최신 변화를 따라가는 것이 중요한 것이 아니라 본질을 바탕으로 최신 변화에 대응할 수 있어야 함. **[실현할 교육활동]** 〈A 교사〉 • 에듀테크 활용 수업설계 • 메타버스 활용 수업설계 • AI 디지털 교과서 활용 수업 • AI를 활용한 진로교육, 인성교육 실시 • 디지털 리터러시 교육 실시 • AI 활용 모의실험 실시 〈B 교사〉 • 기초학력 책임지도 실시 • 기본 생활 습관 형성 지도 실시 • 인성교육 실시 • 협동학습 실시

즉답형

예시답변

즉답형 1-1번 답변드리겠습니다.
제가 생각하는 교사의 역할은 '촉진자' 역할이라고 생각합니다. 학생이 학습에 참여하고 이를 통해 성장할 수 있도록 옆에서 적극적으로 응원하고 도와주는 것이 교사의 중요한 역할이라고 생각합니다.

이러한 역할에 따라 제시문 속 상황에서 **지민이가 수행평가에 참여할 수 있도록 개입하겠습니다.** 이를 위해 근접 간섭을 활용하여 간접적으로 독려하겠습니다. 지민이는 평소에 성실하고 수업에 적극적으로 참여하는 학생이기 때문에 근접 간섭 신호를 통해 평가에 참여할 수 있도록 유도할 수 있다고 생각합니다. 또한, 필요하다면 모둠을 독려하여 자연스럽게 지민이도 함께 긍정적 영향을 받을 수 있도록 하겠습니다.

즉답형 1-2번 답변드리겠습니다.
위와 같이 행동했을 때 유의점 2가지는 다음과 같습니다.

첫째, 평가의 공정성이 훼손되지 않도록 해야 합니다. 평가 상황임을 고려하여 다른 학생들이 '공정하지 않다'고 느끼지 않도록 유의해야 합니다. 교사가 평가 내용과 과정에 대한 직접적인 개입을 최대한 자제하고, 스스로 평가에 참여할 수 있도록 동기를 부여하거나 관심을 제공하는 식으로 간접적으로 개입할 수 있도록 유의해야 합니다.

둘째, 지민이 이외에도 도움이 필요한 학생들도 적절하게 촉진할 수 있어야 합니다. 교사의 역할은 촉진자 역할이기 때문에 지민이 외에 평가 상황에서 참여하지 않고 어려움을 겪고 있는 학생이 더 있을 수 있다고 생각합니다. 교사로서 특정 학생에게만 관심을 쏟는 것이 아닌 모든 학생들에게 관심을 갖고 도움을 제공할 수 있도록 유의해야 합니다. 이상입니다.

한 눈에 보기

핵심주제 교사상, 교사의 태도

평가영역	평가항목
즉답형	**[교사의 역할과 관련 행동 방안]** 〈개입한다〉 • 교사는 촉진자 역할을 해야 하기 때문에 자연스럽게 평가를 참여할 수 있도록 개입하여 유도함. • 교사는 학습 안내자로서의 역할을 해야 하고 평가도 학습의 일부라고 지민이에게 적절히 안내하는 것이 필요함. • 교사의 역할은 학생을 관찰하고 적절한 도움을 주는 것이라 생각하기 때문에 도움이 필요해 보이는 지민이에게 필요한 것이 있는지 물어야 함. • 교사는 과정에서의 조력자 역할을 해야 하기 때문에 학습의 과정인 평가에서도 학생에게 어려움이 있는지 묻거나 갈등을 해결해 주는 등 적절한 도움을 주는 것이 필요함. 〈개입하지 않는다〉 • 교사의 역할은 공정한 리더라고 생각하기 때문에 평가를 공정하게 진행하기 위해서 특정 학생을 독려해서는 안 된다고 생각함. • 교사의 역할은 공정한 평가자라고 생각하기 때문에 다른 학생들과의 형평성을 위해 별도로 독려하지 않고 개입하지 않겠음. • 교사는 인내하는 조력자라고 생각하기 때문에 평소에 잘하는 지민이의 상황을 고려하여 스스로 해낼 수 있도록 개입하지 않고 기다리면서 지민이를 관찰함. **[행동 시 유의점]** 〈개입한다 관점〉 • 평가의 공정성을 위해 다른 학생을 차별하지 않는 선에서 참여 유도해야 함. • 지민이의 평가의 과정에서 모둠 동료평가를 반영하여 객관적인 평가가 이루어지도록 함. • 수행평가의 목적을 설명하고 참여의 의의에 대해 전체 학생 대상으로도 설명하는 것이 필요함. • 지나치게 많은 개입을 통해 참여가 이루어지는 것이 아니라 스스로 평가에 참여하도록 하는 것이 필요함. • 지민이 이외에도 도움이 필요한 학생들에게도 적절한 독려를 제공해야 함. • 학생의 감정에 유의하여 직접적으로 바로 개입하려는 것보다 조심스럽게 접근해야 함. 〈개입하지 않는다 관점〉 • 평가 이후에 개인 상담을 통해 지민이의 상태를 정확히 파악하는 것이 필요함. • 평가 이후에 수행평가의 목적과 의미에 대해 전체 학생 대상으로 다시 한번 알려주는 것이 필요함. • 지민이에게 개입하지 않았으므로 다른 학생이 참여하지 않더라도 공정성을 유지해야 함. • 평가 종료 이후 공정성으로 인해 개입하지 않았음을 알리고 지민이를 개인적으로 부정적으로 생각하여 그런 것이 아님을 안내함. • 교사가 평가에 무관심한 것처럼 보이지 않도록 사후지도가 필요함. • 앞으로 학습 동기가 저하되지 않도록 상담을 통해 원인을 파악하고 적절한 조언과 지지를 제공해야 함.

2023 평가원 중등 비교과

구상형 1

예시답변

구상형 1번 답변드리겠습니다.
제시문과 같은 문제가 지속될 시 A 학생에게 나타날 수 있는 문제점 2가지는 다음과 같습니다.

첫째, 학생의 자기주도 역량이 저하될 수 있습니다. 현재 A 학생은 쉬는 시간마다 교사에게 본인의 어려움을 토로하고 있습니다. 게다가 학교라는 공간을 넘어 휴일까지 교사에게 모든 것을 의존하고 있습니다. 이러한 과의존 현상은 학생의 자립심을 점점 더 낮아지게 만들 수 있기 때문에 현상을 개선하는 것이 반드시 필요해 보입니다.

둘째, 교우관계 저하로 인해 학교 부적응 현상이 발생할 수 있습니다. 현재 A 학생은 학업 성적이 낮고 말도 별로 없으며 친구가 없다는 것을 보면 학교에서 즐거움을 느낄 수 있는 요소를 찾지 못하고 있다고 생각합니다. 학교가 즐겁지 않으면 어려움이 많아지고 어려움이 많아지면 교우관계에 어려움이 생기고 다시 또 학교가 즐겁지 않아지는 악순환이 발생할 수 있습니다.

이러한 문제를 해결할 수 있는 방안을 2가지 말씀드리겠습니다.
첫째, 학생과 상담과 관련된 규칙을 설정하겠습니다. A 학생이 일주일에 상담할 수 있는 횟수와 시간을 정하고 규칙을 지키는 것이 교사와 학생의 긍정적인 관계 유지에 도움이 된다는 것에 대해 설명해 줍니다. 궁극적으로 상담 시간과 횟수를 점점 줄여가면서 학생이 교사에게 과의존하는 것을 개선해 나가도록 합니다.

둘째, 관계개선 프로그램을 운영하겠습니다. 현재 A 학생은 교우관계에서 먼저 적극적으로 나설 수 있는 상황은 아니라고 생각됩니다. 교사로서 A 학생이 교우관계에서 도움과 긍정적인 영향을 받을 수 있도록 프로그램을 구성하여 운영합니다. 예를 들어, 또래도우미 활동을 운영하거나 매일 칭찬릴레이 같은 활동을 통해 관계 개선을 시도할 수 있습니다. 이상입니다.

한 눈에 보기

핵심주제	학생 상담
평가영역	평가항목
구상형	**[A 학생의 문제점]** • 교사에게 지나치게 의존적 • 사교성이 부족하여 교우관계에 문제가 생김. • 교우관계 저하로 인한 학교 부적응 • 학생의 자립심이 낮아짐. • 자기주도 역량의 저하 • 학교생활이 악순환의 반복으로 이루어짐. **[해결 방안]** • 공동규칙 만들기 : 학교에서 지켜야 할 규칙 함께 만들기 • A 학생과 상담시간 경계설정 : 상담 시간을 정하고 점점 줄여나가기 • 마니또, 또래상담 실시 : 또래와 관계성을 회복하여 교사에 대한 의존도 줄이기 • 관계개선 프로그램 운영 : 또래도우미, 칭찬릴레이 활동을 통한 관계성 증진 • 또래활동 수업 계획 : 모둠수업, 협동 작품 만들기

구상형 2

예시답변

구상형 2번 답변드리겠습니다.
자신이 갖고 있는 인성적 자질과 전문적 자질을 노력과 함께 말씀드리겠습니다.
먼저, **갖고 있는 인성적 자질은 공감의 자질입니다.** 저는 평소 다른 사람의 이야기를 듣는 것을 좋아했습니다. 전공과 별개로 심리, 상담과 관련된 책을 찾아 읽는 것을 즐겨했고 이를 활용하여 다른 사람의 마음에 공감하고 도움을 주는 취미활동을 해왔습니다. 이러한 저의 취미는 자연스럽게 학생들 대상으로 무료 상담 및 멘토링을 해주는 활동까지 이어졌습니다.

다음으로, **갖고 있는 전문적 자질은 자기관리능력의 자질입니다.** 저는 새해가 되면 항상 다이어리를 구매하는 것으로 일 년을 시작합니다. 한 해 동안의 목표를 세우고 한 달 동안의 목표를 세우고 달성해 가면서 자신의 부족한 점을 반성하고 잘한 점을 스스로 칭찬하는 일을 5년 넘게 지속하고 있습니다. 이러한 저의 습관은 자연스럽게 자기관리 역량을 향상시킬 수 있는 원동력이 되었습니다.

향후 가져야 할 자질을 각각 1가지씩 말씀드리겠습니다.
먼저, **가져야 할 인성적 자질은 의사소통의 자질입니다.** 독단적인 업무 처리는 모든 구성원들의 만족을 이끌어낼 수 없다고 생각하기 때문입니다. 이러한 **의사소통의 자질을 향상시키기 위해 소통함을 설치**하겠습니다. 학생, 학부모, 교직원이 언제든지 학교에 대한 어떠한 종류의 의견도 자유롭게 표현할 수 있는 창구를 마련하여 의사소통이 더 활발하게 이루어질 수 있도록 하겠습니다.

다음으로, **가져야 할 전문적 자질은 자기연찬의 자질입니다.** 교사가 된 순간부터 자기 발전을 멈추는 것이 아닌 앞으로 꾸준히 발전하기 위해 더욱 노력해야 된다고 생각하기 때문입니다. 이러한 **자기연찬의 자질을 향상시키기 위해 교사 연수에 참여하고 다른 학교 선생님과 교원학습공동체를 구성하겠습니다.** 부족하다고 생각하는 분야와 관련된 교사 연수에 참여하여 부족한 전공 지식, 수업 역량 등을 기르겠습니다. 또한, 함께 연구하고 소통하고 싶은 분야를 정하고 다른 학교 선생님들과 교원학습공동체를 구성하여 지식을 나누는 활동을 진행하겠습니다. 이상입니다.

한 눈에 보기

핵심주제 교사의 자질

평가영역	평가항목
구상형	**[인성적 자질과 전문적 자질을 위해 한 노력]** 〈인성적 자질〉 • **협력의 자질** : 프로젝트 활동 경험, 현장 근무 경험 등 • **공동체 역량의 자질** : 동아리 회장 활동 등 • **의사소통의 자질** : 사람들과 소통하기 위해 직접 소통창구 마련 등 • **공감의 자질** : 심리, 상담과 관련된 독서활동 등 〈전문적 자질〉 • **수업구성의 자질** : 수업방법에 관한 독서 활동 등 • **자기연찬의 자질** : 다양한 사례 연구 및 스크랩 등 • **자기관리 능력의 자질** : 매년 다이어리 작성 등 • **전공 전문성의 자질** : 전공 관련 책자 정기구독 등 **[향후 가져야 할 자질과 노력]** 〈인성적 자질〉 • **협력의 자질** : 교원학습공동체 참여 등 • **공동체 역량의 자질** : 학교 내외 다양한 교사활동 참여 등 • **의사소통의 자질** : 급식실, 도서관 소통함 마련 등 • **공감의 자질** : 심리, 상담과 관련된 독서활동 등 〈전문적 자질〉 • **수업구성의 자질** : 전공 커뮤니티 활용한 수업 사례 연구 등 • **자기연찬의 자질** : 교사 연수, 공동체 참여 등 • **자기관리 능력의 자질** : 교사일지 작성 등 • **전공 전문성의 자질** : 업무와 관련된 연수 참여 등

▶ 구상형 3

예시답변

구상형 3번 답변드리겠습니다.
다음 제시문의 교사 중 저의 교육적 가치관과 **일치하는 교사는 B 교사**입니다. 그 이유는 **노력의 가치가 삶에 있어서 중요한 요소**라고 생각하기 때문입니다. 개인의 삶의 방향성과 주체성을 결정하는 것은 사회적 요인이 아닌 개인의 마음과 노력이라고 믿습니다. 따라서 교사는 실제 교육현장에서 학생에게 노력의 가치를 느낄 수 있도록 도와주고 성취의 즐거움을 맛볼 수 있도록 하는 것이 중요합니다. 저도 처음 임용시험을 준비할 때 다른 사람에 비해 암기력, 이해력, 효율성 등이 떨어진다고 생각하였습니다. 하지만 제가 정말로 이루고 싶은 꿈이 무엇인가 생각해 보고 포기하지 않고 노력하여 좋은 결과를 만들어낼 수 있었습니다. 이를 바탕으로 제가 실현할 교사상은 **학생의 장점과 특성을 바탕으로 맞춤형 진로교육을 제공하는 교사**입니다. 학생들의 경우 자신의 재능이 무엇인지 깊게 생각해보고 체험해 볼 수 있는 기회를 많이 갖지 못하고 있습니다. 따라서 손쉽게 접할 수 있는 진로검사, 성향검사, 특성검사 등을 바탕으로 학생들이 자신에 대한 이해도를 높일 수 있도록 최대한 돕습니다. 이를 바탕으로 자신이 경험해보고 싶은 미래에 대해 우선순위를 정해 체험형 진로교육을 경험할 수 있도록 하고, 다른 사람과 경험을 공유하면서 자신의 생각을 정리하고 삶의 가치관과 노력의 방향을 정할 수 있도록 돕고 싶습니다. 이상입니다.

한 눈에 보기

핵심주제 교사상

평가영역	평가항목
구상형	**[교육적 가치관과 일치하는 교사 선택]** 〈A 교사〉 • 선천적인 요소는 학생의 선택으로 이루어진 것이 아니므로 그 격차를 해소시키기 위해 노력하는 것이 중요하다고 생각함. • 학생의 재능이 사회경제적 배경에 의해서 제한된다면 그 사회는 불평등한 사회라고 생각함. • 노력으로 바꿀 수 없는 요소들은 학생에게 미치는 영향이 최소가 되도록 해야 함. 〈B 교사〉 • 교육은 학생의 잠재력을 최대한 발현할 수 있도록 도와주는 것이라 생각함. • 학생의 특성에 맞는 개인차를 고려한 지원을 해주는 것이 중요하다고 생각함. • 누구나 노력한다면 성장하고 성공할 수 있다고 믿고 있음. **[자신이 실현할 교사상]** 〈A 교사〉 • 사회경제적 배경에 상관없이 모두를 동등하게 대하는 편견 없는 교사 • 학생이 사회에 대해 긍정적인 마음과 건강한 비전을 갖도록 지도하는 교사 • 사회적 관계를 바탕으로 서로 돕고 돕는 교육을 구현하는 교사 • 학생에게 도움이 될 수 있는 다양한 제도를 이해하고 활용할 수 있는 교사 〈B 교사〉 • 학생의 강점과 특성을 고려한 개별맞춤 교육을 제공하는 교사

- 학습 성취도가 낮은 학생도 자신만의 학습법을 찾을 수 있도록 돕는 교사
- 학생에게 맞는 맞춤형 진로교육을 실현하는 교사

즉답형

예시답변

즉답형 1-1번 답변드리겠습니다.
제시문 속 상황에서 제가 **A 교사라면 학생 참여 중심의 이벤트 수업의 효과에 대한 근거 자료를 바탕으로 B 교사를 설득하려고 노력하겠습니다.** 평소의 친분을 이용하여 무논리적으로 우기는 것은 갈등 해결의 열쇠가 될 수 없습니다. A 교사의 제안이 B 교사의 제안에 비해 갖는 장점과 효과를 다양한 근거와 수업 사례를 활용하여 논리적으로 설득하려고 노력하겠습니다.

즉답형 1-2번 답변드리겠습니다.
위에서 한 답변대로 행동했을 때 유의할 점은 **지나치게 나의 주장만 계속 주장하지 않도록 유의해야 합니다.** 내가 설득을 위해 시간을 들여서 다양한 자료를 준비했지만, B 교사도 반대로 자신이 제안한 수업이 갖는 장점과 효과를 제시할 수 있습니다. 이때 조금 더 열린 마음과 객관적인 시선으로 대화를 통해 좋은 수업을 구상하는 것이 중요하다고 생각합니다.

즉답형 1-3번 답변드리겠습니다.
내가 A, B 교사를 중재해야 하는 **제3자 입장이라면 학교 전체 교직원회의에서 해당 안건을 토론 주제로 정해볼 것을 제안하겠습니다.** 둘이서만 계속 대화를 이어나간다면 결론이 나지 않고 객관적인 시선으로 보지 못할 수 있습니다. 토론이 있는 교직원회의를 통해 다른 구성원들의 생각을 듣다 보면 서로 생각이 정리될 것이고, 더 좋은 수업 방안을 마련할 수도 있습니다. 이처럼 갈등 해결의 열쇠를 둘에게 떠넘기기보다 다 함께 해결할 수 있는 방법을 제안하겠습니다. 이상입니다.

평가영역	평가항목
	핵심주제 갈등상황 대처
즉답형	**[A 교사로 가정한 행동]** • 평소 친밀했던 관계를 활용하여 나의 의견을 조금 더 어필해 볼 수 있도록 함. • 학생 참여 중심의 이벤트 수업의 효과에 대한 근거 자료를 바탕으로 호소력 있게 상대방을 설득하려고 노력함. • B 교사와 대화하는 시간을 더 많이 가지고 의견을 모으거나 타협점을 찾기 위해 노력함. • 상대방의 마음이 상하지 않도록 갈등을 조절해 가며 설득하도록 함. • 자신이 주장하는 학생 참여 중심의 이벤트 수업이 어떻게 진행될 것인지에 대한 구체적인 방향을 문서화시켜 설명하면서 설득하도록 함. **[유의사항]** • 지나치게 나의 주장만 계속 주장하지 않도록 유의해야 함. • 상대방이 기분 나쁘지 않도록 존중과 배려의 태도로 비언어적, 반언어적 표현에 유의해야 함. • 상대방이 충분히 납득할 수 있도록 충분한 근거를 제시하며 대화해야 함. **[제3자 입장에서의 중재 방안]** • 전체 교사들을 대상으로 토론이 있는 교직원회의 개최를 제한하고자 함. • A 교사의 제안 내용과 B 교사의 제안 내용이 가진 장점을 혼합할 수 있는 방법에 대해 셋에서 같이 연구해 보자고 제안하고자 함. • 교사들이 함께 서클을 운영할 것을 제안하고자 함. 평등한 관계로 서로 처한 갈등상황을 해결하고 교사 간 의견 간극을 좁힐 수 있는 시간을 마련하고자 함. • 당사자 둘이 편하게 대화할 수 있도록 시간과 공간을 마련하여 충분한 대화가 이루어질 수 있도록 돕고자 함.

2022 평가원 중등 비교과

구상형 1

한 눈에 보기

핵심주제 정서·행동 특성 학생 지도

평가영역	평가항목
구상형	**[정서적인 문제점]** • 자신감 부족 • 자기효능감 저하 • 자아존중감 저하 • 반복되는 상황에 의한 부정적인 감정 극대화 • 지속적인 실패로 인한 학습된 무기력 **[교사의 지도 방안]** • 개인 상담을 통한 공감적 경청 실시 • 학생 수준보다 살짝 높은 과제를 제시하여 성공의 경험을 느끼도록 함. • 1:1 맞춤 멘토링을 통한 학습부진 해소 • 지속적으로 긍정적인 피드백 제공 • 학부모 상담 실시 • 가정과 연계한 생활지도, 학습지도 실시 • 학급 내 1인 1역할 실시 • 독서교육을 통한 간접적 성공 경험 체험 • 사제동행 프로그램을 활용한 정서적 지원

구상형 2

한 눈에 보기

핵심주제 인성교육

평가영역	평가항목
구상형	**[비교과 교사도 인성교육을 해야 하는 이유]** • 교사라면 누구나 책임감을 갖고 인성교육을 실시해야 함. • 인성교육은 교육공동체 모두가 책임을 갖고 지도해야 하고, 비교과 교사라고 특별히 다르게 접근하는 것이 아닌 함께 인성교육을 해야 함. • 수업시간 이외에 쉬는 시간, 급식시간, 동아리활동 등 학교에서 생활하는 모든 시간과 공간에서 인성교육이 필요함. • 비교과 교사도 이제 생활지도와 학습지도 모두 학생을 지도하기 때문에 적절한 인성교육을 실시하는 것이 반드시 필요 • 비교과 교과가 갖는 과목의 특성을 활용하면 기존의 딱딱한 인성교육에서 벗어나 더욱 창의적이고 효과적인 인성교육을 실시할 수 있음. **[인성교육에서 교과가 가진 장점]** 〈보건〉 • 심폐소생술 등 다른 사람을 도울 수 있는 교육을 통해 인성을 함양하고 공동체 역량을 길러줄 수 있음. • 보건실에서 학생들의 육체적 아픔뿐만 아니라 정서적 아픔도 함께 관찰하고 징후를 발견할 수 있음. 다른 사람이 발견하지 못한 정서적 어려움을 들여다보고 해결하는 과정에서 학생을 치유하는 인성교육 가능 • 성교육을 통해 성에 대한 올바른 이해와 함께 타인의 신체와 결정권을 존중하는 법을 배울 수 있음. • 성인지 감수성 함양 교육 가능 〈영양〉 • 급식지도와 관련 감사하는 마음 지도 가능(재료가 만들어지는 과정에서 농민, 조리종사자에게 감사 혹은 급식지도 교사에게 감사 등) • 필요한 만큼 받고 잔반 줄이는 활동을 통해 절제와 책임의 가치 지도 가능(매주 잔반 줄이기 실천 프로젝트 실시 가능) • 학교 메뉴를 함께 고민하고 연구하는 활동을 통해 협력과 공동체 역량을 기를 수 있음. 〈사서〉 • 독서교육과 연계한 인성교육 가능 • 도서관 사용 예절을 함께 만들고 수정해 나가는 과정을 통해 타인을 배려하고 공감하는 인성교육 가능 • 책에서 찾은 가치를 학생들끼리 공유하는 시간/공간을 마련하여 학생들이 서로 가르치고 배우는 인성교육 시도 가능 〈상담〉 • 역할극, 집단상담 등을 활용하여 체험형 인성교육 가능(제시된 상황에 대한 대처를 공유하면서 타 교과에 비해 직접적으로 인성교육의 효과를 느낄 수 있음) • 전문상담의 역량을 활용하여 특정 상황 속의 타인의 역할을 맡아보고 서로 피드백하는 과정을 통해 타인의 감정을 이해하는 인성지도 가능 • 학생과 상담하는 과정에서 또래가 공유하는 감정과 가치를 파악하고 이를 모두와 함께 나누고 구현하는 활동을 통해 인성지도 가능 **[필요한 자질과 구체적인 노력 방안]** • **솔선수범하는 자질** : 교사가 먼저 학생들을 배려하고 존중하는 자세를 보여 학생들이 존중받고 존중하는 것의 중요성을 느끼도록 함. • **인내심의 자질** : 학생마다 변화의 속도가 다를 수

평가영역	평가항목
구상형	있어 믿고 기다리는 자질 필요. 지속적인 상담과 관찰일지를 통해 학생의 변화를 체크하고 응원하면서 기다림. • **전문성 신장의 자질** : 인성교육 관련 전문적학습공동체 활동을 통해 교과, 비교과 교사 모두 함께 비전을 공유하고 전문성을 신장할 수 있음. 체험 중심 인성교육 연수에 참여하여 실천적 인성교육 관련 전문성 신장 • **융합의 자질** : 자신의 교과와 연계한 인성지도는 기본으로, 다른 교과 활동과 함께 연계한 인성지도까지 확장하는 융합능력 필요. 융합수업을 위한 교과 협의회 실시 및 수업사례 공유 • **의사소통의 자질** : 학생 상담과 관련된 코칭 기법 연수를 듣고 학생과 원활하고 긍정적인 관계 형성을 위해 노력 • **비판적 자질** : 학교의 다양한 현장에서 당연하다 느꼈던 것들 속 차별적 요소를 찾고 적절한 해결과 지도가 이루어질 수 있도록 함. 마음의 소리함 운영을 통해 학생들이 겪는 어려움을 파악하고 공감하며, 서로 배려하는 학교 분위기 조성 • **존중의 자질** : 학생에게 바른 말, 존댓말 사용하기를 통해 바른 언어에서 바른 행동이 나올 수 있음을 느끼고 함께 실천하도록 지도

구상형 3

 한 눈에 보기

핵심주제 교사상

평가영역	평가항목
구상형	**[선호하는 교사]** 〈A 교사〉 • SNS 활용은 개인의 표현의 자유이기 때문에 보장해야 함. • SNS를 교육적으로 잘 활용하는 교사들이 많아지고 있음. • 법적인 문제가 없다면 활용 형태는 개인의 자유 • 민주시민을 양성해야 하는 교사도 하나의 민주시민으로서 권리를 누릴 수 있어야 함. 〈B 교사〉 • 과도한 SNS 활동은 교사로서의 품위에 악영향을 끼칠 수 있음(품위 유지 의무). • 교육적으로 부정적인 영향을 끼칠 수 있는 콘텐츠를 양성할 수 있음. • 교사는 학생의 거울이므로 교육적인 활용 내로 제한되어야 함.
구상형	**[선호하는 입장의 유의점]** 〈A 교사 선택 시 유의점〉 • 성찰적 태도로 자신의 SNS 활동이 적절히 이루어지고 있는지 스스로 돌아볼 수 있어야 함. • 학교 공동체와 소통에 방해가 되지 않도록 활용해야 함. • 자유가 방종이 되지 않도록 학교 공동체 문화를 존중해야 함. • 수평적 학교 문화와 극단적 개인주의의 차이를 잘 구별해야 함. 〈B 교사 선택 시 유의점〉 • 학교 공동체에 의해 지나치게 개인의 자유가 침해받지 않도록 조심해야 함. • 교사의 다양성과 창의성이 존중받을 수 있도록 해야 함. • 개방적인 학교 조직문화를 위해 노력해야 함.

즉답형

한 눈에 보기

핵심주제 학생과의 관계

평가영역	평가항목
즉답형	**[A 교사]** • 교사의 신뢰가 전제되지 않으면 학생들이 먼저 마음을 열 수 없음. • 학생을 누구보다 제일 먼저 신뢰해야 하는 사람이 교사여야 함. • 신뢰에 조건이 붙기 시작하면 학생 지도 시 결국 조건을 붙여서 지도하게 됨. • 진정한 교육과 소통의 시작은 진정한 신뢰에서 나옴. **[B 교사]** • 신뢰는 하루아침에 이루어지는 것이 아니기 때문에 무조건적이 아닌 단계별로 접근해야 함. • 사람 사이의 관계에 100%라는 것은 존재하지 않음. 스승과 제자도 이전에 사람과 사람이기 때문에 신중하게 생각하고 행동해야 함. • 신뢰의 감정을 악용할 수 있는 여지가 있다면 교사로서 약점으로 이용당할 수 있음. • 두 학생의 진술이 다를 때 무조건적인 신뢰는 딜레마에 빠질 수 있기 때문에 무조건적인 신뢰는 옳지 않음. **[A 교사 유의점]** • 신뢰할 때 일관성 있는 태도로 학생을 대하는 것이 중요함. 학생은 교사의 일관성 있는 태도로부터 교

즉답형	· 사의 진정한 마음을 파악하고 무조건적인 신뢰를 믿게 될 수 있음. · 교사의 존중이 신뢰와 동반되어야 함. 무조건 믿는다는 말만 하기보다 하나의 인격체로서 학생을 존중해줄 때 그 신뢰가 더 효과적으로 빛날 수 있음. · 무조건적인 신뢰를 기반으로 관계 형성을 진행하되 바람직하지 못한 행동이 있었다는 객관적인 증거가 있는 경우 적절한 지도는 필요함. [B 교사 유의점] · 교사가 학생을 믿지 못한다는 인식을 심어주지 않도록 조심해야 함. 학생들은 한번 불신하기 시작하면 다시 신뢰하도록 하는 데 어려움이 있음. · 객관적인 사실과 증거로 학생들을 신뢰하되 학생에 대한 교사의 태도가 일관성이 있어야 함. · 무조건적인 신뢰를 피하는 것은 좋으나 선입견이나 편견을 가지고 학생을 대하면 안 됨. · 평소에 신뢰 관계 구축을 위해 다양한 노력이 필요함. 학생이 자연스럽게 교사를 신뢰할 수 있도록 하여 상호 적절한 신뢰 관계를 만들어가야 함. [바람직한 신뢰 관계 형성 방법] · 지속적인 상담을 실시 · 학급 규칙을 함께 정하고 일관성 있는 규칙 적용이 이루어지도록 함께 노력 · 개인 상담과 더불어 집단 상담을 통해 1대1의 신뢰 관계뿐만 아니라 학급 공동체 안에서 전체적인 신뢰가 형성될 수 있도록 함. · 사제동행 프로그램 활용 · 학급운영에 원칙을 세우고 일관적인 태도로 학생들을 지도
구상형	〈행동적 문제〉 · **공격적·폭력적 성향** : 공모전에서 떨어진 것이 화가 나서 책상을 내리침. [지도 방안] 〈정서적 문제〉 비합리적 사고에 기반한 우울, 무기력 · **게이트키퍼 역할** : 평소 교실 안 학생들의 정서·행동 변화에 관심을 가지고, 개인면담을 통해 학생의 정서 상태와 학교생활 적응도 파악 / 우울 증상과 관련된 행동의 변화가 나타나는지 확인, 보호자와의 면담 · **필요시 전문기관 연계** : 학교 내 지속 상담 및 지원에도 불구하고 학생의 증상이 나아지지 않으면 보다 전문적인 치료를 받을 수 있게 함. / 보호자 동의 필수 · **학교에서의 검사와 제도 활용** : 정서·행동 특성검사를 통해 관심군으로 선별된 학생은 전문기관에 연계, 교내 상담인력과 담임교사가 대상 학생 지속적인 모니터링 · **학생의 마음에 관심 표현** : 우울과 무기력을 유발하는 상황에 대해 함께 이야기함. 학생이 어떤 도움을 필요로 하는지 확인 · **학생의 입장에 대해 공감적 지지** : 경청, 평가 X, 비난 X, 따뜻한 위로의 말로 격려 · **심리적 어려움과 문제해결 의지를 스스로 표현할 수 있도록 조력** : 척도질문을 사용하면 학생이 자신의 심리적 어려움을 보다 객관적으로 파악할 수 있도록 도울 수 있고, 구체적 목표를 정하는 데 도움을 줄 수 있음. · **학생이 가진 비합리적 사고를 합리적 사고로 바꿀 수 있도록 도움** : 비합리적·부정적 생각을 표현할 경우 다른 관점을 제시하여 합리적인 방향으로 사고할 수 있도록 조력 · **학생이 가지고 있는 긍정적인 측면 포착** : 학생의 강점·발전하는 점을 포착하여 긍정적이고 구체적으로 피드백 등 〈행동적 문제〉 공격적·폭력적 성향 · **부드럽지만 단호한 태도로 지도** : 학생의 감정과 행동을 분리하여 받아들임. 화가 난 감정에는 수용적 태도로, 공격적·폭력적 행동에는 단호하고 일관적인 태도로 지도, 비난 X, 훈계 X · **학생이 공격행동을 보이는 상황을 파악하여 사전에 문제 예방** : 이후에 비슷한 상황에 처하거나 전조증상을 보일 때 그 상황을 피하고 환기할 수 있도록 지도 · 평소 학생에게 일기를 쓰면서 일상적인 사건과 그에 대한 느낌을 기록하게 함. 상황과 관련된 자신의 감정을 인식하고, 감정을 적절하게 표현하는 방법을 찾도록 함. · 학생이 진정할 수 있는 방법을 알려 줌.

2021 평가원 중등 비교과

▶ 구상형 1

핵심주제	정서·행동 특성 학생 지도	
평가영역	평가항목	
구상형	[유미가 가진 정서적·행동적 문제] 〈정서적 문제〉 · **비합리적 사고에 기반한 우울, 무기력** : '앞으로 어떤 것도 할 수 없을 것만 같아요.'	

구상형	· 보건교사와 협력 : 자해상처에 대한 처치 및 치료를 받을 수 있도록 함. · 전문상담 인력에게 의뢰 · 자신의 행동에 대해 충분히 설명하고 감정 표현할 수 있도록 함, 공감 · 자해행동 대신 할 수 있는 적절한 대안행동 함께 찾기 : 산책하기, 명상하기, 그림 그리기, 호흡법, 이완법 등 · 편안하고 안정된 정서적·물리적 환경 조성 : 안전한 환경 조성을 통해 고통이나 어려움에 대처하는 건강한 방법을 학습할 수 있도록 함. · 학생의 가정환경 확인 : 아동학대나 가정폭력이 발생하는 환경에서 생활하고 있지는 않은지 살피기. 아동학대나 가정폭력 의심 시 수사기관에 신고, 전문기관 연계 등 후속조치 실시 · 외부 전문기관 연계 등

구상형 2

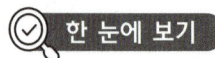

핵심주제 교사의 자질

평가영역	평가항목
구상형	**[김 교사가 현재 가지고 있는 자질]** · 의사소통 자질 · 학생에 대한 공감 · 새로운 것을 받아들이는 자질 · 협력 자질 **[향후 갖춰야 할 자질]** · 협력 자질 · 동료교사에 대한 공감 · 경계를 설정하는 자질 · 스스로 문제를 해결하는 자질 등 **[노력해 온 것]** · 협력, 사람들의 의견 조율 등 : 대표 활동(동아리 대표, 학생회장, 과대표 등), 여러 사람이 함께 하는 활동(연극부, 합창단, 오케스트라 등) · 상대방 마음 공감 등 : 상담활동(게이트키퍼, 또래상담 등), 봉사활동 · 경계 설정하는 자질 : 상대방을 존중하는 태도, 친절하지만 단호함. · 스스로 문제를 해결하는 자질 : 모르는 것이 있을 때 서적 탐독·인터넷 검색·유튜브 등을 통해 최대한 해결하고자 함 등

구상형 3

핵심주제 교사상

평가영역	평가항목
구상형	**[가장 중요하다고 생각하는 가치와 이유]** 〈기초학력〉 · 기초학력은 무엇인가를 배울 수 있는 힘, 인간답게 살아가기 위한 기본적인 힘이기 때문에 가장 중요함. · 읽기, 쓰기, 셈하기는 과거와 마찬가지로 미래에도 중요한 능력이 될 것 · 초연결을 골자로 하는 4차 산업혁명 시대에서도 기본적인 읽기, 쓰기, 셈하기 능력이 갖추어져야 다른 사람들과 함께 살아갈 수 있음. 〈자신감〉 · 자신감은 자신을 신뢰하는 감정임. 자신감은 학력 향상, 교우관계에 영향을 긍정적인 미치는 요소임. · 자신감은 더 나은 선택과 더 긍정적인 행동을 하는 데 영향을 미침. 〈교우관계〉 · 학생들은 대부분의 시간을 학교에서 친구들과 함께 보내므로 교우관계가 중요함. · 돈독한 교우관계는 삶의 만족을 결정하는 중요한 요인임. **[해당 교사상으로 교육했을 때 기대되는 학생의 모습]** → 근거가 적절하다면 기대되는 학생의 모습은 3가지 교사상 모두 공통적으로 사용할 수 있습니다. 〈기초학력〉 · 다양한 매체로 표현된 글과 언어 이해 및 정보 해석·활용 가능 · 학습자가 자기 자신을 존중하고 타인을 존중하며 조화롭게 살아갈 수 있음. 〈자신감〉 · 자신을 신뢰하는 데 도움을 주는 생각, 느낌, 행동을 탐색하고 지각함. · 사건이나 현상에 대해 긍정적으로 생각하고 실패를 두려워하지 않음. · 어려운 상황에서 인내하고 자신을 비판적으로 바라볼 수 있음. 〈교우관계〉 · 삶의 만족감 증진 · 의사소통 역량, 공동체 역량 등 함양 · 또래 간 긍정적인 관계 형성은 학교에 잘 적응하고 있다는 것을 나타내기도 함 등

▶ 즉답형

🔍 **한 눈에 보기**

핵심주제 동료교사와의 관계

평가영역	평가항목
즉답형	**[김 교사의 입장]** • 시간 많이 뺏김. • 자신이 해야 할 일을 못하고 있음. • 동료교사들에 대한 서운함. 수고에 대한 고마움의 표시 안 함 등 **[교직 윤리적 측면에서 김 교사 비판]** • **성실의 의무** : 주어진 업무를 적극적으로 수행할 의무 **[내가 김 교사라면 동료교사에게 어떻게 할 것인지]** • 전체 교직원 연수 • 어려움이 있을 때 도움 요청

2020 평가원 중등 비교과

▶ 구상형 1

🔍 **한 눈에 보기**

핵심주제 봉사활동

평가영역	평가항목
구상형	**[학생들의 문제점]** • 봉사활동의 목적을 이해하지 못함. • 시끄럽게 떠들고 장난침. • **불성실한 태도** : 지각, 시간만 채우면 된다는 식 **[지도 방안]** • **사전교육** : 봉사활동의 의미, 목적, 봉사활동을 나갈 외부 기관에 대한 교육 • 봉사활동 수행에 대한 규칙 정하기

▶ 구상형 2

🔍 **한 눈에 보기**

핵심주제 교사상

평가영역	평가항목
구상형	**[A 교사와 B 교사 중 본인과 가깝다고 생각하는 교사와 그러한 교사가 되기 위해 노력한 점]** 〈A 교사〉 • 상담 봉사활동을 통해 경청하는 습관 배양(봉사활동을 통해 다양한 역량을 표현할 수 있어요.) • **다양한 독서** : 여러 인물에 대한 공감, 이해, 문학적이고 은유적 표현을 통해 학생의 심미적 감성역량을 높일 수 있음. • **월 1회 이상 전시회 관람** : 미술관, 박물관 등 다양한 문화체험 • **뉴스, 신문 읽기** : 사회적 이슈 파악, 다양한 방면의 정보 수집, 학생 관심사에 적합한 공감대 형성으로 소통 등 〈B 교사〉 • **전문성 강화** : 전공분야 다양한 자격증 취득 등 • 실제적인 수업 구상 • 교육 관련 서적 및 다양한 자료(영상매체 등) 탐독 등 • 우수 수업 영상 참고 • 관련 강의 수강 등

▶ 구상형 3

🔍 **한 눈에 보기**

핵심주제 교육관

평가영역	평가항목
구상형	**[㉠과 ㉡에 해당하는 현장 사례]** 〈㉠〉 • 토의·토론식 수업, 문제해결 학습, 프로젝트 수업, 학생 중심 수업 • 학생자치회 • 회복적 생활교육 〈㉡〉 • 일제식 수업, 강의식 수업, 교사 중심 수업 • 학교나 교사가 일방적으로 하달하는 방식 • 응보적 생활지도 • 학생에게 필요한(또는 학생이 원하는) 교육이나 정보 제공 등

| 구상형 | [㉠ 또는 ㉡과 관련하여 본인이 추구하는 교육관]
〈㉠〉
• 누군가에게 배움의 기회를 제공할 수는 있지만 실제로 그 배움을 획득하는 것은 학습자의 의지에 달려 있다는 의미
• 좋은 조련사는 말이 목마르게 해서 스스로 물을 마시게 함.
• 학생은 자신을 둘러싼 환경과 상호작용하여 스스로 문제를 해결해 나가는 존재임. 교사는 학생이 문제를 해결해 나갈 수 있도록 도와주는 조력자, 촉진자
〈㉡〉
• 말이 먹으면 안 되는 물이라면 먹게 해서는 안 됨. 반대로 말의 생존이나 성장에 필수적이라면 억지로라도 먹게 해야 함(동기유발, 목표설정 등).
• 어떤 학습자들은 강제적인 교육이 필요하기도 함. 말에게 억지로 물을 먹이는 것이 꼭 나쁜 것은 아님(예 발달장애 학생을 대상으로 자립생활교육 등). |

즉답형

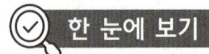 한 눈에 보기

핵심주제 동료교사와의 관계

평가영역	평가항목
즉답형	[선호하는 부장교사와 그 이유] 〈A 부장교사〉 • 의사소통은 언어적, 비언어적 요소가 모두 중요함. • 메신저로만 하는 소통은 오해가 생길 우려 있음. 〈B 부장교사〉 • 메신저를 최대한 활용하고, 꼭 필요한 경우에만 대면하는 것이 효율적 [비선호 부장교사와 갈등이 발생하였을 때 대처] • 부장교사의 상황에 공감 • 부장교사의 장점을 찾도록 노력 • 신규교사로서 부족한 점을 인정하고 부장교사에게 도움 요청, 협력적으로 문제해결 • '배우는 자세로 협력하겠다' 등

2019 평가원 중등 비교과

구상형 1

 한 눈에 보기

핵심주제 방과후 학교

평가영역	평가항목
구상형	[제시문에서 찾을 수 있는 문제점] • 방과후 활동에 학생들이 원하는 진로탐색 프로그램이 개설되지 않고 교과 위주로만 개설됨. [문제해결 방안] • 학교운영위원회에 학생대표 참석 • 방과후 학교 프로그램 개설 희망 조사 실시 후 개설 • 방과후 학교 프로그램 추가 개설(진로탐색 분야) • 평소에 학생들이 목소리를 낼 수 있도록 민주적인 학교 분위기와 문화를 형성

구상형 2

한 눈에 보기

핵심주제 교사의 역량

평가영역	평가항목
구상형	[의사소통 역량 함양을 위한 본인의 노력] • 생각과 감정 효과적으로 표현 • 경청 • 존중 • 공감 • 이해 • 갈등해결 [배운 점] • 가치관 • 태도 • 자세 • 생각 변화 등 [동아리 운영 시 부족한 점 보완방안] • 전문성 연수 수강 • 교원학습공동체 참여 • 운영노하우 나눔 활동 참여 • 동료교사와 협력 • 학생간담회 실시 후 의견 반영 운영 • 학생들이 주도로 운영, 교사는 안내자, 조력자

구상형 3

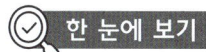 한 눈에 보기

핵심주제 교육관

평가영역	평가항목
구상형	**[인간과 로봇 중 학교 수업은 누가 진행할까?]** • 교사의 역할이 인공지능 기술로 대체되기보다는 인공지능 기술의 도움 속에서 교육의 질적 제고 가능 • 인공지능 기술은 대량의 학습 분석결과를 교사에게 제공하여 교수 효율을 높이는 데 긍정적으로 작동 • 온라인 학습 기회가 증가함에 따라 학생들의 학습을 안내하거나 지원하는 학습관리자로서 여전히 교사가 필요 • 인공지능 기술 발전에 따라 기계가 대체할 수 없는 인간의 고유한 능력/기능/역할이 있음. **[학생 지도 방안]** • 학습자 중심 활동 • 자기주도적 학습 지원 • 협력적 학습활동 강화 • 온전하고 윤리적인 사고 함양 • 적응력, 추진력, 위기관리 능력 함양 • 글로벌 관점과 시각 배양 • 디지털 활용 능력 함양 • 리더십과 팀워크 등 • 다양한 교수방법

즉답형

 한 눈에 보기

핵심주제 동료교사와의 관계

평가영역	평가항목
즉답형	**[성실성 측면에서 자신과 같은 교사 고르기]** • A 교사 선택 : 학생들과 소통하는 교사, 수업에 대한 학생들의 높은 만족도 • B 교사 선택 : 동료와 소통하는 교사, 교재 연구 철저히 함. **[자신이 선택한 교사를 교사의 역할, 임무 측면에서 비판하기]** • A 교사 : 동료와의 협력도 중요한 교사의 자질이고, 수업 연구는 수업의 기본임. • B 교사 : 수업방법이 지루하다는 것은 학생의 요구를 반영하지 않는다는 것이고, 학생과 소통하는 것도 교사의 중요한 역할임. **[협력수업을 한다면 누구와 할 것인가]** • A 교사 : 임기응변 능력과 유창한 언어 구사 능력은 수업과 학생 소통에 매우 중요한 요소임. • B 교사 : 동료와 소통하고 좋은 관계를 맺는 것은 사회생활과 교직생활을 하는 데 있어서 훌륭한 자산임.

2018 평가원 중등 비교과

구상형 1

핵심주제	생활지도
평가영역	**평가항목**
구상형	[학생이 화가 난 이유] • 휴대폰을 뺏어감. • 사사건건 간섭 • 요즘 학교에 오기 싫었음. • 구속당하는 느낌 • 자율성이 침해되는 느낌 등 [지도 방안 2가지] • 공감, 경청 • 상담 • 학교에 오기 싫은 마음 → 적응할 수 있도록 조치 • 선생님이 휴대폰을 강제로 수거해 갈 만한 이유를 생각해 보게 함(예를 들어, '휴대폰 수거'와 관련된 학급 규칙이 있는데, A 학생이 지키지 않았고, 선생님이 강제 수거했을 가능성 있음). • 위클래스 연계 • 담임교사 연계 • 학부모 연계 • 또래상담 등

구상형 2

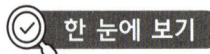

핵심주제	교사의 자질
평가영역	**평가항목**
구상형	[가장 먼저 조치할 사항] • 안전 조치 • 학교교육과정이 원활히 진행되도록 함 등 [교사의 자질 2가지] • 갈등해결(중재) 자질 • 학생을 사랑(이해)하는 자질 • 학생을 믿고 기다려주는 자질 • 협력하는 자질 • 소통하는 자질 등

구상형 3

핵심주제	학생상
평가영역	**평가항목**
구상형	[학습자에 대한 인간관] • 성장 잠재력 지닌 존재 • 다양한 개성과 창의력을 지닌 존재 • 전인적 성장이 필요한 존재 [박 교사 의견 입장 · 찬성] • 교사의 노력이 반영되는 지표 중 하나 • 교사의 수업 전문성 향상의 원동력 [박 교사 의견 입장 · 반대] • 전인적 관점 무시 • 교사의 역할 왜곡

즉답형

핵심주제	교사상
평가영역	**평가항목**
즉답형	[부장교사 행동 원인] • 행정업무 과중으로 인해 바쁨. • 업무 효율 고려 • 신임교사와 의사소통 부재 • 자신에게 편한 방법을 선택 [부장교사에게 필요한 인성] • 협력 • 소통 • 배려 [신임교사의 대처] • 대화 필요 • 전문성 향상을 위한 노력 • 문제해결 능력 • 자신감 있는 태도

STEP
04
Recipe

평가원
실전 모의고사
예시답안

평가원 실전 모의고사 (50회)

평가원 실전 모의고사 예시답안

2026학년도 평가원 지역 — 1회차

[구상형 1번]

[A 학생에 대한 지도 방안]
- **감정 공감 기반 상담** : 대화방 퇴장과 결석에 담긴 감정을 공감하며 교사와 1:1 면담을 통해 학생의 심리적 불안을 안정시키고, 필요한 경우 전문기관 연계를 안내함.
- **정서적 지지** : 영상이 자신에게 어떤 영향을 주었는지 말로 표현할 수 있도록 돕고, 디지털 공간에서의 권리 보호와 대응 방법을 함께 학습하며 자존감 회복을 지원함.

[학급 학생들에 대한 지도 방안]
- **딥페이크 위험성 교육** : 얼굴 합성 기술이 타인의 인격권을 침해할 수 있음을 명확히 인식시키고, 딥페이크의 사회적 문제와 형사적 처벌 가능성까지 포함한 교육을 실시함.
- **온라인 윤리 공동 규칙 만들기** : 단체 대화방 사용 시 지켜야 할 원칙을 학생들과 함께 협의해 게시하고, 모두가 참여하는 규칙 만들기를 통해 디지털 공간에서의 책임 있는 행동을 강화함.
- **'감정 전달' 글쓰기 활동 운영** : '내 얼굴이 영상에 쓰였다면 어떤 기분일까?'와 같은 질문을 던지고, 피해자 입장에서 짧은 글을 써보는 활동을 진행함. 타인의 감정을 상상하고 표현하는 과정을 통해, 장난처럼 여겼던 행동이 누군가에게는 큰 상처가 될 수 있음을 스스로 깨닫도록 유도함.

[구상형 2번]

[제시문을 통해 추론할 수 있는 학급 내 문제점]
- 학생 간, 학생·교사 간 관계 형성이 어려워 학급 소속감과 정서적 유대가 약화되고 있음. 선택 과목 중심 수업 구조로 인해 학생들 간 함께하는 시간이 줄고, 담임 교사와의 상호작용 기회도 적어져 심리적 안정과 관계 형성이 어려운 상황임.

[학급 내 문제를 해결하기 위한 활동]
- **'학급 사서함' 운영** : 담임에게 직접 말하기 어려운 고민이나 생각을 익명으로 적어 전달할 수 있도록 사서함을 비치함. 학생은 부담 없이 자신의 감정을 표현할 수 있고, 교사는 학급의 정서 상태를 간접적으로 파악할 수 있음.
- **학급 내 동아리 운영** : 선택 과목은 다르지만 취미나 관심사가 비슷한 학생들을 모아 소규모 활동을 주기적으로 운영함. 교과 중심이 아닌 관계 중심의 만남을 통해 학생 간 유대감을 자연스럽게 형성할 수 있음.
- **'소통의 날' 특색활동 실시** : 매달 1회, 수업 전이나 학급 자치 시간에 학급 전체가 함께하는 대화·토론 중심 활동을 운영함. 다양한 주제로 교류하며 학생들 간 거리감을 좁히고, 담임과의 심리적 연결감도 함께 높일 수 있음.

[구상형 3번]

[자신과 입장이 비슷한 교사]

A 교사 선택
- AI는 정보를 빠르게 제공하지만, 그 답을 곱씹고 자기 생각을 구성하는 과정은 생략되기 쉬움. 수업은 결과보다 사고 과정을 중시해야 하며, 교사의 안내 속에서 학생이 스스로 표현해보는 시간이 반드시 필요하다고 생각함.

B 교사 선택
- AI는 단순한 정답 제공자가 아니라, 학생이 질문을 던지고 스스로 판단하는 힘을 기를 수 있는 훌륭한 도구라고 생각함. 핵심은 도구 자체가 아니라 활용 방식에 있으며, 교사는 AI를 비판적·능동적으로 활용할 수 있도록 방향을 제시해야 함.

[AI를 통해 사고력과 주도성을 기를 수 있는 수업 방안]
- **AI 답안 재해석 및 수정 활동** : AI가 생성한 문장을 자신의 언어로 바꿔보는 활동을 통해, 학생은 표현을 수동적으로 수용하는 것이 아니라 '왜 이렇게 썼을까?', '나는 어떻게 표현할까?'를 고민하게 됨. 이를 통해 자기화 능력과 창의적 사고력을 함께 기를 수 있음.
- **AI 결과와의 비교 분석 활동** : 같은 주제로 AI와 학생이 각각 작성한 글을 비교하고, 어떤 표현이나 전개 방식이 더 효과적인지 평가하게 함. 이 과정을 통해 학생은 AI 결과를 비판적으로 해석하고, 자신의 글쓰기 기준과 표현 전략을 성찰하게 됨.

2026학년도 평가원 지역 — 2회차

[즉답형]

[A, B 교사 중 자신의 입장에 부합하는 교사 선택]

A 교사 선택(관계 회복 중심의 소통)
- 민원 상황에서는 학생과 학부모의 감정에 공감하고, 오해를 해소하려는 태도가 중요하다고 생각함. 지도 의도가 아무리 타당해도 학생이 위축되거나 학부모가 불신을 느끼면 교육적 관계는 흔들릴 수 있음. 사과는 책임을 인정하는 것이 아니라, 신뢰 회복을 위한 출발점이 될 수 있다고 봄.

B 교사 선택(교사의 교육적 판단 존중)
- 학생 지도가 위축되지 않기 위해서는 교사의 판단이 존중받아야 한다고 생각함. 정당한 생활지도가 사과로 이어지면 지도 기준이 모호해지고 교사의 권위도 약화될 수 있음. 오해가 있었다면 설명은 필요하지만, 판단 자체는 유지해야 교육적 일관성을 지킬 수 있다고 봄.

[제3자로서 학년 회의를 통한 의견 조율 방안]
- **공감 중심의 대응 원칙 합의** : 학년 회의에서 사안을 객관적으로 공유한 뒤, 지도 상황과 표현 방식, 학생 반응 등을 함께 나눔. 감정 중심 민원에도 지나치게 소극적으로 대응하지 않으면서, 공감적 소통과 예방적 표현에 대한 학년 공통의 대응 원칙을 정립함.
- **생활지도 기준 마련을 통한 일관성 확보** : 특정 교사의 언행을 평가하기보다 사안의 맥락을 공유하고, 학년 차원에서 생활지도 시 유의할 표현과 언어 사용에 대한 기준을 마련함. 이를 통해 교사 간 혼선을 줄이고, 학부모 응대에서의 신뢰와 일관성을 확보함.

[구상형 1번]

[A 학생의 태도에 나타난 문제점]
- **공동체 책임 회피** : 동아리 활동은 공동의 목표를 향해 함께 참여하는 과제로, A 학생의 일방적 거부는 구성원으로서의 책임을 회피한 태도임.

[A 학생에 대한 지도 방안]
- **공동체 속 역할 자각 대화** : 동아리는 선택 활동이지만 일단 참여했다면 공동의 목표에 기여할 책임이 있다는 점을 차분히 설명하고, 활동 거부가 다른 구성원에게 끼친 영향을 함께 성찰하도록 돕는 면담을 진행함.
- **자기결정권과 협력의 균형 인식** : 개인의 선택을 존중하되, 집단 속 개인의 행동이 타인과 공동체에 어떤 영향을 미치는지를 함께 분석하며, 스스로 균형점을 찾아보도록 돕는 대화를 운영함.

[다른 부원 대상 지도 방안]
- **갈등 상황 내 감정 나누기 활동** : 활동 거부로 생긴 부정적 감정을 부원들이 직접 표현할 수 있도록 간단한 글쓰기나 비폭력 대화를 활용해 감정을 공유하는 시간을 마련함.
- **동아리 역할 재조정 회의** : 구성원 간 협의를 통해 역할을 유연하게 조정하고, 책임을 분담하며 A 학생의 태도로 인한 부담이 특정 학생에게만 집중되지 않도록 조율함.

[구상형 2번]

[교과 교사로서 취할 수 있는 문제 해결 방안]
- **수준별 보조 학습자료 제공** : 개념은 익혔지만 수업이 지루하다는 학생과, 따라가기 어려운 학생 모두를 고려해 핵심 요약지, 쉬운 예시, 심화문제 등을 선택적으로 활용할 수 있도록 제공함. 학생 각자의 수준에 맞춘 학습으로 흥미와 집중력을 유지하게 함.
- **선택형 활동 시간 운영** : 수업 마무리 단계에 난이도와 형식이 다른 활동을 제시해 학생이 스스로 선택해 수행하도록 함. 예를 들어 요약 카드 만들기, 문제 만들기, 그림으로 개념 설명하기 등을 제안하여, 자율성과 표현력을 높이고 학습 참여도를 강화함.
- **에듀테크 기반 맞춤형 복습 영상 제공** : 수업 후 학습 플랫폼에 핵심 개념 복습 영상을 탑재해, 학생이 필요한 부분을 반복해서 볼 수 있도록 안내함. 특히 진도를 따라가기 어려운 학생에게 개별 진도 조절과 자기주도 학습의 기회를 제공함.

[학급 전체의 학습 분위기를 높이기 위한 방안]
- **또래 멘토링 기반 학습 분위기 조성** : 수업 전후나 자습 시간에 이해가 빠른 학생이 다른 친구에게 설명해주는 구조를 운

영함. 설명하는 학생은 자신의 이해를 정리할 수 있고, 듣는 학생은 편안하게 질문할 수 있어 학급 내 상호작용과 몰입도가 자연스럽게 높아짐.
- '집중 존중 캠페인' 운영 : '집중하기', '발표 기다려주기' 등 수업 중 지켜야 할 약속을 정하고 함께 실천함. 이를 학생이 교실 분위기를 함께 만들어간다는 책임감을 느끼게 되며, 수업에 대한 몰입과 배려 문화가 자연스럽게 형성됨.

[구상형 3번]

[자신의 평가관에 부합하는 교사]

A 교사 선택
- 학생에게 평가 기준을 명확히 안내하는 것은 평가의 신뢰도를 높이고 공정성을 확보하는 데 중요함. 학습 목표에 대한 이해를 도우며, 학생 스스로 자신의 학습을 점검하고 조절할 수 있는 자기 평가 역량도 함께 길러줄 수 있음.

B 교사 선택
- 학생의 성장 과정을 반영한 평가는 결과 중심 평가의 한계를 보완하며, 변화와 성찰을 이끌어낼 수 있음. 개별 맞춤 피드백을 통해 학생의 학습 동기를 자극하고, 지속적인 성장의 흐름을 만들어갈 수 있다고 생각함.

[평가관에 따른 향후 노력 방안]

A 교사 선택
- **성취 기준 기반 평가 연수 참여** : 성취 기준을 실제 문항에 적용하는 방법을 배우고, 공정하고 일관된 평가 역량을 기르기 위해 전문 연수에 지속적으로 참여함.

B 교사 선택
- **교원학습공동체 참여** : 과정 중심 평가 설계 역량을 기르기 위해, 포트폴리오 기반 평가 사례를 함께 분석하고 수업에 적용하는 공동 연구 활동에 참여함.

[즉답형]

[교감을 설득할 수 있는 논리적 근거]
- **과정 중심 평가의 실현** : 영상의 완성도보다 학생들의 기획, 협업, 표현 등 제작 과정에서의 성장을 강조함으로써, 결과보다 과정 중심의 평가 철학을 실현할 수 있음.
- **미래역량 중심 교육 실천** : 완성도보다는 문제 해결력, 창의성, 디지털 활용력 등 학생이 미래 사회에 필요한 핵심 역량을 키우는 경험이 중요하다는 관점에서 교육적 의미를 부여함.

[학생 콘텐츠를 외부로 공개할 때 발생할 수 있는 문제점과 예방 방안]
- **문제점** : 초상권 및 개인정보 노출 문제 발생 가능성
- **사전 동의 및 편집을 통한 보호 조치** : 영상에 등장하는 학생의 동의를 사전에 받고, 얼굴·이름이 드러나지 않도록 모자이크 처리나 음성 제거 등의 편집을 사전 실시함. 공개 범위도 내부로 제한하여 학생의 권리를 보호함.

- **문제점** : 학생 간 비교 및 자존감 저하 우려
- **과정 중심 콘텐츠 게시** : 결과물뿐 아니라 기획·준비·참여 과정을 함께 소개하는 방식으로 게시함. 게시 전에는 모든 학생에게 '완성도'보다 '과정의 의미'를 강조해 안내함으로써 소외감을 줄이고, 다양한 결과물의 가치를 존중하는 분위기를 조성함.

2026학년도 평가원 지역 — 3회차

[구상형 1번]

[나타날 수 있는 문제점]
- 책임 의식 결여(주어진 과제나 활동을 소극적으로 대하며 스스로 역할을 다하지 않음)
- 자기주도성 부족(자율 활동 시간에도 적극적으로 계획을 세우지 않고 수동적으로 대기)
- 학교생활 규율 경시(활동 시간 준수, 협력 규칙 등을 가볍게 여기며 질서 유지가 어려워짐)
- 공동체 의식 약화(개인 활동 위주로 흐르며, 집단 내 협력과 배려에 소홀해지는 경향 발생)

[학생 지도 방안]
- 학생 주도 동아리 운영체제 강화(회장, 부회장, 서기 등 직책을 맡아 활동 기획부터 실행까지 학생 주도로 수행)
- 활동 목표 설정 및 정기 점검제 도입(동아리별로 구체적인 연간 활동 목표를 세우고, 분기별 자체 점검 및 공유 시간 마련)
- 활동 결과 발표 및 피드백 시간 마련(활동 종료 후 학급 또는 학교 단위로 성과를 발표하고 동료 피드백 받기)
- 활동 참여에 대한 성취 인정 시스템 운영(동아리 활동 우수 사례를 포상하거나 생활기록부 반영 등 공식적 인정 제도 마련)

[구상형 2번]

[디지털 시대의 교육 문제]
- 학생들의 정보 수용 과정에서 비판적 사고 부족
- 정보 출처와 신뢰성 검토에 대한 인식 부족
- AI 도구를 맹신하거나 무비판적으로 활용하는 경향

[노력 방안]
- 최신 디지털 리터러시 교육 프로그램 이수 및 연구
- AI 및 디지털 도구의 윤리적 활용 가이드라인 숙지 및 재구성
- 동료 교사들과 디지털 활용 수업 사례를 공유하는 전문적학습공동체 참여
- 학생 대상 디지털 리터러시 프로그램 직접 기획 및 운영

[구상형 3번]

[공감하는 교사 선택]

A 교사
- 변화하는 사회에 적응할 수 있는 진로 설계 역량이 중요
- 학생 개개인의 다양성을 존중하고 발현할 수 있도록 지원 필요
- 자율성과 책임성을 함께 길러야 미래사회 적응 가능

B 교사
- 초기 성공 경험은 학습 자신감과 자기효능감을 높임
- 학생들의 지속적인 성취 경험이 학습 동기를 강화
- 긍정적 경험을 통해 안정적인 학교 적응을 도움

[구체적인 교육활동]

A 교사
- 진로 연계 선택 과목 박람회 운영(과목별 설명회 및 진로 연계 강연 진행)
- 학생 맞춤형 모듈형 수업 프로그램 구축(자신의 진로 및 흥미에 따라 모듈을 조합하여 학습 경로 설계)
- 자기설계 프로젝트 활동 필수화(학기별 1회, 학생이 스스로 주제를 정해 연구하거나 활동 설계)

B 교사
- 생활 습관 체크 프로그램(매주 스스로 출결, 시간 준수, 과제 수행을 점검하는 생활 점검표 작성)
- 학급 공동체 프로젝트 실시(반별로 공동체성을 주제로 한 프로젝트 운영)
- 또래 멘토링 프로그램 도입(생활 습관, 학습 방법, 학교생활 적응 등을 지원)

[즉답형]

[이유 예상]
- 업무 과중으로 인한 책임 회피 심리
- 선택형 수업 체제에서 담임교사의 역할 혼란
- 학생 생활지도에 대한 책임 의식 약화

[비판]
- 담임교사는 학생 생활의 종합적 책임자로서 역할을 수행해야 함.
- 학습과 생활은 분리될 수 없는 만큼, 학급 관리의 일관성이 필요함.
- 학생 지도의 공백은 결국 학생 피해로 이어지므로 책임 회피는 부적절

[협조 방안]
- 학생 생활 전반에 대한 정보 공유 회의 요청(예 비공식 소규모 회의 주선)
- 구체적 사례 중심으로 학생 태도 문제를 설명하여 공동 대응 필요성 강조
- 학급 운영의 일관성 유지 차원에서 학생 생활지도에 관심 가져줄 것을 정중히 요청
- 담임교사가 쉽게 개입할 수 있도록 간단한 행동지원 요청(예 학생 주의 환기)

2026학년도 평가원 지역 — 4회차

[구상형 1번]

[에듀테크 활용과 관련한 학교 현장의 어려움]
- 에듀테크 활용 수업이 효과를 제대로 보지 못하고 있음.
- 에듀테크 활용 수업이 학생의 특성에 맞는 수업을 제공하지 못하고 있음.
- 에듀테크 활용 수업이 학생의 수업 행동에 부정적인 영향을 미치고 있음.
- 에듀테크 활용 수업이 학생들의 잠재력과 창의성을 이끌어내지 못하고 있음.

[노력 방안 3가지]
- 교사의 전문성 강화
- 학교 자율성에 기반을 둔 교육과정 혁신
- 다양한 디지털 기술을 적절히 활용
- 학생 개인별 학습 분석 강화를 통한 맞춤형 학습 경로 제공
- 에듀테크 활용 수업에서 적절한 행동 규칙을 학생들과 함께 만들어 적용
- AI 기반 에듀테크 코스웨어 활용을 통해 효과 증진

[구상형 2번]

[독서교육이 필요한 이유]
- 타인을 이해하고 공감하는 인성교육적 측면에서 필요함.
- 인공지능이 발달하는 미래사회에 필요한 인문학적 소양을 길러줄 수 있음.
- 학생들의 자기주도성 발달과 자기 표현 능력 향상을 위해 필요함.
- 미래사회에서 정보를 습득하고 이용하는 정보활용 능력 향상을 위해 필요함.

[독서 활성화를 위한 노력 방안]
- 독서 습관 형성을 위한 매일 읽기 프로젝트 실시(종이책, 태블릿 등 활용)
- 학생의 사전 독서 능력을 진단하고 맞춤 형태의 독서 교육 실시
- 독서에 대한 편견을 없앨 수 있도록 다양한 형태의 독서를 즐길 수 있는 학급 문고 마련(종이, 태블릿, 오디오북 등)
- 학생의 흥미를 바탕으로 AI 도서 추천 프로그램을 활용하여 독서 동기 부여 강화
- 독서 결과를 공유할 수 있는 온라인 프로그램을 활용하여 독서 시·공간 확보

[구상형 3번]

[선호하는 교사]

A 교사
- 미래사회를 대비한 인재를 양성하기 위해서는 가르치는 교사가 누구보다도 변화를 적극적으로 받아들이고 대비할 수 있어야 함.
- 예전에는 교육이 가장 보수적인 것이어야 했지만 미래사회에서는 가장 진보적이어야 함.

B 교사
- 교육은 시대의 흐름에 따라서 쉽게 줄기를 바꾸는 것이 아니라 신중하게 생각해야 함.
- 학교 교육은 여러 학문적 검증을 거쳐 누적되어 온 지식의 정수를 학생들에게 가르쳐야 함. 검증되지 않은 지식을 학생들에게 섣불리 가르치는 것은 학생들의 혼란을 가중시킬 수 있음.

[교사상]

A 교사
- 학생들이 원하는 교육 내용을 즉각적으로 반영하는 교사
- 학습 내용을 최신 이슈와 연결 지어 학생의 실생활에 도움을 주는 교사
- 최신 교육 방법을 위해 연수 참여, 공동체 참여 등 끊임없이 노력하는 교사

B 교사
- 교육을 통해 본질적인 역량을 길러줄 수 있는 교사
- 시대를 관통하는 진리를 전달해줄 수 있는 교사
- 학생에게 삶에서 중요한 숙달의 원리를 전달해줄 수 있는 교사

[즉답형]

[교사의 역할과 행동]

학생을 적극적으로 독려함.
- 학생의 성장과 발달을 돕는 촉진자 역할을 해야 함.
- 학생에게 도움을 적극적으로 제공하는 역할을 해야 함.

학생을 그대로 둠.
- 교사는 학생을 믿고 기다리는 역할을 해야 함.
- 학생의 생각을 존중해줄 수 있는 역할을 해야 함.

[행동의 유의점]

학생을 적극적으로 독려함.
- 학생에게 지나치게 강요함으로써 부담을 주지 않도록 조심해야 함.
- 교사의 필요가 아닌 학생의 필요를 적절히 반영하여 독려해야 함.
- 본인 외에 도움을 받을 수 있는 다양한 방법에 대해 동시에 안내해야 함.

학생을 그대로 둠.
- 자칫 학생이 학습을 포기하는 것으로 결론나지 않도록 조심해야 함.
- 기다리는 과정에서 학생에 대한 관심을 놓아버려선 안 됨.
- 학생이 도움을 다시 필요로 할 때 언제든지 도움을 줄 수 있도록 준비해야 함.

2026학년도 평가원 지역 5회차

[구상형 1번]

[개별 학생들에 대한 지도 방안]

다솜
- **진로 탐색 활동 제안** : 원하지 않은 학교에 진학해 학교생활에 동기 부여가 잘 이루어지지 않은 상태임. 이에 자신의 진로와 관련된 잠재력을 발견하고 개발할 기회를 제공하는 것이 중요함. 교내·외의 진로 상담 및 체험 프로그램이나 댄스 동아리 활동 등을 권유함. 교내 활동의 의의를 다솜이가 원래 갖고 있던 관심사와 관련지어 제시함으로써 학교 생활의 즐거움을 스스로 발견할 수 있도록 도움.

혜인
- **사제동행 멘토링** : 학생과 학습 습관 개선에 대한 상담을 진행함. 집중력을 향상할 수 있는 구체적인 방법(집중력 관리 어플, 서적 등)을 제공함. 공부할 때 짧은 시간 동안 집중한 뒤 적절한 휴식을 갖는 방법인 '포모도 공부법' 등을 제안하여 학생이 학습에 몰입할 수 있도록 도움.
- **학습 멘토링 프로그램 권유** : 선배와의 대화, 또래 멘토링을 통해 학습 계획을 세워 정해진 학습량을 집중력 있게 수행할 수 있도록 지도함.

지연
- **관계 형성 기회 마련** : 지연이는 소속감 부족으로 어려움을 겪고 있기 때문에 새로운 친구를 만날 수 있는 자연스러운 기회를 제공하는 것이 중요함. 모둠 활동이나 학급 프로젝트를 통해 다른 학생들과 소통할 수 있도록 함.
- **장점을 보여줄 기회 제공** : 상담을 통해 지연이의 장점을 파악하여 동아리 활동이나 학교 행사에서 지연이가 자신의 장점을 다른 학생들에게 선보일 수 있는 기회를 만들어 줌.

[전체 학급 대상의 지도 방안]
- **학급 단합 프로그램 실시** : 학생들이 서로를 알아가며 관계를 쌓아가는 과정에서 고등학교 생활에 대한 적응력이 크게 높아질 수 있음.
  - **마니또 프로그램** : 자신의 마니또(비밀친구)를 행복하게 만들 수 있는 방법들을 고민하며 학급 학생들 사이에 긍정적인 분위기가 조성될 수 있음.
  - **학급 단합 미니 올림픽** : 단순히 신체적 건강을 증진하는 것을 넘어, 협력과 소통을 통해 학급 구성원들에 대한 이해를 도모할 수 있음.
  - **학급 공동 식물 키우기** : 식물 관리 순번 정하기, 식물의 생장에 도움이 되는 장소 등을 학급 학생들이 함께 고민하며 생명에 대한 책임감과 협업하는 방법을 배울 수 있음.
  - **학급 생일파티 개최** : 모든 학생이 자신의 생일에 다른 친구들로부터 축하를 받는 과정에서 감사함을 표현하고 타인과 기쁨을 나눌 수 있는 사회적 상호작용 기술을 습득할 수 있음.

[구상형 2번]

[인성교육에 필요한 교사의 역량]
- 의사소통 능력
- 교사의 모범적인 행동과 태도
- 공감 능력 등

[교사의 역량을 활용한 가정 연계 인성교육 방안]
- **의사소통 역량**
  - **학급 소식지 발간** : 주요 학사 일정과 학급 이벤트 등 학생들의 이야기를 담은 소식지를 정기적으로 발간하여 가정 내에서도 이와 연계된 지도가 자연스럽게 이루어질 수 있도록 소식을 공유함.
  - **학부모 상담** : 학부모 개별 상담을 통해 가정 내 인성교육의 어려움을 이해하고 학부모님들이 시도해볼 수 있는 지도 방법(칭찬 일기, 밥상머리 교육)을 제시함.
  - **인성교육 관련 자료 제공** : 학교 홈페이지에 인성교육과 관련된 자료가 게시되어 있음을 안내하여 가정 내에서도 효과적인 지도가 이루어질 수 있도록 함.

- **교사의 모범적인 행동과 태도**
  - **학부모 워크숍 개최** : 워크숍을 통해 부모로서 일상에서 학생들에게 모범적인 모습을 보여줄 수 있는 방법과 그것이 학생들에게 미치는 긍정적 효과에 대해 논의함. 이를 통해 학교와 가정에서 일관된 교육 메시지를 학생에게 전달할 수 있음.

- **공감 능력**
  - **공감적 대화 제안** : 워크북을 제공하여 학부모님들이 자녀와의 일상적 대화에서 공감적 표현을 활용할 것을 제안함. 학생들은 이러한 경험을 통해 공감적 태도를 학습하여 역지사지의 미덕을 내면화할 수 있을 것임.
  - **지역 사회 연계 봉사활동 제안** : 가정통신문을 통해 지역 사회의 소외 계층에 대한 공감의 필요성을 전달하여 가족 단위로 봉사 활동을 실시할 수 있는 방안을 안내함.

[구상형 3번]

[선호하는 교사 선택]

임 교사
- 에듀테크의 활용은 학생들에게 혁신적인 학습 경험을 제공할 수 있으며 이는 학생들의 수업 참여도를 높이는 데 중요한 역할을 함.
- 디지털 기기에 익숙한 학생들에게 최적화된 학습 방법을 제공함으로써 학습 내용의 이해도를 높이고 학습 효과를 극대화할 수 있음.

김 교사
- 교육 기술이 발전함에 따라 새로운 학습도구와 방법이 등장하고 있지만 교사 역할의 본질은 신기술을 선보이는 것이 아닌 학생들에게 학습 동기를 불러일으키는 것임을 잊지 말아야 함.
- 교사와 학생의 교육적 소통을 통해 학생들이 학습 내용을 심도 있게 이해하도록 돕는 것이 중요함.

[선택한 입장을 중심으로 한 전문성 향상 방안]

임 교사
- **에듀테크 관련 연수 수강** : 에듀테크 관련 직무 연수를 수강하여 최신 기술을 습득하고 이를 수업에 활용할 수 있는 우수 사례 등을 익힘.
- **에듀테크 관련 전문적학습공동체 활동** : 교내·외의 에듀테크 관련 전문적학습공동체에 참여하여 교육 기술의 최신 경향을 파악하고 이를 교육적으로 활용할 수 있는 방안에 대해 함께 논의함.

김 교사
- **동료교사 장학** : 동료교사들과 함께 수업을 상호 관찰하고 피드백을 주고받으며 수업 장악력과 진행력을 향상시킬 수 있음.
- **발문 연습** : 학생들이 수업에 집중할 수 있도록 적절한 발문을 구상하여 수업에 활용함으로써 강의력을 개선하고 밀도 있는 수업을 만들 수 있음.
- **컨설팅 장학** : 수업 전달력에 대한 컨설팅 장학을 의뢰하여 현재 개선하고 싶은 부분에 대한 의미 있는 조언을 얻을 수 있음.

[즉답형]

[생활지도의 원칙]
- **공감과 소통** : 학생들의 감정과 입장을 이해하려 노력하고 행동에 내재된 근본적인 문제 원인을 파악하려 노력해야 함.
- **공정과 원칙 준수** : 학생 모두에게 공정하게 기준을 적용하여 일관성 있는 생활지도를 할 때 교사와 원칙의 신뢰도가 모두 높아질 수 있음.

[김 교사의 행동 방안]
- **개별 면담 진행** : 수지를 다시 한번 더 개별적으로 면담함. 왜 SNS상에 자신에 대한 부정적인 게시글을 올렸는지, 수업 방식이나 생활지도에 어떤 불만을 가졌는지 등을 경청함.
- **공감과 소통을 통한 해결 방안 모색** : 김 교사가 미처 인지하지 못했던 수지의 감정이 있을 수 있음. 향후 이러한 점들을 고려하여 수지가 수업 집중에 관한 행동 계약 등을 교사와 함께 작성하는 기회를 가짐.
- **비방 게시글 삭제 지시** : 교사를 비방하는 게시글을 올리는 것은 교권 침해임을 주지시킴. 이는 학교 규정에 따라 징계를 받을 수 있는 사항임을 언급함.

[김 교사가 유의해야 할 점]
- **긍정적 변화에 초점** : 수지의 잘못을 지적하기보다 향후의 긍정적 행동 변화에 초점을 맞추어 상담을 진행해야 함.
- **학교 규정 준수** : 만일 수지의 SNS 게시글이 학교의 규정이나 사이버폭력 정책에 위배될 경우, 해당 사항을 학교의 관련 부서나 상담교사와 상의하여 적절한 조치를 취해야 함. 관계 회복에 앞서, 교권과 원칙이 무너지지 않도록 노력하는 것이 중요함.

2026학년도 평가원 지역 — 6회차

[구상형 1번]

[학생들이 겪고 있는 관계 문제]

A 학생
- **친구들과의 관계 문제** : 다른 사람과의 관계에서 소외당할까 봐 불안감을 느끼고 있음.
- **낮은 자존감으로 인한 관계 문제** : 타인에게 쉽게 비하나 비난의 대상이 될 것에 대해 두려움을 느끼고 있어 관계 형성에 어려움을 겪음.

B 학생
- **담임교사와의 관계 문제** : 담임교사와 관계에 있어서 교사의 권위에 대해 부정하며 반항하는 모습을 보임.
- **적절한 소통 부재로 인한 관계 문제** : 담임 선생님과 적절한 소통이 이루어지지 않기 때문에 답답해하고 교사를 믿지 못하는 모습을 보임.

[지도 방안]

A 학생
- **솔직한 마음으로 친구를 대하는 방법 지도** : 상대방에게 솔직하지 못하다면 시간이 지날수록 상대방도 인지하게 되며, 진술한 자세가 친구들이 나를 더 긍정적으로 생각하는 계기가 될 것임.
- **필요하다면 교사의 도움을 받을 수 있음을 안내** : 친구와의 관계 형성 혹은 갈등으로 인해 고민이 생긴다면, 상담교사 혹은 편한 다른 교사의 도움을 받아 문제를 해결해 나갈 수 있음을 안내
- **자존감을 높일 수 있는 활동 안내** : 학생에게 역할을 부여하여 수행하는 과정에서 자존감을 높여 교우관계 개선으로 이어질 수 있도록 도움.

B 학생
- **교사와 학생 간 소통창구 마련** : 학생이 교사에게 진솔한 마음을 전할 수 있는 창구를 마련하여 소통 기회를 늘림.
- **학생의 담임 선생님과 함께 상담 실시** : 학생이 담임 선생님과 관계가 부정적이므로 학생들과 긍정적 관계를 맺고 있는 교사가 함께 참석하여 상담 실시
- **교사와 학생 간의 신뢰를 쌓을 수 있는 프로그램 실시** : 학생의 흥미와 교사의 장점을 결합한 체험프로그램을 운영하여 신뢰 관계 구축

[구상형 2번]

[교사에게 필요한 자세]
- **학생에게 더 큰 관심 갖기** : 학생들이 언어, 수리, 디지털 소양 등 기초 소양을 갖출 수 있도록 관심을 갖고 지도하는 것이 필요함.
- **역량 강화를 위한 노력** : 미래사회를 대비한 역량을 학생들이 갖출 수 있도록 교사로서 역량 강화를 먼저 이룰 수 있도록 노력하는 것이 필요함.
- **디지털 소양 기르기** : 미래사회 필수적인 디지털, 인공지능 관련 소양을 길러 학생들이 주도성을 함양하는데 효과적인 도움을 제공하는 것이 필요함.

[전문성 향상 계획]
- 기초학력 및 기초 소양 관련 연수 참여
- 우수 수업 사례집을 참고하여 학생의 기초학력 강화를 위한 역량 배양
- 교과 관련 전문성 신장을 위한 연수 참여
- 교과 융합 수업 관련 연구
- AI 활용 교육 관련 학습공동체 참여

[구상형 3번]

[중요한 가치]

A 교사
- 미래사회는 인공지능의 발전으로 새로운 환경에 빠르게 적응하는 것이 중요할 것으로 보이기 때문에 이를 위해선 주도적으로 자신의 삶을 설계할 수 있어야 함. 교사로서 학생이 자기주도적인 사람이 될 수 있도록 교육하는 것이 중요하다 생각함.

B 교사
- 미래사회는 불확실성이 점점 더 커질 것으로 보이기 때문에 이를 위해서는 다양한 문제 상황을 해결하는 능력이 필요함. 학생이 창의와 혁신을 바탕으로 다양한 문제를 도전하고 경험하도록 교육하는 것이 중요하다 생각함.

C 교사
- 기술이 인간을 대부분 대체하기 시작하면 기술이 침범하지 못하는 영역의 중요성이 더욱 부각될 것이기 때문임. 학생이 포용성과 시민성을 갖춘 사람으로 성장하도록 교육하는 것이 중요하다 생각함.

[실현할 교육활동]

A 교사
- 학생주도 프로젝트
- 학생자치 활성화
- 학생 개인의 특성과 요구를 반영한 1인 1역 활동

B 교사
- 교과 융합 프로젝트 활성화
- 문제 중심 수업 실시
- 개인 단위, 학급 단위 챌린지 활동 실시

C 교사
- 주기적인 학급 단위 집단 상담 운영
- 1일 1인성 요소 프로젝트 실시
- 칭찬 릴레이 활동 실시

[즉답형]

[교사의 역할]
- 학교에 있는 모든 학생을 교육하는 역할
- 자신의 철학을 바탕으로 교육을 실천하는 역할
- 교육공동체와 협력하여 교육을 완성하는 역할

개입하겠다
- 담임 여부와 상관없이 학생을 적절히 지도하는 것이 교사이기 때문임.
- 교사로서 학생의 문제를 지나치는 것은 옳지 않음.

개입하지 않겠다
- 이 교사의 교육 철학을 존중하는 것이 필요함.
- 이 교사가 평소에 발언을 참고하여 개입하지 않음.

[행동의 유의점]

개입하겠다
- 이 교사에게 전후 사정에 대해 잘 설명하는 것이 필요함.
- 교육적으로 필요한 부분까지만 개입하는 것이 필요함.
- 이 교사의 교육 철학을 침해하지 않도록 주의해야 함.

개입하지 않겠다
- 자칫 모든 학생을 방관하는 문제가 되지 않도록 주의해야 함.
- 작은 문제가 큰 문제가 되지 않도록 이 교사에게 정보 전달은 필요함.
- 이 교사의 학급 분위기가 학년 전체 분위기가 되지 않도록 주의해야 함.

2026학년도 평가원 지역 **7회차**

[구상형 1번]

[이 교사의 문제점 2가지]

- **학급 내 생활지도 역량 부족** : '우리 반은 하루도 조용히 지나가는 일이 없다.'라는 언급을 통해 학급 내에 사건·사고가 빈번하게 발생하는 상황이라는 것을 추측할 수 있음. 이 교사의 학급관리 능력 부족, 학급규칙을 준수하지 않는 분위기 등을 알 수 있음.
- **학생 간 갈등 사건에 대한 담임교사의 책임 회피** : '나에게 이런 말을 하는 것도 싫고, 그냥 117에 신고하거나 집에 가서 부모님께 얘기하고 해결했으면 좋겠다.'라는 문장을 통해 알 수 있음. 이는 학생들에게 예상치 못한 위험과 안전 문제 초래, 학급 내 폭력 사건에 대한 적절한 조치를 취하지 못하는 문제가 발생할 수 있음. 자신에게 이런 이야기를 하는 것이 싫고, 이를 해결하기 위한 적극적인 조치보다는 다른 사람(117, 부모님 등)에게 맡기고 싶어하는 태도가 보임.
- **업무 관리 역량 부족** : '안 그래도 바쁜데, 이런 일까지 생기니 너무 지친다.'는 부분에서 바쁜 업무로 지친 상황에서 학생 사이의 갈등 사건까지 처리해야 하는 것을 부담스러워 한다는 것이 느껴짐. 이는 업무와 스트레스 관리 부족을 시사하며, 이는 교사의 전반적인 학급 관리 능력에도 영향을 미칠 수 있음.

[해결 방안]

- **학급 규칙과 규율 강화** : 학급자치회를 통해 학급 규칙과 규율을 수립하고, 학생들이 이를 잘 지킬 수 있는 동기를 부여하여 질서가 확립된 학급 분위기를 조성함.
- **회복적 생활교육, 관계회복 프로그램 적용** : 학급 내 갈등 예방과 해결을 위해 회복적 생활교육과 관계회복 프로그램을 적극적으로 도입, 학생들에게 갈등 관리 기술을 알려주고, 평화로운 학급 분위기를 조성함.
- **자기 관리와 스트레스 관리 역량 강화** : 교사는 자기 관리와 스트레스 관리에 더 많은 신경을 써야 함. 균형 잡힌 업무 일정 설정, 휴식과 복원을 위한 시간 확보, 스트레스 해소를 위한 적절한 방법을 찾음.
- **동료교사와 협력** : 학교 내에서 전문적인 지원과 조언을 찾을 수 있어야 함. 전문상담교사나 학교폭력 담당교사 등과 협력하여 발생한 갈등 상황을 해결할 수 있도록 함.

[구상형 2번]

[최 교사에게 부족한 자질 2가지]

- **교육 혁신 역량** : 최 교사는 새로운 수업 이론과 방법에 대해 회의적인 태도를 가지고 있음, 새로운 교육이론과 교수·학습 방법에 대한 열린 태도와 적극적으로 배우려는 자질이 필요함.
- **학생의 요구 반영** : 학생들은 인공지능 활용 수업을 선호하고 있으나 이러한 선호를 수업에 반영하지 않음. 학생의 요구도를 수업에 반영하는 것은 수업에 대한 흥미와 동기를 부여하는 데 영향을 미칠 수 있음.

[교사가 되었을 때 그러한 자질을 함양하기 위해 할 수 있는 노력]

- **전문성 강화 프로그램 참여** : 연수, 전문적학습공동체, 교원학습공동체 등
- **자기계발** : 전문 도서나 논문 탐색, 교육 관련 커뮤니티에서 교류
- **수업 적용을 통한 경험 쌓기** : 새로운 수업 이론이나 방법을 실제 수업에서 적용
- **동료교사와 협력, 공유** : 교사 커뮤니티 참여, 전문적학습공동체·교원학습공동체 등 참여
- **학생의 요구도 조사 및 반영** : 수업 전후로 학생들의 요구도와 피드백을 조사하고 수업에 반영

[구상형 3번]

[자신의 교육관을 언급, 자신의 교육관에 부합하는 입장 선택과 이유]

ⓐ
- 미래사회에서는 개인 학습자의 소질과 적성, 능력에 적합한 개별화 교육이 중요한데 로봇 교사가 인간 교사보다 이를 더 잘 수행할 수 있음.
- 로봇 교사는 인간 교사보다 뛰어난 정보 처리 능력과 학습 기능을 갖추게 될 것임. 인공지능과 기계학습 기술의 발전으로 인해 로봇 교사는 대량의 데이터와 정보를 처리하고, 최신 연구 결과와 학습 모델을 적용하여 학생 개인별 능력과 흥미에 따른 최적화된 교육을 받을 수 있을 것임.

ⓑ
- 미래사회에서는 인간성을 함양하는 것이 중요한 교육이 될 것인데 이는 로봇이 대체할 수 없고 인간 교사만이 할 수 있음.
- 인간 교사는 사람 간 상호작용과 소통을 통해 교육과정을 이끌어나갈 수 있음. 학생들에게 윤리적·도덕적 가치를 전달하고 사회적 관계를 형성하여 공동체 의식을 키울 수 있음.

[즉답형]

[선호하는 부장교사를 선택하고 경험에 근거한 이유 제시]

A 부장교사
- 조직생활을 할 때에는 소통을 잘하는 것이 중요함.
- 부장 회의 내용의 중요성이나 전달 필요성을 부장 교사가 독단적으로 결정하기보다 부서 회의를 통해 공유하는 것이 중요함.
- 부장 회의 내용 공유를 통해 학교의 결정 사항과 방향성을 명확하게 이해할 수 있고, 업무에 대한 명확한 지침을 받아 협력과 팀워크를 강화할 수 있음.

B 부장교사
- 필요한 내용만을 전달하여 시간을 효율적으로 활용할 수 있음.
- 필요한 내용에만 집중하고 부서 회의 빈도를 낮추어 업무에 대한 집중도와 생산성 향상
- 업무의 우선순위를 재고할 수 있음.

[자신이 선택하지 않은 부장교사에게 필요한 인성적 자질]
- A 부장교사 : 배려심
  매주 긴 시간 지속되는 부서 회의는 피로감을 줄 수 있음.
- B 부장교사 : 공감의 자질
  개인적인 이야기와 소통 부족으로 계원들 간 관계에서 공감과 이해를 나누는 기회가 제한될 수 있음.

[자신이 선택한 부장교사와 일하게 될 때 유의해야 할 점]

A 부장교사
- 효율적인 의사소통 : 매주 부서 회의를 통해 다양한 정보와 지시사항을 전달받을 수 있고 개인적인 이야기도 많이 하게 될 것임. 따라서 부서 회의에서 중요한 내용을 정확하게 파악하고 정리할 수 있어야 함.
- 업무 우선순위 설정 : 매주 부서 회의가 길게 이어질 수 있으므로 업무 우선순위를 잘 설정하여 시간관리를 잘 해야 함.

B 부장교사
- 적극적인 소통과 업무 협조 : 직접적인 부서 회의가 적을 수 있으므로 필요한 정보와 업무 협조에 대한 요청을 적극적으로 전달해야 함. 소통 경로를 활용하여 필요한 정보를 주고받으며 업무 협조를 위한 원활한 협업이 유지되어야 함.
- 자율적인 업무 관리와 책임감 필요 : 부서 회의 빈도가 적기 때문에 업무의 우선순위를 스스로 파악하고, 자기주도적으로 업무를 수행하고 결과에 책임질 수 있는 자세가 필요함.

2026학년도 평가원 지역 8회차

[구상형 1번]

[학생과의 관계에서 겪고 있는 어려움]

㉠
- 수업 방해 학생을 지도하는 것의 어려움.
- 문제 학생 지도의 어려움.

㉡
- 개인차를 고려한 수준별 수업의 어려움.
- 학생의 의견에 쉽게 휘둘림.

㉢
- 학생의 흥미를 고려한 수업의 어려움.
- 교사로서 수업 전문성 부족

[해결 방안]

㉠
- 학생들과 함께 수업규칙 정하기
- 학년 혹은 학교 규칙 설정을 통해 수업 방해를 최소화하기
- 단호하고 일관된 태도로 학생 지도하기

㉡
- 사전평가를 통해 학생의 수준을 정확하게 파악하기
- 난이도에 따른 다양한 과제 준비하기

㉢
- 다양한 동기유발에 대한 연구 및 연수 듣기
- 학생 설문을 통해 학생들이 좋아하는 학습 형태 조사 뒤 적절히 활용하기
- 동료교사와 대화를 통해 수업 진행에 대한 조언 듣기

[구상형 2번]

[교사의 전문성 신장이 필요한 이유]
- 빠르게 변화하는 사회를 대비한 교육을 위해서 교사는 끊임없이 연구해야 함.
- 교사로서 부족한 부분을 보완하고 장점을 더욱 활용하기 위해 필요함.
- 교육공동체 전체 발전을 위해서 필요함.
- 교사 개인의 질이 교육의 질을 결정하므로 교사의 발전이 중요함.

[자신에게 필요한 전문적 자질]
- 교과전문성
- 상담 능력, 의사소통 자질
- 진로교육에 대한 전문성

- 생태환경교육에 대한 전문성
- 생활지도 능력
- 협력적 자질
- 수업설계 역량

[자질을 기르기 위한 구체적인 노력 방안 2가지]
- 전문성 관련 대학원 진학
- 컨설팅 참여, 오프라인 연수 및 온라인 연수 참여
- 선배교사와 멘토링 제도 운영 건의
- 우수 수업 사례 연구
- 교사 모임 참여를 통해 학교 안을 넘어 학교 밖 교육공동체 활용
- 매일 교단일지를 작성하여 자신의 생각을 기록 및 반성

[구상형 3번]

[선호하는 입장 선택과 이유]
① 선택
- 인공지능을 활용하여 문제를 해결하는 것도 미래사회를 살아가는 데 도움이 되는 능력 중 하나라고 생각함.
- 인공지능이 쓴 글 중에서 자신의 가치관에 부합하는 글을 선택한 것이므로 인정해주어야 함.

② 선택
- 글짓기는 스스로 생각하고 고민하여 자신의 생각을 표현하는 것이 중요하기 때문에 인공지능이 글을 써주는 것은 과제의 의도에 부합하지 않음.
- 인공지능 활용 능력을 평가하는 과제가 아님으로 부적합함.

[미래교육에 미칠 영향을 고려한 유의점]
① 선택
- 지나친 인공지능 의존으로 스스로 생각하는 능력 저하
- 인공지능을 목표에 맞게 활용하는 능력에 대한 교육 필요
- 유행을 따라가는 교육이 아닌 본질을 추구하는 교육이 될 수 있도록 주의

② 선택
- 미래사회를 대비한 교육이 부족하지 않도록 유의
- 인공지능을 무조건 부정적으로 바라보는 것은 시대 흐름에 맞지 않음.

[즉답형]

[선호하는 교사와 이유]
A 교사
- 긴 시간 학교에서 해온 특색 활동이기 때문에 학교의 환경에 맞게 구성되어 있을 것임.
- 모든 사람의 의견을 반영하는 것은 어렵기 때문에 큰 문제가 없는 이상 기존의 프로그램을 유지하는 것이 효과적이라고 생각함.

B 교사
- 기존의 프로그램을 그대로 답습하는 것은 학생을 고려한 활동이 아님.
- 학생의 의견을 반영하여 새롭게 활동을 구성하는 것이 옳다고 생각함.

[선택하지 않은 교사의 입장 이야기]
A 교사
- 늘 해오던 것이 있기 때문에 관성적으로 진행하고자 함.
- 기존에 해오던 활동은 자료와 사례가 누적되어 있기 때문에 교사들의 활동 진행 역량이 더 잘 발휘될 수 있음.
- 해당 학년을 작년에 맡았던 선생님들로부터 활동이 좋았다고 의견을 받았을 수 있음.

B 교사
- 학생과 관련된 활동은 학생의 의견을 반영하는 것이 중요하다고 생각함.
- 기존의 활동이 본인 생각에 좋은 활동이 아니라고 생각함.

[동료교사로서 문제해결 방안]
- 해당 학년을 맡았던 다른 선생님들의 의견을 듣고 해당 내용을 공유하여 더 좋은 결정을 내릴 수 있도록 함.
- 학생 설문을 통해 작년 활동의 만족도를 조사하고 결과에 따라 수정·보완하거나 새롭게 활동을 구성하도록 함.
- 두 교사의 의견을 모두 반영할 수 있는 방법을 함께 고민하도록 함.

2026학년도 평가원 지역　9회차

[구상형 1번]

[김 교사가 겪고 있는 어려움 2가지]

- **학생 간 갈등 중재 상황에서 부적절한 발언** : '네가 이런 식으로 하니까 친구들이 다 너랑 안 놀려고 하는 거야.'라는 발언은 김 교사의 주관적인 생각이며 A 학생을 비난하는 것임. 이는 갈등을 해결하기보다 악화시킬 수 있고 A 학생에게 상처를 주는 결과를 초래하였음. 교사는 객관적인 시각으로 상황을 판단해야 하며 회복적 생활교육이나 관계조정 프로그램 등을 통해 학생 간 존중과 신뢰를 바탕으로 갈등을 해결할 수 있도록 지원해야 함.

- **교사라는 직업에 대한 자존감 저하(직무 스트레스)** : 교사의 직무 스트레스가 장기간 지속될 경우 성취감 저하, 부정적 감정(분노, 긴장, 불안, 좌절 등), 심리적 소진 등을 경험할 수 있음. 이는 교사 개인의 역량을 충분히 발휘하지 못하게 하여 학생들의 학습지도, 생활지도, 학급경영에 어려움을 겪게 되고, 학교 조직에 적극적으로 참여하지 못하게 됨.

[대처 방안 3가지]

- **보호자와 소통** : 당시 상황을 잘 설명하고, 자신의 발언이 부적절했으며 A 학생에게 상처를 줄 수 있었다는 점을 인정하고 사과함. 학생과 보호자에 대한 이해와 공감을 표시하여 신뢰를 회복할 수 있음.

- **회복적 생활교육, 관계회복 프로그램 적용** : 평소 학급 내 갈등 예방과 해결을 위해 회복적 생활교육과 관계회복 프로그램을 적극적으로 도입, 학생들에게 갈등 관리 기술을 알려주고, 평화로운 학급 분위기 조성

- **직업에 대한 자존감을 향상시키기 위한 노력(자기계발)** : 교사로서의 전문성과 역량을 강화함. 교육 관련 연수 참여, 교원학습공동체나 전문적학습공동체에 참여, 관련 분야 컨설팅

[구상형 2번]

[박 교사에게 부족한 자질 2가지]

- **성실성의 자질** : 박 교사가 개인의 전문성 향상을 위해 대학원에 진학하고 몰두하는 것은 좋지만, 그로 인해 학습지도와 생활지도에 소홀한 것은 문제임.

- **전문성의 자질** : 박 교사는 자신의 논문 주제에만 관심을 가지고 다른 주제의 수업 준비를 소홀히 하고 있음. 이는 학생들에게 폭넓은 교육 경험을 제공하지 못하는 문제를 초래할 수 있음.

[교사가 되었을 때 그러한 자질을 함양하기 위해 할 수 있는 노력]

- **교사 자기관리와 우선순위 설정** : 논문 작성은 중요한 작업이지만, 학생의 교육에 대한 일차적인 책임을 갖는 교사로서 우선순위를 명확히 해야 함.

- **전문성 확장을 위한 노력** : 자신의 논문 주제에만 관심을 가지는 것이 아니라 도서 탐독, 연수 참여 등 교과 교육과 관련된 다양한 주제에 대해 관심을 가지고 이해를 넓히려는 노력이 필요함.

- **협력과 동료교사와의 소통 강화** : 동료교사들과의 협력을 통해 교육 경험을 공유하고 지지해야 함. 또한 학부모, 학생들과 적극적인 소통을 통해 학생들에 대한 이해를 높이고 학생 개개인에 대한 적절한 지도를 할 수 있어야 함.

[구상형 3번]

[자신의 교육관을 언급, 자신의 교육관에 부합하는 입장 선택과 이유]

- ㉠ : 학생참여형 협동학습은 학생들의 협력 역량, 의사소통 역량을 향상시킬 수 있음. 모둠수업을 통해 학생들이 자신의 생각과 의견을 나누며 문제를 해결하고 아이디어를 발전시킬 수 있음. 학교 교육은 학생이 사회에서 타인과 어울려 살아갈 수 있도록 하는 능력을 키워주어야 한다고 생각함. 학생참여형 협동학습은 사회에서의 협업과 소통 능력을 배양하는 데 도움이 되며 학생들이 수업에 적극적으로 참여할 수 있도록 하는 방법임. 모둠 내에서 각자의 역할과 책임을 부여하여 학생이 자신의 역량을 발휘할 수 있도록 함.

- ㉡ : 교사 중심의 강의식 수업은 학생들에게 중요한 개념과 지식을 체계적으로 전달하고 이해를 돕는 데 효율적임. 학교 교육은 학생들이 새로운 것을 배우고 지식을 습득하여 지적인 성장을 이룰 수 있도록 해야 한다고 생각함. 강의식 수업은 교사가 전문적인 지식과 경험을 학생에게 효율적으로 전달하여 학생들이 체계적이고 구조화된 지식을 얻을 수 있도록 하는 방법임.

[즉답형]

[선호하는 부장교사를 선택하고 그 이유를 제시]

A 부장교사
- 원리 원칙을 중시하는 것은 업무의 표준화에 도움을 줄 수 있으며 학교의 안정성과 신뢰성을 높일 수 있음.

B 부장교사
- 업무의 원활한 진행과 시간 관리에 도움이 되어 업무 효율성을 높일 수 있음. 업무 자율성을 높이는 것은 교사의 창의성을 발휘할 수 있는 기회가 될 수 있음.

[자신이 선택한 부장교사와 일할 때 예상되는 단점]

A 부장교사
- 융통성 저하 : 업무 처리에 있어서 원리 원칙적인 접근은 융통성에 제약이 있을 수 있으며, 업무 처리 과정이 더 복잡하거나 시간이 더 걸릴 수도 있음. 상황에 따라 적절하게 업무 처리방식을 조정할 수 있어야 함.

B 부장교사
- 일관성과 표준화 어려움 : B 부장교사만의 방식으로 업무를 처리할 경우, 일관성과 표준화에 어려움이 있을 수 있음. 공교육에서는 표준화된 지침과 절차가 중요하기 때문에 이를 유지하면서도 교사의 창의성을 발휘하는 균형을 유지해야 함.

[자신이 선택하지 않은 부장교사와 일하게 될 때 유의해야 할 점]

A 부장교사
- 원리 원칙의 중요성 : A 부장교사의 원칙을 중시하는 업무 처리방식을 존중해야 함. 학교 업무의 안정성과 표준화를 위해 매뉴얼과 규정을 숙지하며 이를 준수해야 함.

B 부장교사
- 유연성과 조율 : B 부장교사의 효율적인 업무 처리 방식을 존중해야 함. 교사의 역량을 개발할 수 있다는 관점에서 업무를 융통성 있게 처리하기 위해 협의하고 협력해야 함.

2026학년도 평가원 지역 10회차

[구상형 1번]

[프로젝트 수업에서 학생들이 겪는 문제점]
- 학생 A : 전자기기 활용 능력이 부족함.
- 학생 B : 발표에 집중하지 않는 학생들의 태도로 기분이 상함.
- 학생 C : 프로젝트 수업을 통해 배운 내용이 지식으로 정립되지 않음.

[A~C에서 언급하는 문제점의 해결 방안]

학생 A
- 수업 전 활동 방법 안내 : 프로젝트 수업을 시작하기 전, 자료를 검색할 수 있는 사이트나 태블릿 PC 활용 방안을 안내하여 과제를 수행하는 데 도움을 줌.
- 튜토리얼 제공 : 태블릿 사용법과 인터넷 자료 검색 방법에 대한 매뉴얼 동영상을 제공하여 학생이 조별 프로젝트에 기여할 수 있는 방법을 찾도록 도움.
- 또래 멘토링 제안 : 같은 조원 중 전자기기 활용 능력이 우수한 학생이 있다면 해당 학생을 학생 A의 멘토로 짝을 지어줌.

학생 B
- 발표 능력 향상을 위한 방안 안내 : 학생들의 흥미를 끌 수 있는 영상이나 자신들과 직간접적으로 연관이 있는 예시를 제시하는 등 학생들의 집중력을 유도할 수 있는 발표 방안을 알려줌.
- 상호 존중 강조 : 경청하는 태도의 중요성을 강조하며 다른 조의 발표에 집중하도록 주의를 줌.
- 상호 평가 및 피드백 : 상호 평가 방식을 도입하여 다른 조의 발표의 장·단점을 평가하도록 함. 발표 후 상호 피드백 시간을 계획하여 학생들의 집중도를 높임.

학생 C
- 형성평가 실시 : 프로젝트에서 다루었던 내용들을 형성평가로 재구성하여 수업에서 중요한 내용이 무엇이었는지 강조함.
- 발표 내용 정리 : 매 조의 발표가 끝날 때마다 학생들의 발표 내용을 정리하여 학생들이 이를 요약하여 정리할 수 있도록 도움.

[구상형 2번]

[교육의 목적과 관련하여 학생들에게 자아 존중감이 중요한 이유]
- 교육의 목적은 지식과 기술을 전달하는 것과 더불어 학생들의 인격과 가치관을 형성하고 발전시키는 과정임. 자아 존중감은 학생들의 자아 발전과 성취를 촉진함. 학생들이 자신의 능력과 잠재력을 믿고 자신을 발전시키고자 노력한다면 학

업적 성과뿐만 아니라 바른 인격과 삶에 대한 긍정적 가치관을 형성할 수 있음.
- 자아 존중감이 높은 학생들은 자신을 믿고 자신의 가치를 인정받는 데에 의미를 두므로 학습에 긍정적인 태도와 동기를 가짐. 자아 존중감은 개인의 잠재력을 최대한 발휘하여 사회에 기여하는 능력과 지식을 기르고자 하는 교육 목표를 이룰 수 있는 중요한 원동력이 됨.

[학생 A를 지도하기 위해 최 교사에게 필요한 자질 & 향후 노력 방안]

〈필요한 자질〉
- **공감** : 학생의 감정과 고민을 이해하고 고민할 수 있는 공감의 능력을 통해 학생 A가 자신을 표현하는 데 편안함을 느끼며 최 교사와의 관계에 개방적인 태도를 가질 수 있음.
- **소통** : A와 지속적으로 이야기를 나누며 A가 긍정적인 자아개념을 형성할 수 있도록 학업적·정서적으로 멘토 역할을 하며 도움을 줄 수 있음.
- **기초학력 지도 능력** : A가 공부하는 방법을 잘 모르겠다고 언급하고 있으므로, 기초학력 부진 학생들을 대상으로 학습 지도를 할 수 있는 전문성이 필요함.
- **관찰력** : 학생 A는 자신을 '별로인 사람'으로 지칭하고 있으므로 학생에게 관심을 갖고 꾸준히 관찰하여 학생 A의 강점을 찾아내어 A가 어떤 면에서 남들보다 뛰어난 점이 있음을 언급함.

〈자질 향상을 위한 노력 방안〉
- **공감** : 상대의 감정을 듣고 이해, 비판적 사고 배제, 공감적 언어 사용, 관련 연수나 서적을 통해 학습공동체를 통해 상담 기술 습득
- **소통** : A와 지속적인 상담을 통해 현재 A가 갖고 있는 생각과 정서를 파악하기 위해 노력함.
- **기초학력 지도 능력** : 교수·학습 지원센터 자료 참고, 전문적학습공동체 활동을 통해 해당 유형의 학생을 지도할 수 있는 방안 모색
- **관찰력** : 학생의 행동을 꾸준히 관찰하여 장점을 파악, 강점을 칭찬함으로써 학생에게 긍정적 자아개념을 갖게 함.

[구상형 3번]

[자신의 가치관에 비추어 선호하는 교사 선택]

A 교사
- 학생들은 아직 올바른 가치관이 정립되어 있지 않은 상태이므로 교사가 정확한 지도가 필요하다고 생각함. 학생들에게 엄격하고 공정하게 규칙을 적용하여 합당한 지도를 함으로써 사회 구성원으로서 갖추어야 할 기본적인 태도가 내면화될 수 있음.

B 교사
- 학생들은 교육을 통해 옳고 그름을 판단할 수 있는 능력을 이미 내면화하고 있음. 강압적인 지도 방식보다 학생들이 성찰을 통해 자기 반성의 기회를 가짐으로써 향후 자율적으로 올바른 행동을 할 수 있는 원동력을 얻게 될 것이라고 생각함.

[선택한 입장을 바탕으로 한 학생 생활지도 방안]

A 교사의 관점(엄격한 규칙 적용)
- **교칙 명확화** : 학생들이 교칙을 잘 이해하고 준수할 수 있도록 학기 초 가정통신문을 통해 교칙을 명확하게 정의하고 설명함.
- **일관성 유지** : 모든 학생에게 동일한 기준을 적용하고, 규칙 위반 시 일관적인 제재를 취함.
- **모니터링과 피드백** : 교칙 준수 상태를 지속적으로 모니터링하고 교칙을 위반한 학생에게는 즉각적이고 공정하게 조치를 취함.

B 교사의 관점(학생의 자율성 존중)
- **학생자치 법정** : 교사의 지도가 아닌 학생들이 스스로 행동을 반성하고 그에 대한 책임을 자율적으로 판단하여 자발적으로 교칙을 준수하는 문화를 형성함.
- **행동 서약 작성** : 문제 행동을 번복하지 않도록 스스로 행동 서약을 작성하여 이를 준수하기 위해 교사와 함께 노력함.
- **자기 평가 유도** : 학생들에게 자신의 행동을 평가하는 시간을 제공함. 개인 상담이나 집단 상담의 형식으로 자신의 행동을 되돌아보며 당시 상황에서의 바른 행동을 생각하도록 함.

2026학년도 평가원 지역 — 11회차

[즉답형]

[자신이 선호하는 부장교사와 그 이유]

A 교사 선택
- 이미 몇 년간 같은 업무를 하였으므로 누적된 경험을 통해 최선의 방법으로 업무를 진행하고 있을 것임. 합리성을 기초로 통보하는 방식을 택하고 있다고 생각하며 일처리가 빠르다는 것은 업무 효율성을 내포하고 있다고 생각함.

B 교사 선택
- 민주적인 방식으로 일을 하고 있음. 부서의 일은 개인의 일이라기보다 부서 전체에서 공유해야 하는 사안임. 모든 부원들의 의견을 수렴하는 것을 토대로 느리더라도 조율의 과정을 거쳐 일을 하는 것이 결과적으로 더 합리적인 방안이라고 생각함.

[자신이 선택하지 않은 부장교사가 보완해야 하는 태도]
- A 교사 : 민주적인 방식의 업무 처리 태도가 필요함. 독단적으로 일을 처리하고 있기 때문에 부서원들의 큰 불만이 있을 수 있음. 의사결정 과정에서 부서원들의 의견을 듣지 않으므로 놓치는 부분이 있어 결과적으로 업무에 큰 차질을 빚을 수 있음.

- B 교사 : 업무에 관한 통찰력이 필요함. 모든 문제를 부서원들과 논의하기에는 시간적으로 한계가 있음. 부장교사로서 업무의 전반적인 흐름을 파악하고 조율이 필요한 부분을 선별하여 부서원들과 공유를 하는 것이 훨씬 효율적임.

[자신이 선택한 부장교사와 일을 할 시 대처 방안]

A 교사
- 부서 회의 제안 : 지시한 사항만으로는 업무를 온전하게 이해할 수 없음을 언급하며 업무 전체에 관해 이해도를 돕고 다양한 방안들을 모색해볼 수 있는 시간을 제안함.
- 자발적 참여 : 부장교사 A가 의견을 묻지 않을 때도 업무에 관해 자발적으로 의견을 제시하거나 의견에 대한 아이디어를 제공함으로써 부장교사 A가 다른 사람들의 의견을 수용하는 것이 유익할 수 있다는 것을 깨닫게 함.

B 교사
- 효율적인 의사소통 : 회의 시간을 최소화하기 위해 사전에 준비된 의제를 공유하고 중요 사항에 초점을 맞추도록 함.
- 경험 공유 : 부장교사 B가 해당 업무에 경험이 없으므로 기존에 해당 업무를 수행한 경험이 있는 부원이 있다면 경험을 공유할 수 기회를 만듦.

[구상형 1번]

[문제의 원인]

학생 A
- 학생자치를 위한 적절한 시간이 확보되지 못하고 있음.
- 학교 차원에서 학생자치 지원이 부족함.

학생 B
- 학생자치의 진정한 의미에 대해서 모르고 있음.
- 학생자치에 교사가 지나치게 개입을 많이 하고 있음.

학생 C
- 학생자치가 단순히 다수결에 의해서만 이루어지고 있음.
- 학생자치의 다양한 형태에 대해 인지하지 못하고 있음.

[해결 방안]
- 정기적인 학급 자치 시간을 확보
- 학교 차원에서 학생자치 관련 독려 및 홍보 진행
- 학교의 주인으로서 학생자치의 의미에 대해 설명함.
- 학생자치의 권한을 존중해줘야 함.
- 학생자치 의사결정 시 단순 다수결 외에 결선 투표, 선호 투표, 점수 투표 등 다양한 형태 시도
- 학급 회의, 동아리 회의, 전교 회의 등 다양한 학생자치를 경험하도록 도움.

[구상형 2번]

[지도 이유]
- 학생의 학습권 보장과 다른 학생의 학습권 침해를 막기 위해 지도가 필요함.
- 교사로서 학생에게 절차에 따라 적절한 생활지도를 하는 것은 의무임.
- 학생의 자기조절 능력과 통제력 향상을 위해 지도가 필요함.

[올바른 활용 문화를 위한 노력 방안]
- 학생들과 함께 수업 시간 디지털 기기 사용 관련 규칙 만들기
- 수업 목적에서 벗어나 필요 이상으로 스마트기기를 수업 시간에 활용하지 않기
- 캠페인 활동을 통해 수업 시간 스마트기기를 올바르게 사용하려는 학급 내 분위기 조성
- 스마트기기 활용 활동 시간과 아닌 시간을 명확하게 구분지어 수업

[구상형 3번]

[선호하는 교사]

A 교사
- 미래사회에는 전문가로서의 교사 역할이 중요해질 것으로 보임. 자신만의 전문 분야를 연구하여 다양한 형태로 학생들을 지원해줄 수 있어야 함.
- 학교의 주요 기능은 학생들이 배움을 통해 성장할 수 있도록 도와주는 것이라 생각함.

B 교사
- 학교는 더 이상 단순히 지식을 전달하는 역할에서 머물러선 안 된다고 생각함. 다른 사람과 소통하고 협력할 수 있는 능력을 길러주는 것이 필요함.
- 미래사회에는 정서적으로 어려움을 겪는 학생들이 더 많아질 것으로 보임. 따라서 교사로서 학생을 보호하고 지원해줄 수 있는 능력을 갖추는 것이 가장 중요함.

[실현할 교육활동]

A 교사
- **교사와 함께하는 스터디 모임** : 관심사가 일치하는 교사와 학생을 매칭하여 함께 공부하고 연구할 수 있는 환경 조성
- **희망교실, 사제동행 멘토링 운영** : 멘토링 과정에서 학습에 어려움을 겪는 학생에게 다양한 도움을 제공하고 싶음. 나의 전문 분야가 아니라면 동료교사, 외부 강사의 도움을 적절히 활용함.

B 교사
- **정기적인 집단 상담 실시** : 서클을 활용하여 서로의 마음을 터놓고 대화하는 과정에서 자연스러운 생활지도가 이루어지도록 함.
- **또래 상담사, 또래 도우미 활동 실시** : 또래 상담사, 또래 도우미를 양성하고 이를 통해 정서적 도움이 필요한 학생을 다방면으로 지원해줄 수 있도록 함.

[즉답형]

[김 교사의 입장]
- 업무를 효율적으로 처리하기 위해 혼자서 일을 빠르게 진행함.
- 업무를 신속하게 처리하기 위해 스스로 사례를 찾아 적절하게 진행함.
- 사업 진행에 맞는 가장 좋은 활동방법이라 생각하여 일을 진행함.

[박 교사의 입장]
- 같이 협의하지 않고 단독으로 업무를 진행한 김 교사에게 서운함.
- 원래 하던 업무 외에 다른 업무가 가중되어 부담을 느낌.

[중재 방안]
- 업무 담당 선생님과 2학년 선생님들이 다같이 모여서 회의를 진행함.
- 2학년 학년부장인 박 교사의 감정을 이해하고 김 교사와 감정적인 불편함을 해소할 수 있는 시간을 마련함.
- 업무 관련 매뉴얼을 마련하여 이후 유사한 상황에서 어떻게 대처할 것인지 합의점을 만들어 냄.
- 바꿀 수 있는 것과 없는 것을 구분하여 바꿀 수 있는 것에서 서로의 의견이 합의될 수 있도록 도움.

2026학년도 평가원 지역 — 12회차

[구상형 1번]

[학생들이 겪고 있는 어려움]
- 학생 A : 성장기 신체적 변화에 대한 스트레스
- 학생 B : 학업 스트레스
- 학생 C : 친구 관계

[교사로서 각각 해결 방안 제시하기]
- 학생 A : 감정표현 격려, 건강체중 교육, 도움 요청하기 교육, 보건교사에게 연계 등
- 학생 B : 자기주도적 학습 방법 안내, 학습 멘토링, 공부 방법에 대한 상담 등
- 학생 C : 구체적인 학급 규칙 활용, 사회적 관계망 지도를 활용한 친구만들기, 감정 조절 도움주기, 갈등해결 방법 알려주기

[구상형 2번]

[인공지능 융합교육을 실시할 때 교사에게 필요한 자질 제시]
- 필요한 인성적 자질 : 창의적 지도 역량, 협력 역량, 윤리의식 등
- 필요한 전문적 자질 : 에듀테크 역량, 인공지능 기초 지식, 인공지능 융합 학습 설계 역량, 인공지능 융합 학습 평가 역량 등

[자질을 기르기 위한 구체적인 노력 방안 각각]
- 인성적 자질에 대한 노력 방안 : 인공지능 융합교육의 비전에 이해하고 공감, 동료 교사들과 적극적인 소통, 인문학적 소양 쌓기 등
- 전문적 자질에 대한 노력 방안 : 전문적학습공동체 참여, 수업 나눔, 관련 연수 이수, 서적 탐독, 컨설팅, 대학원 진학 등

[구상형 3번]

[입장 선택과 이유]
- 자신의 교육관을 언급
- 선호하는 교사의 입장을 선택
- 선호하는 교사의 입장을 선택한 이유를 언급

- 김 교사 : 학생자치는 학생들의 민주시민 의식과 자기주도적 학습 능력을 키울 수 있음.
- 이 교사 : 학생자치는 학생들의 규율과 질서를 해치고 학업에 방해가 됨.

[수업과 평가를 교육관과 결부하여 설명]
앞서 선택한 입장에서
- 앞으로 수업을 어떻게 할 것인지 구체적으로 언급
- 앞으로 평가를 어떻게 할 것인지 구체적으로 언급
- 자신의 교육관과 연결하여 수업과 평가를 언급

- 김 교사 : 수업과 평가에서 학생들의 의견을 존중하고 반영할 것임. 수업 목표와 내용, 학습 방법, 학습 자료, 평가기준과 방법 등을 학생들과 함께 협의하고 결정함. 학생들이 스스로 학습 주제와 문제를 선정하고 탐구하도록 함. 학생들의 다양한 학습 성과와 과정을 평가할 수 있음.

- 이 교사 : 수업과 평가에서 교사의 지도와 개입을 강화할 것임. 수업 목표와 내용, 학습 방법, 학습 자료, 평가기준과 방법 등을 교사가 사전에 검토하여 결정하고 제시함. 학생들은 정해진 교육과정에 따라 수업을 받고, 학생들의 객관적인 평가 점수를 중심으로 평가할 수 있음.

2026학년도 평가원 지역 13회차

[즉답형]

[선호하는 교사와 이유]

A 부장교사
- 빠르게 변화하는 교육 환경에서 에듀테크를 도입하는 것은 학생들의 학습 경험을 확장시킬 수 있기 때문임.
- 자료와 아이디어를 공유하며 동료 교사들과 함께 고민하는 문화를 조성하면 학교 현장에 활력과 협력적 분위기를 불어넣을 수 있음.

B 부장교사
- 검증된 방법을 통해 수업 운영의 안정성과 일관성을 확보할 수 있음.
- 새로운 시도에서 발생할 수 있는 혼란이나 시행착오를 줄이고, 학생들에게 불필요한 혼동이 가지 않도록 위험을 최소화할 수 있음.

[위에서 선택한 부장교사와 함께 일할 때 유의할 점]

A 부장교사와 함께 일할 때 유의할 점
- 새로운 교육 방법에 대해 개방적이고 적극적인 태도를 보여야 함.
- 다른 교사들과 소통하고 협력해야 함.
- 성공과 실패를 함께 공유하고 인정하는 자세를 갖춰야 함.

B 부장교사와 함께 일할 때 유의할 점
- 정해진 교육과정과 표준에 따라서 업무를 진행하도록 함.
- B 부장교사의 지도와 조언을 배우려는 자세로 받아들여야 함.
- 새로운 교육방법에 대한 의견이나 제안을 할 때에는 객관적인 자료를 근거로 들어 신중하고 적절하게 표현해야 함.

[자신이 선택하지 않은 부장교사와 일했을 때 대처 방안]
- 부장교사의 교육관과 방식을 이해하고 존중하려고 노력함.
- 부장교사의 조언을 받아들이고 따르되, 나의 의견과 제안을 예의 바르고 정중하게 표현함.
- 소통과 협력 역량을 갖추기 위해 노력함.
- 다른 교사들의 의견과 경험을 배우기 위해 노력함.
- 비공식적인 시간을 통해 친목을 도모하고 신뢰를 형성하기 위해 노력함.

[구상형 1번]

[어려움을 겪는 원인]

바다
- A 과목 담당교사와 갈등이 있음.
- A 과목 담당교사의 강의 스타일과 맞지 않음.
- 수업보다 자습을 하는 것이 낫다고 생각함.

수연
- B 과목 공부 방법에 대해 어려움을 겪고 있음.
- 수업에 흥미를 잃어가고 있음.

[지도 방안]

바다
- A 과목 선생님과 대화 기회 마련
- A 과목과 관련된 학교 밖 교육과정 안내
- A 과목 관련 동아리 개설 안내

수연
- B 과목에 대한 효과적인 학습 방법 안내
- B 과목 선생님과 상담 기회 마련
- B 과목 관련 보충수업/방과후 수업 등 안내

[구상형 2번]

[김 교사에게 부족한 역량]
- 자기연찬
- 도전정신
- 적극적 수용
- 수업연구 역량
- 학습설계 역량

[역량을 향상하기 위한 노력 방안]
- AI 교과서 관련 연수 및 설명회 참석하여 알아보기
- 전문적학습공동체를 통해 학교 내외에서 부족한 역량 강화하기
- 변화에 대해 적극적이고 능동적으로 배우려는 자세 갖기
- AI 교과서 이외에 미래 교육 관련 내용 연구하기
- 뉴스레터, 교육잡지 등을 통해 최신 교육 경향 파악하기

[구상형 3번]

[입장이 같은 교사 선택]

A 교사
- 학교에서 행정적인 절차를 제대로 지키는 것이 중요하다고

생각함.
- 논란을 만들지 않고 공정하게 모든 일을 처리하는 것이 중요하다고 생각함.

B 교사
- 학교 본연의 임무는 교육이므로 교육적인 대처에 더 집중해야 한다고 생각함.
- 교사로서 학생에게 더 도움이 되는 선택을 하는 것이 중요하다고 생각함.

[선택한 입장의 유의점]

A 교사
- 교육공동체 간의 협력이 붕괴되지 않도록 주의해야 함.
- 학생 간의 진정한 관계 회복이 이루어질 수 있도록 돕는 것도 중요함.
- 학교 본연의 역할이 약해지지 않도록 주의해야 함.

B 교사
- 교사가 행정소송에 휘말리지 않도록 반드시 절차는 준수해야 함.
- 교사 혼자서 해결하기보다 교육공동체 다함께 해결하는 노력이 중요함.
- 중재 과정에서 교사로서 공정성을 잃지 않도록 해야 함.

[즉답형]

[부장교사의 입장 설명]
- 김 교사가 많은 업무를 배정받은 것에 대해 안타깝고 이해하는 마음
- 김 교사의 능력이 좋은 것을 인정하는 마음
- 김 교사의 어려움을 위로해 주고 싶은 마음

[김 교사에게 필요한 인성관]
- **소통** : 업무 관련 어려움을 부장교사뿐만 아니라 관리자에게 솔직하게 이야기하여 고민을 나누는 소통의 자세가 필요함.
- **협력** : 업무에 어려움이 있다면 혼자 괴로워하기보다 다른 선생님들과 협력하여 해결하려는 자세가 필요함.
- **성실** : 업무의 공정성을 떠나 맡은 업무는 최선을 다해서 해내려는 성실의 자세가 필요함.

[업무 배정과 관련된 의견 제시]
- 업무 배정의 공정성을 확보할 수 있는 다양한 방법 마련이 필요
- 업무 배정 희망이 최대한 반영될 수 있도록 의견 제시
- 업무에 어려움을 겪는 선생님을 지원할 수 있는 방법 마련이 필요
- 업무 배정 전에 학교 구성원들의 의견을 나눌 수 있는 교직원 회의 필요

2026학년도 평가원 지역   14회차

[구상형 1번]

[문제상황]
- 기초학력부진 학생 A의 수업 내 행동문제 발생 : 집중력 부족 및 산만한 행동으로 인해 수업 흐름이 반복적으로 방해되고 있음.
- 학생 간 갈등 및 언어적 비난 발생 : B 학생이 A 학생에게 부정적인 언행을 하며 감정적 다툼으로 확산됨.
- 학부모 간 요구 충돌로 인한 갈등 격화 : B 학생의 보호자는 A 학생 분리를 요구하고, A 학생 보호자는 낙인과 차별 우려를 제기함.

[각 해결 방안]
- 기초학력부진 학생 A의 집중력 부족 및 산만한 행동
  - A 학생의 학습 및 행동 특성을 교사 관찰 및 기초학력 진단 도구를 통해 정확히 파악
  - 기초학력지원팀, 학습종합클리닉 등과 연계하여 맞춤형 학습 프로그램 운영
  - 학습 몰입을 위한 좌석 배치 조정, 과제 분절화, 시각자료 활용 등 교실 환경 조정
  - 자존감 향상을 위한 성공 경험 제공(예 칭찬 스티커, 역할 부여 등)

- A 학생과 B 학생 간의 갈등
  - 당사자 간 회복적 대화를 통해 감정 표현과 상호 이해 유도
  - 공감 능력 향상을 위한 학급 인성교육 실시
  - 또래 관계 회복을 위한 협력적 과제(짝 활동, 역할놀이 등) 공동 수행
  - 갈등 사안 발생 시 대응 절차(조용히 자리이동, 감정 정리 시간 등)를 학급 규칙으로 체계화

- 보호자 간 입장 충돌과 민원 갈등
  - 학부모 면담 시, 학생 이해 중심으로 상황 설명 및 교사의 중립적 중재자 역할 강조
  - 학생 간 다양성 수용의 필요성에 대해 안내
  - A 학생에 대한 조치는 '분리'가 아닌 '지원 강화'임을 명확히 설명하고, 대응계획 공유
  - 정기적 소통 채널(학급 소식지, 개별 가정통신문 등)을 통해 교실 분위기와 학생 변화 공유

[구상형 2번]

[교사에게 요구되는 역량]
- **학생 이해 기반의 감정조절 및 위기 대응 역량**: 즉각적 통제보다는 학생의 행동 원인을 파악하고, 신뢰를 바탕으로 개입 시기를 조절해야 함.
- 수업 흐름을 유지하면서도 해당 학생의 상태를 관찰하고 필요한 경우 유연하게 개입할 수 있는 수업 운영 능력
- **정서행동특성 학생에 대한 전문적 이해와 회복적 접근 역량**: 문제행동의 이면에 있는 정서적 결핍이나 환경적 요인을 고려한 시선이 필요함.
- **학부모와의 관계 유지 역량**: 수업의 질을 우려하는 학생과 학부모를 설득할 수 있는 소통력과 대처 전략이 요구됨.

[수업 전문성 향상을 위한 앞으로의 노력]
- **회복적 생활교육 연수 및 사례 기반 연구 참여**: 실제 정서행동문제 학생을 다룬 사례 중심 연수를 통해 대응 유형과 말하기 방식, 개입 시점에 대한 인식을 확장
- **개별화 교육계획과 자기주도 성장계획서 도입**: 해당 학생과 함께 긍정적 행동 루틴을 설계하고 점진적으로 수업 참여도를 높일 수 있도록 도우며 학급 전체에 설명하여 수용성을 키움.
- **유사 상황 경험 교사와의 공동 수업 및 수업코칭 요청**: 동료 교사의 수업 참관·수업 나눔 등을 통해 다양한 상황 속 수업 흐름 관리에 대한 피드백을 받음.
- **학부모 대상 소통 방식 고도화**: 사안 발생 시 즉시 통보가 아닌, 월 단위 학급 운영 브리핑이나 '우리 반 수업 톡' 등의 수업 내용 안내를 통해 신뢰 형성, 해당 학생에 대한 부정적 낙인 대신 '함께 성장 중인 친구'라는 관점 전달

[구상형 3번]

[선호하는 교사 선택과 이유]

A 교사
- 동일한 기대 수준은 다문화 학생에게 '배려받는 대상'이 아니라 '동등한 교육의 주체'로 인식될 수 있게 함.
- 지나친 배려는 오히려 '다르다'는 메시지를 강화해 역차별과 낙인을 유발할 수 있음.
- 학생의 다양성을 존중하되, 학급 규칙과 공동 책임의 일원으로 수용함으로써 공동체 소속감을 형성

B 교사
- 다문화 학생은 언어, 교육 문화, 사회적 규범 등 다양한 차원에서 학교생활에 어려움을 겪을 수 있음.
- 동일한 기준은 형식적으로는 평등해 보이나, 실제로는 '출발선의 차이'를 간과하는 위험이 있음. 형식적 평등이 아니라 실질적 형평을 지향해야 함.
- 문화적 민감성과 언어 이해 부족이 학습 부진, 관계 갈등으로 이어질 수 있음.

[학교에서 운영할 수 있는 교육 활동 사례]

A 교사
- 수업 지도 계획
  - 토론 수업에서 다문화 학생 포함 전원 동일한 발언 기회와 규칙 적용
  - 다문화 학생에게도 사전 발언 요약문 준비 시간을 주되, 발표 기회는 다른 학생과 동일하게 배정
  - 학생 전원이 '서로의 논리 존중하기', '모든 친구 발언에 반응하기' 등의 공동 규칙 아래 수업에 참여
  - 발표력 향상 목표를 모든 학생에게 동일하게 설정하되, 사전 자료(어휘집 등)는 필요시 제공

- 생활지도 계획
  - 학급 규칙 운영 시 다문화 학생에게도 동일한 기준 적용 → 다문화 학생 스스로도 책임감 형성, 학급 내 신뢰와 일관성 확보
  - 지각, 수업 태도, 과제 제출 등 기본 생활 규칙은 모든 학생에게 일관되게 적용
  - 규칙 위반 시 '문화적 오해'로 합리화하기보다는, 배움의 기회로 삼아 이유를 설명하고 자발적 개선 유도

B 교사
- 수업 지도 계획
  - 다문화 학생에게는 활동 참여 시 선택적 역할(자료 수집, 그림 제작 등) 부여
  - 수업 전 용어 정리 자료나 쉬운 언어로 구성된 예시 활동지를 제공
  - 성취기준 도달 과정에서 유연성 부여 → 평가의 형평성 확보

- 생활지도 계획
  - '문화이해 프로그램' 및 이중언어 감정카드 활용
  - 학급 친구들과 '내 이름, 내 이야기' 활동으로 이름 발음, 가정문화, 좋아하는 것 등을 공유
  - 교사는 해당 학생의 문화적 배경을 고려하여 일부 행동(예 눈맞춤 기피, 침묵 등)의 맥락을 이해하고 즉시 제재하지 않음.)

2026학년도 평가원 지역 — 15회차

[즉답형]

[대응 방안]
- 감정적 반응을 자제하고, 객관적 근거를 바탕으로 문제 상황을 정리함.
- 과거 예산 사용 사례와 현재 상황을 비교하며 기록과 정책 기준 중심으로 접근
- 행정실과 직접적인 마찰보다 업무 담당자(예산 담당교사, 부장교사 등)를 통해 중재를 요청함.
- 향후 유사한 혼선이 발생하지 않도록 학년별 예산 배정 기준 및 우선순위에 대한 투명한 설명을 요구함.(동학년협의회 또는 교무회의를 통해 공유 요청)
- 형평성 문제는 문제제기보다는 개선 제안의 형태로 전달함.

[교사에게 요구되는 태도와 이유]
- **협력과 소통 중심의 자세** : 동학년 교사들과는 학년 운영 방향을 일치시키고, 의견을 조율하려는 상호 협력적 태도 / 행정실과는 업무 파트너로서의 존중과 이해를 바탕으로 소통 → 학교는 다양한 이해관계자들이 협업하는 공동체로, 신뢰와 소통이 학교 운영의 핵심 기반임.
- **조직 구조와 역할 이해** : 각 부서의 운영 방식, 예산 집행 기준, 업무 흐름 등을 충분히 이해하고 그에 맞게 협력하는 자세 → 예산은 공적 자원으로, 투명한 절차와 정당한 설명을 통해 신뢰를 얻는 것이 중요함.
- **갈등 후 관계 회복** : 일시적 갈등이 있더라도 관계를 단절하지 않고, 조직 내 지속적인 협업을 위한 성숙한 태도 유지 → 교사의 전문성은 단지 수업에만 국한되지 않고, 조직 내 협업 역량과 대인관계 역량까지 포함됨, 교사의 태도에 따라 동학년 협력 문화와 행정부서와의 관계가 장기적으로 결정되기 때문.

[구상형 1번]

[학생들이 겪고 있는 어려움]
- 학생 A : 학습에 동기부여가 부족, 자존감 부족, 공부의 목적에 대한 혼란스러움.
- 학생 B : 진로에 대한 고민, 맹목적인 학습
- 학생 C : AI에 대한 오해, 배움의 의미를 모름.

[구체적인 해결 방안]
- 학생 A : 사제 멘토링, 목표 설정 및 코칭, 또래 멘토-멘티 활동
- 학생 B : 지역사회와 연계한 진로체험교육, 진로적성검사 실시
- 학생 C : AI 시대에 인간만이 가질 수 있는 고유한 특성 소개, 창의성, 상호작용 등 학습을 통해 얻을 수 있는 가치 제시

[구상형 2번]

[교사로서 유의점]
- 학습을 통해 문제해결 능력을 키울 수 있도록 해야 함.
- 학생 주도라는 이름으로 방치형 수업이 되지 않도록 해야 함.
- 배움의 과정에서 교사가 적절한 피드백을 지속적으로 제공해야 함.
- 학습자 중심 수업에 참여하는 것을 어려워하는 학생들에게 적절한 도움을 제공해야 함.

[전문성 신장 계획]
- 전문적학습공동체 참여
- 교사 연수 참여
- 프로젝트 학습 교육 연구회 참여
- 학습자 중심 수업에 대한 학생들의 피드백 적극적 수용
- 지역의 교육 관련 기관과 연계하여 마을교육공동체 연구

[구상형 3번]

[선호하는 교사 선택]
김 교사
- 교육의 질은 교사 개인의 질을 넘어설 수 없다고 생각
- 학생의 흥미와 적성을 고려하듯 교사의 흥미와 적성을 고려해야 함.
- 교사에게 자율성을 주는 것이 더 효과적인 교육방안을 만들어낼 수 있다고 생각

이 교사
- 교육공동체와 함께 교육을 만들어가는 것이 중요함.
- 개인의 발전 또한 공동체의 발전에서 출발해야 시너지효과가 날 수 있음.
- 학교는 혼자 만들어가는 곳이 아니라 함께 만들어가는 곳임.

[교사로서 노력 방안]
김 교사
- 흥미 바탕 교원 연수 참여, 전문적학습공동체 참여
- 개인 성찰일지 작성
- 대학원 진학을 통한 전문성 함양

이 교사
- 학교 내 전문적학습공동체 적극 참여
- 토론이 있는 교직원 회의 활성화
- 동교과 회의, 동학년 회의 활성화
- 가정, 학교, 지역사회가 모두 함께 연계하는 교육 활성화

[즉답형]

[선호하는 수업 선택]
박 교사
- 기존에 효과적으로 진행되었던 수업이므로 효과가 검증되어 있음.
- 학생들이 스스로 주제를 탐구하는 수업은 자기주도성을 키워줄 수 있음.

이 교사
- AI를 활용하는 능력이 중요해지고 있으므로 새로운 시도가 가치를 지니고 있음.
- 미래사회에서는 함께 협력하여 문제를 해결하는 능력이 중요함.
- 미래사회는 불확실성이 점점 더 커질 것으로 보이기 때문에 이를 위해서는 다양한 문제 상황을 해결하는 능력이 필요함.

[수업 진행의 유의점]
박 교사
- 학생의 특성을 고려하지 않고 기존의 수업을 그대로 답습하는 것을 주의해야 함.
- 지난해 학생의 전환기 프로그램 만족도를 바탕으로 프로그램을 일부 수정하는 것이 필요함.

이 교사
- 기존의 프로그램이 갖고 있던 장점인 자기주도성을 살리면서 융합수업을 할 수 있도록 적절히 융합시켜야 함.
- 전환기 프로그램의 목적 중 하나인 진로교육과 주도성 향상에 맞도록 프로그램을 구성하는 것이 중요함.

2026학년도 평가원 지역 16회차

[구상형 1번]

[문제상황과 해결 방안]
- 진로에 대한 불확실성과 부담으로 인해 학생들이 진로활동에 회의적이고 무기력한 태도를 보임
  - 진로 탐색의 의미를 재구성하는 활동 도입 : 진로는 먼 미래가 아닌, 현재 내가 좋아하는 것을 알아가는 과정이라는 인식 전환을 돕는 활동 설계
  - 성취지향보다 탐색 중심의 과정형 수업 설계 : 진로 목표 유무보다는 탐색의 과정을 중심으로 수업 성취 기준을 전환함. "진로는 바뀔 수 있다."라는 전제하에 다양한 직업을 살펴보는 활동
- 학생 간 진로 준비 수준 격차가 학급 내 위화감을 조성하고, 자기비교 및 위축감을 초래함.
  - 개별 진로 수준을 고려한 맞춤형 활동 구성 : 진로 목표가 뚜렷한 학생과 아직 방향을 못 잡은 학생을 분리 평가하거나 역할을 달리하는 활동 구성, 조별 활동 시 진로설계자와 진로탐색자로 역할 분담
  - 또래 멘토링 및 사례 공유 기회 제공 : 구체적 진로를 설정한 학생에게는 발표 기회를 주어 또래에게 자극과 정보 제공, 과시가 아닌 공유의 관점에서 격려하고 발표 방식도 선택권 부여
  - 학생의 속도 차이를 존중하는 교실문화 조성 : '진로는 속도가 아닌 방향', '각자 타이밍이 다르다'는 교사의 메시지를 지속적으로 전달

[구상형 2번]

[교사에게 요구되는 자질]
- **교육적 목적에 부합하는 기술 활용 역량** : 단순한 툴 사용 능력을 넘어, 학습 목표에 맞는 적절한 에듀테크 도구를 선별·설계할 수 있는 능력
- **AI 리터러시 및 데이터 기반 수업 설계 역량** : AI를 도입하더라도 비판적으로 해석하고, 학생의 학습 결과나 행동 데이터를 교육적으로 활용할 수 있는 역량
- **기술 변화에 대한 수용성과 융합적 사고력** : 기술과 교사는 대립 관계가 아닌 협력 혹은 교사 역할 수행을 위한 보조도구라는 융합적 관점에서 변화에 유연하게 대응하는 태도
- **동료 교사와의 협업 및 학습공동체 운영 역량** : 변화에 대한 부담감을 함께 나누고, 실천적 지혜를 모을 수 있는 집단적 성장 기반 마련

[해당 자질을 향상하기 위한 앞으로의 노력]
- **수업 및 업무에서의 실천** : 사용 목적에 맞는 에듀테크 도구 활용한 수업 설계(예 단순 암기에는 AI퀴즈 도구 활용, 탐구·협력에는 Padlet, Jamboard 등 협업도구 선택), 크롬북, 스

마트기기, AI 보조툴을 수업 흐름을 방해하지 않도록 '보조적 도구'로 계획
- **개인 역량 강화 노력** : 교내 디지털 리더교사, 에듀테크 실증 교사단과의 공동 수업 또는 공개수업 참관, 실습 중심 온라인 연수(예 티처빌, 에듀에버 등)를 활용해 신기술을 경험
- AI 교육 윤리 및 디지털 격차에 대한 교사 내 성찰 병행
- 실패 경험도 공유하고, 현실적 제한 조건(기기 부족, 네트워크 문제 등)에 대한 대안 마련

[구상형 3번]

[자신의 학생관에 가까운 교사 선택과 이유]

A 교사
- 학령기는 정서적 안정과 자존감 형성이 중요한 시기로, 있는 그대로의 수용이 발달의 전제 조건임.
- 루소, 존 듀이 등 진보주의 교육철학은 아동을 '완성형 인간'이 아닌 '현재 중심의 존재'로 보며, 외부 개입보다 스스로의 호기심에 기반한 자율적 성장을 강조함.
- 교사의 역할은 지도자보다는 '관찰자', '동반자'로서 아동의 현재를 존중하고, 스스로 탐색할 수 있도록 환경을 마련하는 것이라고 생각함.

B 교사
- 교사의 적극적 피드백과 구조화된 개입은 학습 격차 해소와 자아 효능감 향상에 결정적임.
- 피아제, 비고츠키의 인지발달 이론에 따르면, 아동은 환경적 자극과 사회적 상호작용을 통해 보다 복잡한 사고와 사회적 행동을 발달시킴.
- 아동은 가능성의 존재이므로, 교사는 기대와 격려를 통해 더 나은 방향으로 계속 성장할 수 있도록 발판을 마련해야 한다는 교육관에 동의함.

[해당 학생관을 반영한 수업 및 생활지도]

A 교사
- **수업 지도 계획**
  - **자기표현 중심 활동 확대** : 정답 있는 활동보다 자신의 느낌, 생각을 말하기 중심 활동 강화(예 '내 하루 감정선 그려보기', '나만의 별명 만들기' 등)
  - **선택권 부여 수업 설계** : 교사가 정한 순서가 아닌, 학생이 선택할 수 있는 활동 설계(탐구주제 선택형 프로젝트 등)
  - **관찰 기반 평가 방식 운영** : '기준에 맞췄는가'보다는 '얼마나 즐겁게, 자기다운 방식으로 참여했는가'를 중심으로 평가, 루브릭에 '자기표현의 다양성', '진정성' 등의 항목 포함
- **생활지도 계획**
  - **감정표현 존중 환경 조성** : 교실에 감정카드, 감정표현 스티커, 기분 날씨판 등을 비치하여 학생이 감정을 숨기지 않고 표현할 수 있도록 함.
  - **지적보다 이해를 기반으로 한 문제행동 접근** : 문제행동 발생 시 "왜 그랬니?" 보다 "무슨 마음이었을까?"를 먼저

묻는 회복적 질문 사용

B 교사
- **수업 지도 계획**
  - **피드백 중심의 성장 루브릭 적용** : 수행 결과보다 과정에서의 성장 정도에 대한 개별 피드백 제공
  - **성장 정도를 시각화** : 포트폴리오, 성장기록장 등을 통해 학생이 자신의 발전 과정을 스스로 확인할 수 있도록 함.
  - **도전 유도형 활동 설계** : 약간 어려운 문제, 새로운 역할 부여 등 '적정 수준의 도전'을 포함한 과제 설계
- **생활지도 계획**
  - **긍정적 행동 강화 시스템 운영** : 기대되는 행동을 구체화하고, 실천했을 때 소규모 칭찬이나 보상 제공
  - **학생 주도 목표 설정 및 점검** : 매주 작은 목표를 설정하고 주간 성찰 기록지 작성을 통해 학생 스스로 점검
  - **의도적 도전 기회 제공** : 실패해도 괜찮은 경험의 장을 마련하여 안전하게 도전할 수 있는 기회 제공

[즉답형]

[대응 방안]
- 학부모의 우려를 공감하며 수업의 목적과 효과를 구체적으로 설명함.
- 교사가 보이지 않는 곳에서 활동을 설계하고, 개별 피드백을 제공하고 있음을 설명
- 수업 결과물 및 과정 중심 성취 공유를 통해 수업 효과를 가시화함.
- 학생의 자기 성찰자료나 피드백 결과 공유
- 학생의 활동사진, 조별 발표자료, 디지털 학습 기록 등을 학급 소식지, 학부모 앱 등을 통해 공유
- 학부모 대상 설명회 혹은 간단한 안내자료 제작으로 신뢰 형성(기술 중심이 아닌 교육 중심의 관점을 강조)

[에듀테크나 AI 기반 수업 시 교사가 유의해야 할 점과 이유]
- **기술이 아닌 배움의 본질 중심 설계** : 단순한 도구 사용이 아니라, 교육적 목적에 맞는 도입이 중요 / 학생이 '무엇을 어떻게 배웠는지'를 스스로 설명할 수 있어야 효과적인 수업임. / 기술은 수단이지 목표가 아님을 명확히 해야 함.
- **학생 수준과 디지털 접근성 고려** : 기기 조작, 디지털 리터러시 수준의 차이로 인해 학습 격차가 발생할 수 있음. / 소외 계층, 다문화학생 등은 기기 환경이나 부모 지원이 충분하지 않을 수 있으므로 사전 교육 필요
- **과정 중심 피드백 체계 마련** : AI 퀴즈, 챗봇, 생성형 도구 등은 학습 내용과 연결되어야 하며, 교사의 개입 없이 사용하면 무의미할 수 있음 / 교사가 과정에서 학생의 사고 흐름, 협력 방식 등을 관찰하고 구체적인 피드백 제공 필요
- **윤리와 정보 보호의 문제 병행 교육** : AI가 생성한 자료를 무비판적으로 수용하거나 표절하는 것은 위험함. / 개인정보 보호, 저작권, 생성형 AI의 한계와 편향성에 대해 지속적인 학습이 병행되어야 함.

2026학년도 평가원 지역 17회차

[구상형 1번]

[학생들이 겪고 있는 어려움]

학생 A
- 진로에 대한 고민
- 학교에서 진로활동 부족
- 희망진로에 대한 정보 부족

학생 B
- 교우관계에 대한 고민
- 새로운 친구를 만나는 것에 대한 두려움
- 친구와 솔직한 대화를 나누는 것에 대한 어려움

학생 C
- 학업에 대한 고민
- 적절한 공부법을 알지 못함.
- 자신의 강점을 활용하지 못함.

[담임교사로서 도움을 줄 수 있는 방안]

학생 A
- 진로 관련 정보 제공
- 외부 기관과 연계한 진로교육 제공
- 교사 작가와 연계하여 진로상담 실시

학생 B
- 친구들과 집단상담 기회 제공
- 관계 회복을 위한 프로그램 운영
- 학급 내 활동을 통해 새로운 교우관계 형성에 도움

학생 C
- 기초학력 보충 프로그램 제공
- 방과후 보충 프로그램 추천
- 기본 학습 습관을 기를 수 있는 루틴 추천

[구상형 2번]

[박 교사에게 필요한 자질]
- 공감
- 사랑
- 책임감
- 의사소통
- 반성적 성찰

[자질을 기르기 위한 노력 방안]
- 상담 관련 연수 및 공동체 참여
- 학생과 라포르 형성을 위한 다양한 활동 실시
- 학생 관련 문제가 생겼을 때 활용할 수 있는 매뉴얼 만들기
- 학부모와 소통할 수 있는 다양한 수단 마련
- 성찰일지 작성하기

[구상형 3번]

[입장 선택]

① 선택 이유
- 학생들의 의견을 존중하는 것이 중요함.
- 학생자치의 자율성을 적절한 책임과 함께 보장해 주는 것이 중요함.

② 선택 이유
- 학교는 교육기관이므로 교육에 도움이 되는 선택을 하는 것이 중요함.
- 모든 규칙을 허용하는 것은 오히려 학생자치에 방해가 된다고 생각함.

[선택한 입장의 유의점]

① 선택의 유의점
- 학생자치 만능주의가 되지 않도록 주의해야 함.
- 자유와 권리에 적절한 책임이 따를 수 있도록 해야 함.

② 선택의 유의점
- 학생들이 학생자치참여에 대한 의지가 떨어지지 않도록 해야 함.
- 학생자치와 교사의 개입이 적절히 조화가 이루어질 수 있도록 해야 함.

[즉답형]

[부장교사의 입장 설명]
- 전문적학습공동체의 효과를 극대화하기 위해서 제안함.
- 좋은 내용은 다함께 나누는 것이 좋다고 생각함.
- 해당 공동체에 참여하고 싶지만 이야기하지 못하는 선생님들을 배려하기 위함.

[김 교사에게 필요한 태도]
- **소통** : 공동체에 참여하고 싶은 다른 선생님들과도 이야기를 시도해 보는 노력이 필요함.
- **협력** : 친한 선생님들끼리만 공동체를 구성하여 다른 선생님들을 배척하는 것이 아닌 협력의 태도가 필요함.
- **문제해결** : 원치 않는 상황에서 공동체를 운영하려는 마음을 접는 것이 아닌 문제를 해결하기 위해 노력하는 태도가 필요함.

[전문적학습공동체 구성 방법]
- **기존에 정했던 방식대로 진행** : 전문적학습공동체는 자유로운 의사소통이 전제가 되어야 효율성이 극대화될 수 있음. 친분을 바탕으로 원활한 소통이 이루어질 수 있으므로 기존의 방식대로 진행하는 것이 좋다고 생각함.
- **부장교사의 의견 수용** : 참여를 희망하시는 선생님들을 수용하여 전문적학습공동체를 진행함. 보다 폭넓은 관점과 다양한 교육 경험이 바탕이 되어 바람직한 의견 교류가 이루어질 수 있다고 생각함.

2026학년도 평가원 지역 18회차

[구상형 1번]

[학생이 겪고 있는 어려움]
- 진로 목표(실습·취업)와 부모의 기대(대학 진학) 간의 충돌로 진로 결정에 대한 혼란을 겪고 있음.
- 부모와의 대화가 단절되고, 자신의 의사가 존중받지 못한다고 느끼며 자기 표현력과 정서 안정이 약화되고 있음.

[교사의 지도 방안]
- 진로심리검사와 진로포트폴리오 작성을 통해 자신의 관심과 강점을 객관적으로 분석하도록 지도
- 특성화고 및 인문계 진학 이후의 경로에 대한 비교자료를 제공하여 선택을 위한 정보 기반을 마련
- 진로 멘토링 활동에 참여시켜 실제 현장에서 일하는 선배들의 이야기를 듣고 진로 설계에 실질적 도움 제공
- 학생의 감정을 경청하고 공감하며 정서적으로 수용받는 경험을 제공해 자기 표현을 회복하도록 도움.
- 학부모와의 전화 상담이나 가정통신문 등을 통해 학생의 진로 고민을 전달하고, 중립적인 입장에서 상호 이해를 도움.
- 교사·학생·학부모가 함께 참여하는 진로 대화 프로그램이나 3자 면담을 주선하여 갈등을 해소하고 합의점을 찾도록 지원

[구상형 2번]

[교사의 생활지도 방안]

학생 1
- 갈등 상황에서 '교사의 직접 개입' 원칙을 마련하고, 상황에 따라 중재자 역할을 하여 학생이 정서적으로 보호받고 있다는 인식을 갖게 함.
- 갈등 해결력 향상을 위한 '갈등 상황 시뮬레이션'이나 역할극 활동을 정기적으로 운영해 친구끼리 해결하는 역량도 기를 수 있도록 도움.

학생 2
- '감정 언어 일기', '감정 공유 박스' 등 학생의 감정을 표현하고 공유할 수 있는 구조를 만들어, 감정 인식과 관계 회복의 기회를 제공
- 언어폭력이나 상처 주는 발언이 있었을 경우, 회복적 질문법 ("어떤 말이 상처가 되었니?", "상대는 어떤 기분이었을까?") 을 활용해 감정 정리를 돕고 사과 및 화해까지 이어질 수 있도록 지도

[전문성 신장 계획]
- 생활지도 관련 실제 사례 기반 워크숍이나 회복적 생활교육 연수를 정기적으로 수강하여 구체적인 지도법과 개입 스킬

- 을 지속적으로 축적
- 교내 갈등 상황 발생 시 '지도 일지'를 작성하고, 상황별 교사의 판단 및 개입에 대한 자기 피드백을 통해 경험을 분석하고 개선 방향을 설정
- 학교 내 생활지도 전문성 학습 공동체를 주도적으로 조직하거나 참여해 타 교사들과 함께 사례를 나누고 공감적 개입 언어를 확장
- 심리·정서, 교우관계와 관련된 서적을 탐독하고 이를 실제 상황에 적용

[구상형 3번]

[선호하는 교사 선택]

A 교사
- 학생은 저마다의 성향, 표현 방식, 성장 속도가 다르므로, 일방적인 기준을 제시하기보다는 개인의 차이를 수용하는 환경이 필요함.
- 획일적 모델 제시는 창의성, 자율성, 심리적 안정감을 저해할 수 있음.
- 존중받는 경험을 통해서만 자기조절과 책임 있는 행동이 내면화됨.

B 교사
- 학생은 말보다 행동을 더 민감하게 관찰하고 내면화하는 경향이 있으며, 교사의 언행이 곧 학급의 기준이 됨.
- 바람직한 가치(예 존중, 성실, 공감 등)는 교사가 먼저 실천해야 설득력을 가짐.
- 특히 중고등 시기는 정체성과 가치관이 형성되는 시기로, 교사의 역할이 중요함.

[학급운영 활동 사례]

A 교사
- 학급 운영 초기에 '나를 소개하는 발표'나 '서로의 다름 인터뷰'를 통해 학생들이 자기 개성과 배경을 긍정적으로 드러내도록 유도
- 학생의 복장, 말투, 학습 전략 등 사소한 차이를 문제 삼기보다, 그 안에서 장점과 장르적 다양성을 인정하는 피드백을 제공
- '내가 정한 규칙 1가지' 만들기 활동을 통해 각자의 특성과 필요에 맞는 자율 규범을 스스로 설정하고 실천해보도록 지도

B 교사
- 함께 약속 세우기 활동을 통해 교사도 학급 규칙에 대한 서약서 작성 및 공개 실천을 진행함.
- 갈등 상황이 발생했을 때 교사는 비난보다는 경청과 요약을 통해 평정심 있는 해결 태도를 보이며, 이를 학생들에게도 모델로 삼게 함.
- 정기적인 '칭찬 릴레이'나 '감정 공유 시간'에 교사도 참여하여 감정 표현과 존중의 실천을 몸소 보여줌.

[즉답형]

[김 교사로서 지도방안]
- 학습 규칙의 존재 이유를 설명하며 학생의 자기 조절을 유도하고 규칙의 공동체적 의미를 강조함.
- 과제 종료 후 활동에 대한 사전 규칙 정립함. 향후에는 과제를 마친 학생들을 위한 선택 활동을 제공하여 수업 내 자율성 보장 + 규율 유지 균형 도모
- 수업 후 개별 면담을 통해 감정 확인 및 태도 조정

[부장교사로서 조언]
- 김 교사의 수업 분위기를 지키려는 원칙과 문제 인식은 타당하다고 공감 표현
- 동시에 학생의 반응을 예민하게 받아들이지 않도록 정서적 지지
- 자신의 사례(쉬고 싶을 땐 태블릿을 덮어놓고 조용히 책 읽기 등)를 직접적으로 소개하여 상황별 융통성을 권유

2026학년도 평가원 지역 19회차

[구상형 1번]

[문제 상황의 공통 원인]
- **스마트폰의 과도한 사용** : 과도한 스마트폰 사용으로 인해 수면 부족 문제가 발생하는 것, 스마트폰 사용에 따른 주의력 저하, 정보처리 능력의 변화가 나타남.

[개별 문제에 대한 지도 방안]
- **스마트폰 사용으로 인한 불규칙한 생활 습관**
  - **건강한 수면 교육 실시** : 학급 회의 시간을 활용하여 수면과 건강의 상관 관계, 스마트폰 사용이 수면에 미치는 악영향 등에 관한 교육을 실시함.
  - **수면 관리 챌린지 실시** : 자기 직전에 알람 이외의 목적으로 스마트폰을 사용하지 않도록 하는 챌린지를 실시하여 자율적으로 스마트폰을 관리할 수 있도록 함.
  - **하루 계획 달성 프로젝트** : 각 학생들이 자신의 일과를 계획하고 달성하는 과정을 공유하는 프로젝트를 실시함. 완수한 항목을 앱에 게시하여 피드백을 주고 받는 활동을 통해 학급 전체가 계획적인 일과의 중요성을 깨달을 수 있도록 함.

- **스마트폰 의존도 문제**
  - **디지털 디톡스 캠페인** : 일주일에 한 번, 특정 시간 동안 모든 학생이 스마트폰을 사용하지 않는 시간을 설정함. 스마트폰 사용 대신, 대화, 게임, 스포츠 활동 등 대안적인 활동을 할 수 있도록 함. 스마트폰 없이도 여가 시간을 즐길 수 있는 경험을 제공하여 스마트폰 의존도를 점진적으로 낮출 수 있도록 함.
  - **심리적 지원 및 상담** : 스마트폰 중독 체크리스트 작성 결과를 바탕으로, 스마트폰 중독 경향이 있는 학생들은 교내 위클래스와 연계하여 전문가와 상담을 받을 수 있도록 함.

- **읽기 자료에 대한 인내력 부족 문제**
  - **점진적 독서 습관 형성** : 짧은 글에서 시작하여 점차 긴 글로 넘어가는 독서 활동을 계획하여 학생들이 긴 글에 대한 적응력을 높여갈 수 있도록 함. 문단별로 글 내용을 요약한 후, 전체적인 글의 의미를 파악하는 단계적 접근과 글에 대한 토의 과정을 통해 긴 글을 읽는 데 필요한 집중력과 인내력을 기를 수 있음.
  - **멀티미디어 자료 활용** : 긴 글에 수반되는 배경지식을 멀티미디어 형태로 제공하여 학생들이 자료의 제재에 대한 배경지식을 확보할 수 있도록 함. 다양한 형태의 자료를 결합함으로써 학생들이 글에 대한 흥미를 느낄 수 있을 것임.

[구상형 2번]

[독서 교육에 필요한 교사의 역량]
- **독서 전략 지도 능력** : 교사는 학생들에게 효과적인 독서 기술을 가르칠 수 있어야 함. 단순히 글을 읽는 것을 넘어서, 비판적 사고, 분석적 사고, 통합적 사고를 포함하는 전략적 독서 방법을 익히는 것을 포함함.
- **독서 동기 부여 능력** : 학생들이 독서에 흥미를 느끼고 자발적으로 책을 찾아 읽을 수 있도록 동기를 부여하는 것이 중요함. 교사는 학생의 관심사와 수준에 맞는 책을 추천하고, 독서의 장점과 중요성을 효과적으로 전달할 수 있어야 함.
- **다양한 관점 수용 능력** : 교사는 다양한 문화적 배경과 시각을 포괄하는 책을 선정하고, 이를 학생들에게 소개할 수 있는 능력을 가져야 함. 다양한 관점을 다룬 책을 읽음으로써 학생들은 자신과 다른 가치관과 삶의 양식을 가진 사람들을 이해할 수 있게 됨.

[향후 실시하고 싶은 독서 프로그램]
- **아침 책 산책 프로그램** : 학생들의 독서 습관 형성을 위해 일찍 등교하여 아침 시간을 활용하여 독서를 진행함. 그룹을 지어 관심사에 따라 책을 선정하고 책에 관한 내용을 친구들에게 설명하고 감상을 공유하는 시간을 가짐.
- **테마별 독서 챌린지** : 학생들이 다양한 주제와 책을 읽도록 독려하고 싶음. 한 달에 한 번씩 특별 테마 선정(4월 : 환경보호, 5월 : 휴머니즘 등)하고 그에 관련된 책 목록을 제공함. 학생들은 목록에서 책을 선택하여 읽고, 읽은 책에 대한 감상문을 작성하거나 토론에 참여함.
- **독서 퀴즈 대회 실시** : 테마별 독서 챌린지와 연계하여 카훗이나 띵커벨 같은 에듀테크 프로그램을 활용하여 학급 독서 퀴즈 대회를 실시함. 책에 대한 주제와 세부적인 내용들에 관한 퀴즈를 실시하며 독서 방법 다양화에 대한 의미를 학생들이 이해할 수 있도록 함.
- **학급 문고 필사** : 학급 문고를 비치하여 쉬는 시간이나 방과 후 시간을 활용하여 학생들이 책을 필사하도록 함. 학생들은 작가의 문체를 그대로 옮김과 더불어 완독의 경험을 할 수 있음. 또한, 구조적으로 짜임새 있고 아름다운 문장들을 따라 적으며 좋은 문장에 대한 안목이 생기고 일종의 모델링을 통해 문장력이 길러질 것임.

[구상형 3번]

[선호하는 교사 선택]

정 교사
- 교사의 주된 역할과 책임은 학생들의 교육에 집중되어 있어야 함. 이러한 자세로 교육에 임했을 때 학생들에게 더 많은 시간과 자원이 투입되어 결과적으로 교육의 질이 향상될 수 있다고 생각함.

한 교사
- 교사의 역할을 단순히 교실 내 교육에 한정하지 않고 학교 전체의 발전에 참여하도록 격려하는 입장임. 이러한 접근은 교사가 교육활동뿐만 아니라 학교의 전반적인 운영과 발전에도 기여할 수 있게 하며, 교육공동체의 일원으로서 더욱 통합적인 역할을 수행할 수 있게 함.

[선택한 입장을 바탕으로 교직에 임할 때의 유의점]

정 교사
- **교육 중심의 업무 분배와 시간 관리**: 행정 업무가 교육활동을 방해하지 않도록 시간을 효과적으로 관리해야 함. 행정 업무 시간을 명확히 정하여 그 외의 시간은 수업이나 교재 연구를 할 수 있도록 시간을 조정함.
- **학교 운영과 협력의 균형 유지**: 학교는 여러 구성원의 협력으로 운영되는 조직임. 교사의 교육 중심 활동이 다른 부서와의 협력을 저해하지 않도록 지속적인 의사소통을 수행함.

한 교사
- **효과적인 시간 관리와 업무 우선순위 설정**: 행정적인 요구가 교육활동의 질을 저하하지 않도록 관리해야 함. 학생 지도와 관련된 업무를 최우선으로 처리하고, 그 외의 업무는 계획적으로 분배하여 수행함.
- **협업 및 의사소통 능력 강화**: 교사가 학교 조직의 일원으로서 효과적으로 일하기 위해서는 다른 교직원, 행정 직원과의 협업이 필수적임. 교사는 자신의 의견과 아이디어를 효과적으로 전달하고, 다른 직원의 의견을 경청하여 공동의 목표 달성을 위한 협력을 강화해야 함.

[즉답형]

[학부모의 불만에 대처할 수 있는 방안]
- **투명성 제고**: 학부모와의 상담을 통해 박 교사의 행동이 편애가 아닌, 교육적 필요와 개별 학생 지원을 위한 프로그램의 일환으로 행동했다는 점을 명확하게 설명해야 함. 특정 학생에게 제공된 지원이 필요한 경우, 다른 학생들에게도 충분히 제공될 수 있음을 안내함.
- **개별 상담 제안**: 불만을 제기한 학부모에게 자녀의 상황에 대해 더 깊이 이해하고자 하는 목적에서 추가 상담을 제안함. 이를 통해 해당 학생이 필요로 하는 도움이 무엇인지 정확하게 파악하고, 학교 프로그램을 활용하여 이에 대한 정확한 지원을 할 것임을 분명히 밝힘. 이를 통해 박 교사가 모든 학생의 상황과 처지를 공정하게 고려하고 있음을 보여줄 수 있음.

[학급 분위기 개선을 위한 노력]
- **전체 학급을 대상으로 한 소통**: 학급 회의나 수업 시간을 활용하여 학생들의 개별적 차이와 각자의 필요에 대해 교육함. 모든 학생이 때로는 추가적인 지원이 필요하다는 것을 이해하도록 도우며, 학급 내에서 서로를 지지하고 배려하는 문화가 조성될 수 있도록 함.
- **학급 단합 활동 실시**: 마니또, 학급 체육대회, 몸으로 말해요, 도미노 게임 등 다양한 활동을 함으로써 학생들이 서로의 강점을 인정하고 존중하며 협력적인 학급 문화를 만들어 나갈 수 있음.
- **회복적 대화 실시**: 박 교사의 행동에 오해가 있었던 부분에 대해 회복적 대화를 실시하여 학생들의 진지한 속마음을 듣고 갈등을 해결할 수 있도록 함. 이때 서윤이에 대한 개인 정보가 노출되지 않도록 주의함.

[사제동행 프로그램 진행 시의 유의점]
- **개인정보 보호와 기밀 유지**: 사제동행 프로그램에서는 종종 학생의 개인적인 정보나 가정 상황 등 민감한 내용이 논의될 수 있음. 교사는 학생이나 학부모의 명시적인 동의 없이 이러한 정보를 다른 사람과 공유해서는 안 되며, 상담 내용을 비밀로 유지하는 데 최선을 다해야 함.
- **프로그램의 개방적 운영**: 사제동행 프로그램을 실시할 때, 경제적·정서적 취약 계층의 학생으로만 구성하지 않고, 반 학생 모두에게 프로그램을 개방하여 일반 학생들도 참여할 수 있도록 함. 이를 통해 참여 인원으로 프로그램의 특성이 추론되는 것을 방지할 수 있음.
- **개별화된 접근 필요**: 각 학생의 특별한 필요와 상황을 파악하고 이에 맞춰 개별화된 지원을 제공해야 함. 모든 학생이 동일한 방식으로 지원을 받아야 한다는 고정관념을 피하고, 각 학생의 개별적인 교육 요구, 감정적 요구, 그리고 사회적 요구를 충족시키는 데 중점을 두어야 함.

2026학년도 평가원 지역 20회차

[구상형 1번]

[수업에서 학생들이 겪는 문제점]
- 학생 A : 학생의 수준에 비해 낮은 문제들이 제공되어 수업 내용에 지루함을 느낌.
- 학생 B : 수업에서 활용하는 자료와 수업 내용의 관련성을 파악하지 못함.
- 학생 C : 주변 학생들의 부적절한 태도로 수업 집중에 어려움을 느낌.

[A~C에서 언급하는 문제점의 해결 방안]

학생 A
- 개별 과제 제공 : A에게 더 어려운 문제들을 제공하여 도전 의식을 느낄 수 있는 기회를 제공함. 이를 통해 학문적 호기심이 충족되어 학습 동기를 높일 수 있음.
- 여러 학습자를 고려한 수업 구성 : 수업에서 기본적인 개념과 더불어 개념의 확장 단계에 해당하는 예시를 제공함. 이해도가 높은 학생들이 기존에 배운 개념을 활용하여 새롭게 상황을 인식할 수 있는 기회를 주는 것이 중요함.

학생 B
- 영상의 목적과 수업과의 관련성 설명 : 영상을 보기 전, 해당 영상과 수업의 관련성을 언급함. 영상을 활용하는 이유를 명확히 전달함으로써 B가 더욱 집중하여 수업을 이해할 수 있을 것임.
- 추가적인 설명과 토론 기회 제공 : 영상 시청 후 학생들에게 영상에 대한 추가 설명을 하고 영상과 수업 내용에 대한 토론 기회를 제공함. 타인과 생각을 나누고 질의응답하는 과정에서 수업의 내용을 더욱 의미 있게 수용할 수 있음.

학생 C
- 활동적 수업 참여 유도 : 활발한 수업 분위기 형성을 위해 C에게 활동적인 역할을 부여함. 학생 C가 수업에서 주도적으로 발언하거나 학생들의 참여를 격려하는 역할을 맡게 하여 참여적 수업 분위기를 만듦.
- 또래 멘토 역할 부여 : 다른 학생들이 수업에 집중하지 않는 이유가 수업 내용을 이해하기 힘들기 때문일 수 있음. C에게 또래 멘토 역할을 부여하여 같은 눈높이에서 학생들에게 수업 내용을 알려주게 함으로써 학생 본인은 물론 다른 학생들의 수업 집중력도 높일 수 있음.

[구상형 2번]

[조 교사에게 필요한 자질]
- 세심함 : 반장 선거에 대한 공지를 당일 아침에 하였기 때문에 이로 인해 학생들은 충분한 시간과 준비 기회를 갖지 못함. 학사 일정에 관해 사전에 정확히 공지하여 학생들이 교사의 부주의로 교육적 경험을 하지 못하는 일이 발생하지 않도록 해야 함.
- 민주적 의사결정 태도 : 조 교사는 학생들의 의견을 묻지 않고 작년 반장을 강제로 입후보시켰음. 이는 학생들에게 리더십과 자기 결정 능력을 키울 수 있는 기회를 제한한 것임. 학생들의 자율성에 입각하여 민주적인 방식으로 반장을 선출할 수 있도록 해야 함.
- 소통 : 상담을 통해 평소 학생들의 성향과 생각을 잘 파악하여 출마를 하고 싶으나 자신감이 없어 선뜻 나서지 못하는 학생들에게 용기를 북돋아줄 수 있도록 해야 함.

[위에서 언급한 자질을 기르기 위한 향후 자신의 노력 방안]
- 세심함 : 메신저나 동학년 회의에서 전달받은 내용을 꼼꼼히 기록하는 습관을 들이도록 노력함. 미리 안내받은 학사일정을 지속적으로 확인하여 학생들에게 여러 번 알려 줌.
- 소통 : 학생들과 꾸준한 상담을 통해 라포르를 형성하여 학생들이 교사에게 자신이 갖고 있는 생각을 자연스럽게 말할 수 있는 분위기를 만들어나갈 수 있도록 함.
- 민주적 의사결정 방식 : 평소 학급 회의를 통해 학급 내 여러 사안들에 대해 학생들이 함께 결정함. 전문적학습공동체를 통해 민주적 학급 운영을 위해 필요한 태도와 방안들이 무엇이 있는지 노하우를 전달받으며 이를 학급에 적용하기 위해 노력함.

[구상형 3번]

[자신의 가치관에 비추어 선호하는 교사 선택]

A 교사

- 학생들의 문화를 안다는 것은 학생들을 더욱 깊이 이해할 수 있는 매개체가 됨. 교사가 학생들의 언어, 관심사, 가치관을 이해하고 수용할 때 학생들은 교사에게 자신을 표현하는 데 더욱 자신감을 얻을 수 있음. 학생들의 문화, 즉 10대의 문화를 이해하고자 하는 태도는 학생들과의 신뢰와 협력을 증진시켜 공정하고 풍부한 소통이 이루어질 수 있도록 함.

B 교사

- 바람직한 모델링의 대상으로서 교사는 학생들에게 도덕적으로 올바른 가치를 제시하여 긍정적인 영향력을 행사할 수 있음. 교사의 모범적인 행동을 통해 학생들은 옳고 그른 것에 대해 바른 기준을 갖게 됨. 이를 바탕으로 학생들은 건강한 사고를 가진 사회 구성원으로 성장할 수 있을 것임.

[선택한 입장을 바탕으로 교사와 학생의 관계 맺기 방안]

A 교사의 관점

- **개별적인 대화 시간 마련** : 교사가 먼저 학생들의 이야기를 경청하고 관심을 표현한다면 학생들은 교사로부터 자신의 생각과 감정을 존중받고 있다는 느낌을 받을 것임.
- **학생들의 관심사와 문화를 고려한 학습 자료 및 활동 제공** : 학생들이 좋아하는 연예인이나 친근한 문화가 반영된 영상이나 그림을 수업 자료로 활용함으로써 학생들에게 교사가 자신들의 문화를 존중하고 있다는 느낌을 줄 수 있음.
- **긍정적인 피드백과 격려** : 교사가 현재 학생이 처해 있는 상황에 대해서 충분히 공감하고 긍정적인 피드백을 줌으로써 학생은 자신이 성장하고 있다는 것에 자신감을 가질 수 있음.

B 교사의 관점

- **예절과 존중을 갖춘 관계 형성** : 어떠한 상황에서든 학생들을 인격적으로 존중하며 대화를 통해 문제 상황을 해결하려는 모습을 보임으로써 학생과 교사 간 신뢰성 있는 관계를 만들 수 있음.
- **교사로서 모범적인 모습 제시** : 철저한 수업 준비를 통해 질 높은 수업을 제공하고 수업 외적인 면에서 학생들과 상담이나 질의응답에 최선을 다하는 모습을 통해 어른이자, 교사로서 모범적인 모습을 제시할 수 있음.
- **공정성을 바탕으로 한 학생 지도** : 편견이나 선입견을 배제하고 원칙에 따른 공정한 지도를 함으로써 학생들에게 긍정적인 영향력을 미칠 수 있을 것임.

[즉답형]

[김 교사가 불쾌감을 느낀 이유]

박 교사의 말에서 김 교사를 무시, 경시하는 태도가 나타났기 때문임. "김 선생이 잘 몰라서 그래."라는 말에서 김 교사의 의견을 경험이 부족한 신규교사의 잘못된 발언으로 치부하고 하고 있음을 파악할 수 있음. 김 교사의 입장에서는 당연히 현장체험학습의 본 목적을 살려 교육적 의미가 있는 장소를 추천한 것인데 이에 조롱 섞인 태도로 받아치는 박 교사의 말에서 김 교사가 불쾌감을 느꼈을 것임.

[박 교사에게 부족한 인성적 자질]

- **배려와 존중** : 아무리 후배 교사일지라도 상대의 의견을 존중하고 경청해야 함.
- **개방적 태도** : 박 교사는 자신의 지식과 경험에만 의존하여 옳고 그름을 판단하는 자기중심적 태도를 갖고 있음. 여러 의견을 듣고 각각의 의견의 가치를 살필 수 있는 개방적 태도가 필요함.

[부장교사로서 회의를 원만하게 이끌 수 있는 방안]

- **의견의 합의점 모색** : 김 교사와 박 교사의 의견의 중간 지점을 모색해 이를 하나의 선택지로 둠. 그 합의점을 장소 선택지에 포함시켜 학년 전체 교사들의 합의를 통해 최종 결정을 내림.
- **학생 의견 반영** : 현장체험학습 장소에 대한 학생 수요를 조사하여 의사결정에 이를 반영함. 학생들의 수요가 높으면서 현장체험학습의 본 목적을 달성할 수 있는 장소를 함께 찾아봄.
- **타 학교 사례 참고** : 현장체험학습을 이미 다녀 온 다른 학교들의 사례를 참고하여 의견 결정에 다양한 가능성을 열어둠.
- **상호 존중과 협력 강조** : 교외에서 다양한 활동들을 체험하며 재미와 배움을 추구하는 것이 현장체험의 본 목적임을 상기시킴. 합리적인 결정을 내리기 위해서는 구성원 전체가 서로 존중하며 여러 입장에서 최선의 대안을 함께 찾아보는 것이 중요함을 강조함.

2026학년도 평가원 지역　21회차

[구상형 1번]

[각 학생들의 발언에 대한 해결 방안 제시]

A 학생
- 평소 학급에서 결정이 필요한 사안들을 학급 달력에 기록하여 중요도와 시의성을 고려한 토의 주제를 선정하도록 함.
- 학급 소리함을 활용하여 학생들이 공론화를 원하는 주제를 학급 회의에서 다룸.
- 학급 임원들이 실제 학급 회의에서 결정된 사안들이 실행되어서 학급에 가져온 이점을 정리하여 학생들에게 공유하도록 함.

B 학생
- 학급자치위원회를 결성하여 실제로 학급 회의를 통해 결정한 사안들이 지켜지고 있는지의 여부를 수시로 확인하고 학생들이 이를 준수할 수 있도록 독려함.
- 준수 여부를 학급 회의를 통해 다시 한번 공론화하여 학급 구성원들이 결정한 사안인만큼 자율성을 발휘하여 이를 지키는 것이 중요함을 강조함.

C 학생
- 특정 학생이 발언권을 독점하지 않도록 학급 회장의 진행하에 공평하게 발언 기회가 배분되게끔 회의를 진행함.
- 사전에 학생들로부터 주제에 관한 의견을 수합·정리하여 이를 토대로 회의를 진행함으로써 보다 다양한 의견들이 회의에서 다루어질 수 있도록 함.

[학생들의 자치 역량을 키울 수 있는 방안]
- **학급 회의 활성화** : 학급 자치 시간을 활용하여 주기적으로 학급 사안에 대해 토의함.
- **학생들이 스스로 학급 규칙을 제정** : 학생들이 스스로 학급 운영에 필요한 규칙들을 제정하여 자발적으로 이를 준수할 수 있도록 함.
- **학급 자치 프로젝트 실시** : 학급 텃밭 가꾸기, 학급 내 자율 동아리, 학급 봉사 등 학급 구성원들이 자율적으로 프로젝트를 계획하여 이를 실천할 수 있도록 안내함.

[구상형 2번]

[교사로서 학생들과의 소통이 중요한 이유]
- 학생들과의 소통을 통해 라포르를 형성하여 학생들이 겪고 있는 문제의 근본적인 원인을 파악할 수 있음.
- 학생들이 겪고 있는 문제 상황을 진단할 수 있어 학업 중단 위기를 극복하고 학생들의 학교생활에 적응할 수 있도록 도울 수 있음.
- 소통을 매개로 학생에 대한 깊이 있는 이해를 도모할 수 있으므로 적기에 학생에게 필요한 도움을 제공할 수 있음.

[A 학생에 대한 지도 방안]
- **지속적인 상담 실시** : 지속적인 상담을 통해 A와 라포르를 형성하여 A가 학교에서 친구들에게 마음을 열지 않는 이유, 미인정 결석을 한 이유 등을 파악함.
- **사제동행 멘토링 실시** : A가 학교에 적응할 수 있도록 교사와 학업에 관해 함께 계획을 세우고 다양한 문화 체험을 함께 하며 학교에 대해 마음을 열 수 있도록 함.
- **또래도우미 학생과 교류 기회 마련** : A가 학교생활에 적응을 할 수 있도록 수업과 생활 측면의 도움을 주고 교우관계 형성에 교량적 역할을 할 수 있는 또래도우미 학생을 소개함.
- **1일 1칭찬 학급 프로젝트 실시** : A는 현재 자존감이 낮기 때문에 A가 긍정적인 자아정체감을 가질 수 있게끔 하루에 한 번씩 자신을 칭찬하는 시간을 갖게 함.
- **대안 학급이나 대안 학교 안내** : A가 학교에 적응하고 자신이 좋아하는 것과 잘하는 것을 알아갈 수 있도록 베이킹, 바리스타, 체력단련 등의 대안 학급이나 대안 학교를 소개함.

[구상형 3번]

[자신의 교육관에 비추어 더 선호하는 교사 선택]

최 교사
- 공교육은 모든 학생들에게 교육을 받을 공평한 기회를 제공하는 공간임. 그렇기 때문에 학생들에게 다양한 기회를 제공하여 사회 구성원으로서 갖추어야 할 역량과 교양을 갖출 수 있도록 함. 여러 교육적 경험을 통해 세상을 대하는 통찰력을 획득함으로써 복잡다단한 사회에 대응하는 유연한 태도를 내면화할 수 있을 것임.

윤 교사
- 교육을 통해 학생들은 자신이 가지고 있는 재능을 발견할 수 있음. 생김새가 다르듯 학생들이 가지고 있는 소질과 적성도 모두 다르기 때문에 학생들이 좋아하고 잘하는 것들을 경험하게 함으로써 진학과 진로에 도움을 줄 수 있을 것임. 잘하는 것을 더 잘할 수 있게 만들어주는 것이 교육의 큰 역할이라고 생각함.

[해당 입장 실현에 필요한 자질과 그 자질을 향상시키기 위한 방안]

최 교사
- **기다림(인내)의 자질**: 상담 분야에 대한 개인 공부와 관련 연수를 수강하며 학생들에 대한 이해도를 높여 충분히 학생들의 성장을 기다리도록 하겠음.
- **포용력**: 학생들과 꾸준히 상담을 하고, 학생 개개인에 대한 상담일지를 기록하면서 학생들을 알아감으로써 학생들의 상황을 이해하고 다양한 교육적 경험을 제공할 것임.
- **자기연찬의 자질**: 학생들에게 여러 가지 교육적 자극을 주어야 한다는 것은 그만큼 교사로서 지식과 상식이 풍부해야 한다는 것을 의미함. 교원학습공동체나 교과연구회 등에 참석하여 교사로서의 능력을 향상시키기 위해 노력하겠음.

윤 교사
- **교과전문성**: 자신의 과목에 관심이 있는 학생들에게 꾸준히 자극제를 줄 수 있도록 최신 논문을 읽고 관련 서적을 읽고 교과연구회에 참여하여 우수 수업 사례를 공유하고 이를 수업에 반영함.
- **교육과정에 대한 통찰력**: 학생에게 필요한 과목이 무엇이고, 그 분야에서 공교육을 통해 제공할 수 있는 교육적 경험이 무엇인지 파악할 수 있는 통찰력이 필요함. 교원학습공동체를 통해 교육과정을 연구하고 관련 공문을 꼼꼼히 읽으며 개설되어 있는 여러 프로그램들을 학생들에게 알려줌.

[즉답형]

[평가관에 부합하는 교사와 이유]

교사 A 선택
- 개인의 수행 능력을 오롯이 평가하기 위해서는 한 사람의 활동에 집중할 필요가 있음. 그렇기 때문에 성장지향 평가관을 바탕으로 개인 과제를 통해 개별 학생의 수행 능력 변화 과정을 살펴본다면 더욱 면밀한 평가가 가능하고 집중적인 피드백을 할 수 있음.

교사 B 선택
- 학생들은 다른 사람과 협력하여 공동의 과제를 수행하는 과정에서 다양한 역할을 경험해 보며 성장할 수 있음. 평가 그 자체를 넘어서 학생들이 협력하는 방법을 배우는 것도 중요하다고 생각함. 조별 과제를 통해 의견을 조율하고 갈등을 해결하는 과정을 겪으며 문제해결력과 협력의 자질을 배울 수 있을 것임.

[B가 말한 과제 수행 방식이 가질 수 있는 문제점과 해결방안]
- **부익부 현상**: 학습 능력이 높은 학생이 더 많은 반응을 보여 해당 학생만 학업성취가 높아지는 현상이 발생할 수 있음.
  → 각본을 통해 역할을 분담, 모둠원의 개별 성취를 점수에 반영
- **무임승차 효과**: 학습 능력이 낮은 학생이 적극적으로 학습에 참여하지 않고도 높은 학습 성과를 함께 공유하게 됨.
  → 집단 보상과 개별 보상을 동시에 실시
- **봉 효과**: 학습 능력이 높은 학생이 자기 노력이 다른 학습자에게 돌아가는 것 때문에 학습에 소극적으로 참여할 수 있음.
  → 집단 보상과 개별 보상을 동시에 실시
- **집단 간 편파**: 상대 집단이나 외집단의 구성원에게 적대감을 느끼고 자신이 속한 집단 구성원에게만 호감을 느낌.
  → 주기적으로 소집단을 재편성

[교사 A, B의 입장을 모두 고려한 수행평가 운영 방안]
- 모둠 과제를 실시하되, 상호 평가를 통해 집단 내에서 수행의 차이가 생기도록 함.
- 모둠별 과제 실시 후, 자신이 과제에서 맡았던 역할과 겪었던 어려움, 과제를 수행하며 학습한 내용들을 기록하는 개인 성찰일지를 작성하도록 함.
- 수행평가의 배점을 조정하여 두 가지 모두 평가에 반영하도록 함.

2026학년도 평가원 지역 22회차

[구상형 1번]

[A 학생에게 예상되는 어려움]
- 또래 관계의 어려움
- 인터넷, 스마트폰 중독
- 신체 활동 저하로 인한 문제
- 영양 섭취 부족으로 인한 성장발달 부족
- 보호자·자녀 관계 악화 등

*청소년기 우울증의 특징
- **가면성 우울증** : 짜증, 과민한 기분, 과다행동, 비행, 공격행동, 신체증상, 자살, 자해행동 증가 등 우울증보다 다른 정서·행동 문제로 나타날 수 있음.
- **기분 증상** : 우울증의 가장 핵심적인 증상으로 '부정적인 기분'을 말함.
  - 예) 우울한 기분, 불행감, 괴로움, 공허감, 슬픔, 낙담 등
- **흥미와 즐거움의 저하**
- **감정적 둔마** : 좋은 기분과 즐거움을 느끼지 못함. 무표정
- **생각 및 인지 변화** : 부정적인 기분으로 인하여 주변에서 경험하는 상황들을 부정적으로 판단, 자신의 잘못으로 돌림, 과도한 자책감
- **자신, 세상, 미래에 대한 부정적 생각** : 상실감, 낮은 자존감, 무력감 등
- **신체리듬 변화** : 잠들기 어려움, 깊게 잠을 못 잠, 지나치게 일찍 깸.
- 식욕 감소, 체중감소 또는 식욕 조절 어려움, 폭식, 체중증가 등

[각 문제에 대한 지원 방안]
- **또래 관계의 어려움** : A 학생을 위한 소규모 그룹 활동을 설계하여 친구들과의 소통과 관계형성 촉진. 학급 내 친목 도모 활동이나 프로젝트를 계획하여 A 학생이 다른 학생들과 조화롭게 상호작용하고 적응할 수 있도록 함.
- **인터넷, 스마트폰 중독** : 스마트폰 사용시간 제한 앱을 활용하여 스마트폰 사용량을 관리하고 조절할 수 있도록 함. 스마트폰 및 인터넷 중독 예방교육 실시, 전문상담교사와 연계하여 지도함.
- **신체 활동 저하로 인한 문제** : 적절한 운동 및 체육활동의 중요성 교육, 일일 신체활동 목표를 세우고 일기를 통해 기록하여 자신의 신체활동을 객관적으로 평가하고 관리할 수 있도록 함.
- **영양 섭취 부족으로 인한 성장발달 부족** : 영양교사 연계, 건강한 식습관의 중요성과 올바른 식품 선택에 대해 학습할 수 있는 기회 제공, 학교에서 제공되는 급식을 잘 섭취할 수 있도록 지도, 가정에서도 영양가 있는 식사를 챙길 수 있도록 보호자와 함께 협력함.
- **보호자·자녀 관계 악화** : 학부모 상담을 통해 청소년기의 특성을 이해시키고, 서로의 감정을 이해하고 존중할 수 있도록 지원함. A 학생의 학교생활과 어려움에 대한 객관적인 정보를 제공하고 보호자·자녀 관계를 촉진하기 위해 지원함.

[구상형 2번]

[교사에게 필요한 자질 & 향후 해당 자질 향상을 위해 기울일 노력]
- **새로운 기술을 반영한 창의적인 자료를 만들어내기 위한 노력** : 기존 교육방식을 변화시키고 새로운 학습 경험을 제공하기 위한 창의적인 교육방법과 새로운 학습 자원에 대한 아이디어 수집
- **학생들의 호기심을 자극할 만한 효과적인 자료 개발을 위한 노력** : 학생들에게 최선의 동기부여 방안을 고민하고, 자료 제시의 순서 및 중요도를 충분히 고민하여 선별된 데이터를 제공
- **디지털 기술 이해 및 활용 능력** : 유튜브, 온라인 강의, 관련 서적 등을 통해 디지털 교육 플랫폼과 도구에 대한 이해력 높임. 커뮤니티 활동을 통해 다른 교사들과의 경험 공유 및 지식 확장, 적용을 통해 활용 능력 향상
- **지속적인 자기계발과 성찰 능력** : 교사 커뮤니티에 참여하여 다른 교사들과의 경험 공유, 관련 프로그램 및 강좌 이수 등

[구상형 3번]

[더 선호하는 교사상과 이유]
㉠ 정원사
- 정원사는 나무에 좋은 토양과 수분, 햇빛을 정원사가 선택하고 결정하여 제공하고, 나무를 보기 좋은 모양으로 조경함. 즉, 정원사와 같은 교사는 주형 교육관을 가진 사람이라고 볼 수 있음.
- 사회가 개인에 우선하기 때문에 사회의 유지와 존속을 위해 학생을 일정한 방향으로 길러내는 것이 중요함. 지나치게 개인의 권리만 강조하다 보면 공동체의 안정성이 위협받을 수 있으므로 사회가 요구하는 방향으로 개인을 변화시켜 사회의 존속을 도모해야 함.

㉡ 목자
- 목자가 양들을 넓은 초원에서 자유롭게 자랄 수 있도록 하고, 위험한 상황으로부터 보호하는 역할을 함. 즉, 목자와 같은 교사는 성장관을 가진 사람이라고 볼 수 있음.
- 교사는 학생의 자유와 권리를 존중하면서 학생이 타고난 소질과 적성을 중시하고 학생 내부에 잠재된 가능성들이 올바른 방향으로 커나갈 수 있도록 도와야 한다고 생각함.

[교육현장에서 실현하고자 하는 구체적인 교육 방안]
㉠ 정원사
- **철저한 수업 연구** : 수업을 통해 학생에게 전달하고자 하는 가

치는 지적 권위를 가진 교사에 의해 객관성과 타당성이 확보되어야 하므로 수업 연구를 철저히 해야 함. 교원학습공동체, 우수 수업 사례 분석, 독서 탐독 등 다양한 방법을 통해 수업 자료를 수집하고 수업 방법에 대한 전문성을 확보해야 함.
- **솔선수범하는 교사** : 교사는 모든 면에서 학생에게 긍정적 모델이 되어야 함. 교과 지식, 생활 등 모든 면에서 학생들에게 좋은 사회적 모델이 될 수 있도록 솔선수범하고, 윤리적으로도 부끄럽지 않도록 자기 관리를 철저히 해야 함.

ⓒ 목자
- **학생 중심 교육** : 학생이 지닌 잠재력을 최대한 신장시킬 수 있도록 학생 개개인의 흥미와 경험을 중시하고, 학생 스스로 판단하고 선택하면서 학습할 수 있는 환경을 조성함.
- **조력자로서의 교사** : 학생의 적성과 능력이 자신의 흥미와 개성에 따라 제대로 발현될 수 있도록 적절한 환경을 제공하고 도와주며 안내함. 학생의 모습을 잘 관찰하면서 누가 기록하고, 정기·수시 상담을 통해 학생의 생각과 느낌을 공유함.
- **학생 간 관계 촉진** : 학생 간 관계를 촉진하고 유대감을 형성할 수 있는 모둠활동이나 팀 학습 등의 교수·학습 방법을 활용함.

[즉답형]

[교사로서 중요한 자질]
- 협력
- 소통
- 갈등 조정 능력
- 인간관계
- 공정성 등

[어떻게 행동할 것인지]
- 부정적인 감정에 휘둘리지 않고 객관적으로 상황을 판단하고 행동함.
- 과도한 비판이 아닌 자신의 의견을 표명하면서도 타협과 협력을 추구함.
- 합의점을 찾고 함께 문제를 해결하는 방향으로 나아가야 함.
- 비민주적인 학교의 관행을 민주적으로 바꿀 수 있는 방안을 제안함 등

[행동의 유의점]
- 개인적인 편견이나 선입견을 내세우지 않고 객관적인 태도를 유지함.
- 다른 사람들의 의견과 감정을 존중하고 이해하려는 노력이 필요함.
- 효과적인 커뮤니케이션 기술을 활용하여 원활한 의사소통을 해야 함.
- 자신의 의견을 주장하면서도 상대방의 의견을 경청하고 상호간 타협이 가능한 방향을 모색함 등

2026학년도 평가원 지역 | 23회차

[구상형 1번]

[교사와 학생의 문제점]
- 김 교사가 A 학생만을 지목했기 때문에 실제로 다른 학생들도 같이 떠들었다면 A 학생은 억울함을 느낄 수 있음.
- A 학생은 자신의 잘못을 인정하지 않고 다른 학생에게 책임을 전가하는 모습을 보임. 이 경우 A 학생은 행동의 개선을 기대하기 어렵고, 학급 내부의 상호 존중과 우정에 손상을 줄 수 있음.
- 김 교사가 당황해하며 대처 방안을 생각하지 못한다는 것은 생활지도 역량이 부족하다는 것을 알 수 있음.

[해결 방안]
- 학급 내 규칙을 만들고 이를 공유함으로써 학생들이 스스로 학급 내 질서를 유지하기 위해 노력할 수 있는 분위기를 조성해야 함. 학급 규칙은 모든 학생에게 균등하게 적용해야 함.
- 평소 회복적 생활교육을 통해 학생 간, 학생·교사 간 신뢰를 형성해야 함. 가벼운 갈등이 생겼을 때에도 나전달법/회복적 대화를 통해 평화로운 학급을 조성하기 위해 노력해야 함.
- 김 교사는 생활지도 역량을 강화할 필요가 있음. 생활지도 관련 연수 이수, 교원학습공동체, 서적 탐독 등을 통해 역량 강화를 위해 적극적으로 노력해야 함.

[구상형 2번]

[이 교사가 가장 먼저 조치할 사항]
- 운동장에서 싸우고 있는 갈등 당사자 학생들을 분리함.
- 다른 학생들이 싸움에 동조하거나 합류하지 않도록 함.

[그와 관련된 교사의 역량과 역량을 기르기 위해 해온 노력]
- **창의적 사고 역량** : 교육신문 읽기, 뉴스에서 마주하는 각종 사건·사고에 대해 '나라면 어떻게 해결할 수 있을지' 생각해봄. 서적 탐독
- **의사소통 역량** : 나전달법 사용, 회복적 대화 사용, 타산지석의 마음으로 상대방의 감정을 고려하여 대화함.

2026학년도 평가원 지역 — 24회차

[구상형 1번]

[김 교사의 문제점]
- 소통 부재 : 학생의 학교생활과 관련하여 보호자와 충분한 소통이 이루어지지 않음. 사건에 대한 적절한 정보 제공이나 연락이 부족함.
- 학생 생활지도 부족 : 경미한 학생 간 갈등 상황에서 생활지도를 통해 해결할 수 있는 사안이었으나 적절한 조치를 취하지 않음.

[재발 방지 방안]
- 학부모와 적극적인 소통 : 학생의 학교생활에 대해 학부모와 다양한 창구를 활용한 소통이 이루어져야 함. 또한 학교폭력과 같은 사안에 대해서는 신속하게 학부모와의 소통을 도모해야 함. 사건의 경중과 사안 처리 절차 등에 대한 투명성을 보여주어 신뢰를 형성하고, 학부모의 협력을 통해 사안을 해결할 수 있도록 해야 함.
- 회복적 생활교육을 통한 학생 간 갈등 해결과 학교폭력 예방 활동 강화 : 평소 서클 활동을 통해 학생 간 신뢰 형성, 갈등 사안의 경중에 따라 비폭력 대화, 회복적 질문, 회복적 개입 등을 적절하게 적용하여 갈등을 해결하고 학교폭력을 예방하기 위해 노력해야 함.

[구상형 2번]

[박 교사의 문제점 2가지]
- 소통 부족 : 환경 보호에 대한 열정과 관심이 많지만, 학생들의 불만을 듣지 않거나 이해하지 못함.
- 융통성 부족 : 냉·난방기 제한 및 다른 환경 보호 방안을 엄격하게 시행하고 있지만, 이러한 규제가 학생들에게 불편함을 초래하고 있음. 상황에 따라 유연하게 접근할 필요가 있음.

[박 교사에게 필요한 자질 2가지와 이유]
- 의사소통 자질 : 학급을 운영할 때 학생들의 의견을 듣고 함께 결정하는 의사소통 자질이 필요함. 학생들의 불만과 의견을 존중하고, 함께 토론하며 해결책을 찾아야 함.
- 유연성 : 환경 보호에 대한 열정과 함께 학생들의 편의와 학습 환경을 고려할 수 있어야 함. 냉·난방기 사용 제한을 상황에 따라 적용하거나 다른 환경 보호 방안을 강구할 수 있어야 함. 이를 통해 학생들의 참여와 협조를 높일 수 있음.

[구상형 3번]

[자신의 교육관을 언급]
- 선호하는 교사의 입장을 선택
- 선호하는 교사의 입장을 선택한 이유를 언급
- 최 교사 : 예산을 활용해서 전문 업체를 부르는 것은 효율적으로 대회를 진행할 수 있고, 교사는 대회 진행보다 학생의 질서 유지와 안전 확보 등에 더 집중할 수 있음.
- 박 교사 : 교사들이 학생을 더 잘 이해하고, 학생들의 요구에 맞는 대회를 운영할 수 있음.

[앞서 선택한 교사의 입장을 바탕으로 실현할 교사상]
- 최 교사 : 주어진 예산과 자원을 적재적소에 활용하여 효율적으로 업무를 진행함. 교사는 더 중요하다고 생각되는 곳(학생 질서유지, 안전관리 등)에 에너지를 사용할 수 있음.

- 박 교사 : 학교 행사를 진행할 때 학생들과 직접 소통하고 학생들의 요구를 반영함.

[즉답형]

[부장교사가 제시문과 같이 행동한 이유]
- 자신의 전문성을 높이기 위해 노력하고 있음.
- 학교 업무보다 다양한 교육적 경험을 중시함.

[부장교사에게 필요한 인성 자질]
- 책임감
- 협력적 인성
- 인화적 인성

[자신이 신규교사인 박 교사라면 어떻게 대처할 것인지]
- 할 수 있는 범위 내에서 연구부장 교사의 업무를 대신할 수 있도록 노력함.
- 업무 부담이 커지지 않도록 적절한 협력을 제안함.
- 대화를 통해 서로의 업무를 파악하고, 업무 부담에 대한 어려움을 정중하게 전달함.

[구상형 3번]

[미래사회에서 학생에게 가장 중요하다고 생각하는 것을 교육관과 연결 지어 제시]

㉠ 인공지능 활용 능력
- 인공지능을 통해 더 효과적인 개별화 학습이 가능해짐. 인공지능을 잘 활용하여 개별 학습을 통한 학생 개인의 적성, 소질 계발 가능
- 주제와 관련된 체험이나 경험을 통해 성취기준을 더 효과적으로 달성할 수 있음. ChatGPT, 구글 바드, Bing Chat 등의 기술을 통해 살아가는 데 필요한 다양한 체험을 경험할 수 있음.

㉡ 문제해결 능력
- 미래사회는 기술의 발전과 불확실성이 증가하며, 학생들은 다양하고 복잡한 문제에 직면할 것으로 예상됨.
- 문제해결 능력을 통해 학생들이 문제를 인식하고 분석하며, 협력하고 창의적인 아이디어를 발전시키는 과정을 통해 미래사회에 적응하는 것이 중요함.

㉢ 사회성 및 공감 능력
- 사회적인 관계 형성과 협력, 문제해결을 위한 소통과 공감은 인간이 살아가면서 꼭 필요한 능력임.
- 미래사회는 세계화, 다문화가 진행되며 다양한 배경과 가치관을 가진 사람들과의 협업이 필요할 것임. 따라서 사회성 및 공감 능력은 타인과의 관계를 형성하고 협력하여 문제를 해결하는 데 필수적임.

[즉답형]

[자신의 생각과 부합하는 교사를 고르고 그 이유]

A 교사
- '나눔 한마당'은 학생자치회와 학부모회 행사로서 학생·학부모·교사가 함께 소통하고 협력을 강화하며 학교 커뮤니티의 연대를 형성하는 중요한 행사임.
- 교사는 학생의 모범이자 학부모와의 소통을 도모하는 역할을 수행해야 함.
- '나눔 한마당' 행사에 참여하여 학생, 학부모와의 관계를 강화하고 상호 이해와 협력을 기반으로 한 학교 교육 환경을 조성할 수 있음.

B 교사
- 주말에는 학교 업무 외에 개인적인 용무를 볼 수 있고, 다른 선약이 있거나 우선순위가 더 중요한 일이 있을 수도 있음.
- 수업 연구나 자기계발을 위해 시간을 사용할 수 있음.

[자신이 선택하지 않은 교사에게 필요한 자질과 그 자질을 함양할 수 있는 방안]

A 교사
- **배려와 다양성 존중** : 나와 다른 생각을 가진 사람을 존중하고, 나의 의견이 틀릴 수도 있다는 것을 인지해야 함. 이를 위해 다른 사람의 입장에서 생각할 수 있는 경험이 필요함. 예를 들어, 관련 연수에 참여하거나 봉사활동 등에 참여하여 배려의 자질을 함양할 수 있음.

B 교사
- **협력과 소통** : 협력과 소통을 강화하는 공식적·비공식적 행사에 참여함. 예를 들어, 관련 연수에 참여하거나 학교 회식이나 친목 행사에 참여하여 학교 구성원으로서 의사소통하면서 협력과 소통의 자질을 함양할 수 있음.

[자신이 선택하지 않은 교사에게 협력을 요청한다면 어떻게 말할 수 있을지 시연]

A 교사

"선생님, 주말에 있을 나눔 한마당에 교사가 참여하는 게 당연하다고 하셨는데요. 저는 조금 다른 생각입니다. 주말에 다른 일정이 있을 수도 있고요, 특히 저는 주말에 수업 연구를 위한 교원학습공동체에 참여하고 있습니다. 이 공동체에서 연구한 내용을 토대로 수업 준비를 하고 있습니다. 나눔 한마당은 학생자치회와 학부모회가 주최하는 행사이므로 학생자치 담당 선생님과 학부모회 담당 선생님 정도면 나오셔도 충분하지 않을까 생각합니다."

B 교사

"선생님, 그래도 저는 나눔 한마당에 함께 나와서 참여했으면 좋겠습니다. 나눔 한마당은 학생자치회와 학부모회가 주최하는 행사이지만 학생, 학부모와 소통하고 협력을 강화하기 위한 중요한 자리라고 생각합니다. 그리고 학교에 학생과 학부모가 나와서 행사를 진행하는데 선생님의 참여와 지원은 당연하다고 생각합니다. 많이 바쁘지 않으시다면 저와 함께 행사에 참여하시는 건 어떠신지요?"

2026학년도 평가원 지역 — 25회차

[구상형 1번]

[학생들의 태도에서 나타난 문제점]
- 교사의 친근함을 오해한 일부 학생들의 산만한 태도로 인해 수업 규칙이 지켜지지 않고, 전체 수업 분위기에 부정적 영향을 주고 있음

[수업 분위기를 안정적으로 형성하기 위한 방안]
- 수업 규칙 명확화 및 반복 안내 : 수업 시작 전 교실 내 약속을 학생들과 함께 정하고 시각화된 규칙표를 교실에 부착함. 규칙은 상황에 따라 매시간 간단히 상기시키며, 모든 학생이 공감할 수 있는 기준으로 정착시킴.
- 긍정적 강화 중심의 피드백 제공 : 수업 중 규칙을 잘 지킨 학생을 구체적으로 칭찬하거나 포인트 제도 등을 활용함. 잘못된 행동에 대해서는 단호히 대응하되, 올바른 행동을 강화하여 전체 학생들의 행동 기준을 자연스럽게 형성함.
- 관찰 기반 개별 피드백 제공 : 반복적으로 규칙을 어기는 학생에게는 수업 중 관찰한 구체적 사례를 바탕으로 개별 면담을 실시함. 학생이 자신의 행동을 객관적으로 인식하고 개선 방향을 찾을 수 있도록 유도함.

[구상형 2번]

[4차 산업혁명 시대에 교사가 갖추어야 할 역량]
- 융합적 사고력 : 다양한 분야의 지식을 융합하여 문제를 창의적으로 해결하는 능력으로, 4차 산업혁명 시대의 복잡하고 예측 불가능한 문제에 대응하기 위해 필수적인 역량임. 다양한 맥락을 고려하여 해결 방안을 구상할 수 있어야 함.
- 디지털 활용 능력 : 정보를 효과적으로 탐색·분석하고 디지털 도구를 학습과 소통에 적극적으로 활용하는 능력으로, 디지털 전환이 가속화된 시대에서 모든 분야의 기본 역량으로 요구됨. AI 활용 및 데이터 해석 능력을 포함함.

[에듀테크를 활용한 소규모 학교 학생 대상 수업 방안]
- 플립러닝 영상 제작 및 개별 학습 지원 : 학급 인원이 적은 소규모 학교의 특성을 활용해 학생별 수준을 고려한 플립러닝 영상을 제작하여 사전 학습을 제공함. 수업 시간에는 학생마다 다른 학습 속도와 이해도를 반영한 맞춤형 질문이나 활동을 적용할 수 있어 학습 효율이 높아짐.
- 교차 학년 온라인 협업 프로젝트 운영 : 학급당 인원이 적은 소규모 학교에서는 다양한 학년이 함께 참여할 수 있는 온라인 프로젝트를 운영함. 패들렛 등의 협업 도구를 통해 학년 구분 없이 공동 주제를 탐구하며 또래 간 상호작용을 촉진하고, 학교 규모의 한계를 넘는 다양한 배움의 기회를 제공할 수 있음.

[구상형 3번]

[본인의 생각에 더 가까운 교사 선택과 그 이유]

A 교사 선택
- 교사의 정당한 생활지도가 무력화될 경우, 학급의 질서와 교육적 안정이 무너질 수 있다고 생각함. 교권 회복은 학생의 학습권 보장을 위한 전제이며, 일정한 규율과 통제가 필요함.

⟨교권과 학생 인권의 균형을 위한 학교 차원의 실천 방안⟩
- '생활규정 이해 활동' 운영 : 생활지도의 이유와 목적을 학생 눈높이에 맞춰 설명하는 활동을 수업 시간에 반영함. 예를 들어, 생활규정 퀴즈나 OX 활동을 통해 학생이 규칙을 스스로 이해하고 납득하도록 유도함.

B 교사 선택
- 학생의 권리를 존중받는 경험이 교사에 대한 신뢰와 학교 규칙 준수로 이어진다고 생각함. 먼저 존중받는 경험을 통해 학생 스스로 타인을 존중하는 태도를 기를 수 있음.

⟨교권과 학생 인권의 균형을 위한 학교 차원의 실천 방안⟩
- '교사 – 학생 상호존중 규칙' 제정 및 공유 : 학기 초 학급에서 교사와 학생이 함께 지켜야 할 언행 기준을 정하고, 구체적 예시를 시각 자료로 교실에 게시함. 상호존중의 원칙을 명문화하여 규칙 인식과 실천을 도모함.

[즉답형]

[학부모 민원 대응 방안]
- 설득 중심의 면담 진행 : 학생의 학습 상황과 최소 성취 기준의 의미를 설명하며, 단순한 성적 보충이 아닌 성장 기회를 제공하는 교육적 의도임을 강조함. 학교에서 개별 맞춤 지도를 제공할 수 있다는 점을 안내하며 학부모의 불안을 공감하고 신뢰 회복을 유도함.
- 협력 요청 중심의 소통 : 학부모에게 A 학생의 학습 결손이 누적되었을 경우 장기적인 학습 격차가 발생할 수 있다는 점을 설명함. 학교는 학부모와 협력적 관계 속에서 아이의 학습을 지원하고자 함을 강조하며, '학교·가정 연계'를 통해 함께 성장 기반을 마련하자고 설득함.

[학습 결손 학생의 학습 지원을 위해 평소 학부모와의 신뢰를 높이기 위한 방안]
- 학습 성장 사례 공유 : 보충 지도를 통해 긍정적으로 변화한 학생들의 사례나 개선 사례를 학급 소식지 또는 학부모 상담 시 간단히 소개함. 이를 통해 학교 지원의 효과에 대한 신뢰를 높이고, 보충 지도가 낙인이 아닌 성장의 기회라는 인식을 확산시킴.
- 보충 지도 운영 계획 사전 안내 : 학기 초 학부모 대상 가정 통신문이나 학부모 상담 주간을 통해 보충 지도 대상 기준, 방법, 시간, 내용 등을 미리 안내함. 학부모가 학교의 평가 및 지원 체계를 투명하게 이해할 수 있도록 하여, 학습 개입에 대한 거부감을 줄이고 신뢰를 높임.

2026학년도 평가원 지역 | 26회차

[구상형 1번]

[학생들이 겪고 있는 어려움 2가지]
- 학교 부적응
- 진로 고민
- 불안정한 정체성
- 공동체 의식 부족
- 교우관계 어려움

[학생들을 도울 수 있는 방안 2가지]
- 학업중단숙려제를 활용하여 충동적인 학업 중단 예방
- 외부 기관과 연계하여 청소년 상담, 도움센터의 도움을 받도록 안내
- 학생이 하고 싶은 일을 찾을 수 있도록 적절한 진로교육 제공
- 상담을 통해 친구와의 관계에서 겪은 어려움이나 상처를 회복할 수 있도록 지도
- 학급프로젝트를 활용하여 함께 협력하는 성공하는 경험을 느끼도록 지도

[구상형 2번]

[교사에게 필요한 자질]
- 교사로서의 전문성
- 허용적 태도
- 문제해결력
- 사랑
- 성실
- 열정
- 진실성

[자질을 향상시키기 위해 해온 노력과 계획]
- **성실의 자질**
  - **노력**: 꾸준히 일기를 작성함. 잠들기 전 30분 동안 나의 생각을 정리하는 일기를 3년째 꾸준히 작성하고 있음.
  - **계획**: 학생관찰일지를 꾸준히 작성. 해당 기록을 바탕으로 학생들에게 필요한 도움을 즉각 제공하고 소통하는 교사가 되고 싶음.

- **교사로서의 전문성**
  - **노력**: 대학교 다닐 때 전공 관련 지식 공부에 시간과 노력을 많이 투자함. 졸업할 때 수석으로 졸업할 만큼 교사로서의 전문성을 갖추기 위해 노력함.
  - **계획**: 대학원 진학을 통해 전문성을 신장하고자 함. 내가 원하는 공부와 학교 현장에 도움 되는 공부가 조화를 이루어 교사로서의 전문성을 한 단계 상승할 수 있도록 노력하고 싶음.

[구상형 3번]

[교육현장에서 해당하는 사례]
- ㉠ **간접경험**
  - 진로특강, 적성검사
  - 독서교육
  - 학부모, 지역명사 초청 특강

- ㉡ **직접경험**
  - 체험중심 진로교육
  - 프로젝트 수업
  - 현장체험학습

[본인이 추구하는 교육관]
㉠
- 풍부한 간접경험을 통해 학생들이 많을 것을 느낄 수 있도록 해야 함.
- 학교라는 공간의 한계를 극복할 수 있는 다양한 경험을 제공하는 것이 필요함.

㉡
- 학생들이 몸으로 직접 경험하고 느낄 때 교육의 효과가 커질 수 있다고 생각함.
- 교사 중심보다 학생 중심 교육을 통해 학생들의 배움이 능동적으로 일어날 수 있도록 해야 함.

[즉답형]

[부장교사의 입장]
- 가장 효율적인 일처리를 위해서 의견을 묻지 않고 빠르게 진행했을 것임.
- 박 교사가 의견 내는 것에 부담을 느낄 수 있으니 배려차원에서 진행했을 것임.
- 부서 내 다수의 의견이 일치하는 상황이라 별도로 물어보지 않았을 것임.

[부장교사에게 필요한 인성적 자질]
- 배려
- 존중
- 의사소통
- 협력

[부장교사 입장에서의 대처 방안]
- 박 교사의 의견을 묻지 않았던 것에 대해 미안함을 표현하고 박 교사의 심정에 공감함.
- 일처리를 빠르게 하고자 했던 심정을 솔직하게 이야기함.
- 부서 내 의견을 종합할 일이 있다면 다음부터는 부서 회의를 진행하겠다고 말함.

2026학년도 평가원 지역 | 27회차

[구상형 1번]

[학생들이 겪는 문제점에 대한 공통 해결 방안]
- **학급 특색 활동** : 학급 체육대회, 학급 단합 이벤트, 비밀 마니또 등을 통해 학생들이 친해질 수 있는 기회를 마련하여 전반적으로 관계를 개선할 수 있도록 도움.
- **학급 집단 상담** : 게임이나 활동을 결합한 집단 상담 등을 실시하여 학생들이 진솔하게 서로를 알아갈 수 있는 시간을 마련함.

[학생 A~C의 문제를 해결할 수 있는 방안]

학생 A
- **개인 면담** : 개별 면담을 여러 차례 진행하여 A가 특히 어떠한 상황에서 친구들에게 눈치를 받는지 파악하도록 함.
- **대화의 장 마련** : A와 미묘한 갈등 상황에 있는 학생들의 입장을 들어본 후, A와 해당 학생들이 서로의 입장과 생각을 이해할 수 있도록 회복적 대화를 실시함.
- **전체 학생 대상 교육** : 자신의 언행으로 타인에게 부정적 영향을 미치는 것 또한 폭력이 될 수 있음을 언급하며 항상 역지사지의 입장에서 행동해야 함에 대해 주의를 줌.

학생 B
- **다양한 활동 추천** : B의 관심사나 취미에 맞는 활동이나 동아리에 참여할 수 있는 기회를 제공함. 관계를 맺기 위해서는 친구들에게 먼저 다가가는 적극성과 용기가 필요함을 언급함.
- **학급 프로젝트에서 역할 부여** : 학급 단체 활동에서 학생 B에게 역할을 부여하여 친구들과 자연스럽게 소통할 수 있는 기회를 가질 수 있도록 함.

학생 C
- **중재와 조율** : C와 어색한 관계에 있는 학생과 대화를 나눈 후, C의 입장을 간접적으로 전달함. 이들이 어색한 친구 사이를 원만하게 풀어나갈 수 있도록 중재자의 역할을 맡음.
- **협력적 활동 유도** : C와 친구 사이의 관계 개선을 위해 협력적 활동을 제안하여 함께 문제를 해결하고 목표를 달성하는 경험을 친밀감과 신뢰를 회복할 수 있도록 함.

[구상형 2번]

[박 교사에게 부족한 자질]
- **이해심(공감)** : 교사는 학생이 학습 중 겪는 어려움을 해결하기 위해 도움을 요청했을 때, 충분한 도움을 제공해야 함. 학생들의 감정이나 요구를 이해하고 공감하는 능력은 교사로서 매우 중요함. 학생들의 성장을 돕기 위해서는 학생들의 요구에 적극적으로 반응하고 이를 지원해야 함.
- **체계적인 수업 구성 능력** : 수업과 관계 없는 언행으로 수업 진도에 차질을 빚고 있음. 사전에 철저히 수업 계획을 세우고 이를 준수하기 위해 노력해야 함.
- **에듀테크 활용 능력** : 새로운 기계와 기술을 다루는 데 익숙지 않다는 부분에서 에듀테크 활용 능력이 낮음을 알 수 있음. 전통적인 강의식 수업이 무조건 나쁘다고 할 수 없지만 에듀테크를 활용해서 강의식 수업의 질을 높이는 방안도 고려해 보아야 함.

[위에서 언급한 자질을 기르기 위한 향후 자신의 노력 방안]
- **이해심** : 평소 학생들이 특성을 세심하게 이해하도록 노력하겠음. 성찰일지를 작성하거나 학생들과 상담 후 누가 기록을 작성하여 학생들의 감정 흐름이나 발전 정도 등을 파악하도록 할 것임. 학생이 당면한 고민과 문제들에 진심 어린 태도로 공감과 경청을 하겠음.
- **체계적인 수업 구성** : 수업 전에 지도안을 작성하여 현 단원의 필수 내용 요소를 정하고 이를 전달할 시점을 철저히 계획할 것임. 수업의 흐름에 관한 학생 피드백을 참고하여 정해진 시간에 정해진 분량을 모두 끝마칠 수 있도록 할 것임.
- **에듀테크 활용 능력** : 관련 연수를 수강하거나 교육청에서 발행하는 안내서 등을 참고할 수 있음. 동교과 교사들이 활용하는 에듀테크를 살펴보며 이를 벤치마킹 하려고 노력할 것임. 전문적학습공동체를 통해 에듀테크 조작 방법을 단계별로 익히며 실제 수업에 이를 실제로 적용시켜 보겠음.

[구상형 3번]

[자신의 교육관에 비추어 선호하는 교사 선택]

A 교사

학생들의 실력 차이를 정확히 평가하고 개별적인 능력을 파악하기 위해서는 높은 난이도의 문제가 필연적으로 필요함. 이러한 문제를 대비하는 과정에서 학생들은 논리력, 창의력, 문제 해결 능력 등을 기를 수 있음. 어려운 문제를 연습하며 학생들은 자신의 한계를 넘어설 수 있고 결과적으로 높은 수준으로의 성장을 이룰 수 있을 것임.

B 교사

교육과정을 벗어난 지나치게 어려운 문항은 사교육을 유도할 수밖에 없음. 경제적 차이와 관계없이 모든 학생에게 공정한 기회를 주기 위해서는 수업 시간에 배운 내용을 충분히 이해했다면 풀 수 있는 적당한 난이도로 출제해야 함. 이러한 문제들은 학습에 동기부여가 되고 학습 태도를 긍정적으로 유지할 수 있는 중요한 요소로 작용할 수 있음.

[시험 문항 난이도 구성 방안]

A 교사의 관점

시험에는 학생들의 실력차를 확인할 수 있는 어려운 문제들이 포함되어야 함. 고차원적 사고를 요구하는 문제들을 통해 학생들의 분석력, 추론력, 창의력 등을 측정할 수 있음. 학생들의 능력을 객관적인 입장에서 평가할 수 있도록 문항 구성을 하는 것이 중요함. 고난이도 문항과 더불어 중·하의 문제들을 골고루 배분하여 객관성과 신뢰성을 확보하기 위해 노력하겠음.

B 교사의 관점

시험 문제의 난이도는 학생들이 수업 시간에 배운 내용을 충분히 이해하고 풀 수 있는 수준으로 정하겠음. 학습 목표와 연계하여 기본 개념을 응용할 수 있다면 사교육 없이도 해결할 수 있는 문항들을 출제하는 것이 바람직하다고 생각함. 시험의 목적은 학생들의 학습 이해도 확인과 활용 능력을 점검하는 것임. 수업을 충실히 들었다면 어렵지 않게 풀 수 있는 난이도로 출제하여 학생들의 학습 정도를 정확하게 파악하도록 노력하겠음.

[즉답형]

[임 교사에게 부족한 인성적·전문적 자질]

- 인성적 자질
  - **투명성**: 임 교사는 학생들에게 평가기준을 미리 공지하지 않았기 때문에 학생들은 평가기준을 알지 못하고 평가를 받게 되어 공정한 학습 기회를 제한받았을 수 있음.
  - **협조적 태도**: 최 교사가 문제를 제기했을 때, 임 교사는 "그냥 넘어가자."라고 말하며 비협조적인 태도를 보임. 이는 협력과 협의를 통해 학생들에게 공정한 평가를 제공하기 위한 교사 간 협업의 중요성을 간과한 것임.

- 전문적 자질
  - **평가에 관한 전반적인 인식 부족**: 임 교사는 합의된 평가 기준과 배점을 무시하고 자체적인 판단으로 수행평가를 채점하였으며, 공정한 평가 진행을 위한 절차도 지키지 않았으므로 평가 진행 능력이 부족하다고 볼 수 있음.

[최 교사의 대처 방안]

- **대화와 협의**: 임 교사와의 대화를 통해 협의된 평가 기준과 배점의 중요성을 강조함. 같은 수업을 듣는 학생들이 다른 평가기준으로 평가를 받는다면 형평성과 공정성에 문제가 될 수 있음을 언급함. 학기 초에 여러 번의 논의를 거쳐 작성한 평가기준으로 재채점을 해줄 것을 요구함.
- **동교과 협의회의 조언 참고**: 합의가 이루어지지 않을 경우, 동교과 협의에서 이를 안건으로 정해 수행평가 채점에 관해 다른 교사들의 조언과 중재를 요청함.

[평가에서 교사 간 합의와 절차가 중요한 이유]

- **공정한 기회 제공**: 공정하고 일관적인 평가기준과 절차를 통해 학생들은 자신의 수행 결과를 정확하고 공정하게 평가받을 수 있음.
- **평가의 신뢰성 제고**: 평가기준과 채점 방법을 협의하고 공유함으로써 채점자의 주관성과 편향을 줄여 학생들의 수행 결과를 신뢰성 있게 평가할 수 있음.
- **피드백의 질적 향상**: 평가기준과 절차를 명확히 하는 것은 학생들에게 제공되는 피드백의 질을 높일 수 있음. 객관적이고 일관된 평가를 바탕으로 수행 결과에 대한 명확한 이해를 얻을 수 있으며 이를 바탕으로 보완점을 발견하여 후속 성과를 향상할 수 있음.

2026학년도 평가원 지역 — 28회차

[구상형 1번]

[인지적 측면]
- 학습의 본질과 가치를 효율성적인 측면에서만 고려함.
- 자기주도성을 기반으로한 사고력과 문제해결력의 가치를 인지하지 못함.
- 기술에 대한 맹신적인 태도

[사회적 측면]
- 다른 친구들과 관계맺는 공동체활동을 기피함.
- 타인과의 정서적 교류와 상호작용의 가치를 정보전달로 치부함.
- 학교 공동체 내 소속감이 결여됨.

[인지적 측면 지도 방안]
- AI가 제공하는 정보에 대한 비판적인 사고를 할 수 있도록 프로젝트 진행
- 단순 정보습득을 넘어 실생활의 문제를 고민하고 해결하는 문제해결학습 진행
- 철학적, 윤리적 사고가 필요한 상황을 바탕으로 딜레마 토론 진행

[사회적 측면 지도 방안]
- 공동체 활동 이후 경험나누기 시간을 확보하여 공동체경험의 가치를 느끼도록 함.
- 협력을 통해 해결할 수 있는 과제를 제시하여 사회적 협력의 가치를 느끼도록 함.
- 공감과 경청을 위한 훈련을 진행하고 실제로 실천해보는 기회 제공

[구상형 2번]

[정서불안, 위기 학생 지도 시 유의점]
- 학생의 감정적 요구 표현을 단순한 규칙 위반으로 해석하고 치부하지 않아야 함.
- 위기 상황에서 다급한 대처로 실수하기보다 상황안정을 통해 구조적 안내가 필요함.
- 학생을 통제하려고 하기보다 관계 회복에 중점을 맞춰 지도해야 함.

[전문성 신장 방안]
- 회복적 생활교육 및 감정 코칭 관련 연수 이수
- 학교 위기대응 매뉴얼 숙지
- 위기대응 모의 훈련을 통한 판단력과 절차 습득
- 위기대응 관련 일지를 작성하여 지속적으로 성찰
- 학교 내 동료교사들과 협력하여 위기대응팀을 구성하고 정기적으로 회의

[구상형 3번]

[선호하는 교사 선택]

A 교사
- 학생은 안정된 구조 속에서 심리적 예측 가능성과 신뢰감을 느껴 정서적으로 안정될 수 있음.
- 규칙이 일관될 때 교사의 말과 행동은 신뢰와 권위를 갖게 되고, 이는 공동체 생활의 안정으로 이어질 수 있음.

B 교사
- 현대 사회는 정답이 없는 문제를 해결해야할 일이 많으므로 유연한 태도가 필요함.
- 교사도 배우는 존재이므로 학생과의 상호작용을 통해 학생의 주도성을 키워주며 함께 학교 문화를 만들어가야 함.

[학교문화를 위한 구체적 실천 방안]

A 교사
- 교사와 학생이 함께 정한 규칙을 교실에 게시하고 모두 함께 서약서 작성 및 실천
- 학교생활과 관련된 기본적인 내용을 요목화 하여 생활지도 시스템을 루틴화(예 주의–경고–조정)
- 수업, 평가, 상담 등 주요 상황에 대해서 실행–피드백–발전의 3단계로 시스템을 구축하여 학생이 예측할 수 있는 학교 문화를 구성함.

B 교사
- 언제든지 학생회의를 통해 상황에 따라 규칙을 수정할 수 있는 분위기와 구조 마련
- 학생 주도의 프로젝트(학급 공동 프로젝트, 학교 페스티벌 반별 부스 등)를 활성화하여 단순 안내를 넘어 협력자로서 교사의 역할을 수행함.
- 학생들과 함께 학교에서 벌어질 수 있는 예측 불가능한 상황에 대해서 가상의 역할극을 통해 유연한 대처 능력을 키움.

2026학년도 평가원 지역 — 29회차

[즉답형]

[예상되는 문제점]
- 수업과 업무의 실제 경험과 노하우의 공유 기회가 사라져서 교사 간 협력적 실천이 어려워짐.
- 텍스트기반 전달로 인해 업무 배경이나 맥락을 정확히 이해하기 어려워져 업무에 오해와 착오가 발생할 가능성이 높아짐.
- 수업과 업무 모두에서 함께하는 공동체라는 분위기가 형성되지 않아 단절감이 커질 수 있음.

[최 교사로서 대처 방안]
- 대면 회의의 긍정적인 효과 사례를 제시하여 대면 회의 횟수를 조금씩 늘려가는 것을 제안
- 전체 회의 대신 시간제한이 있는 '15분 소규모 미팅'과 같은 현실적인 대안을 마련함.
- 자료만 전달할 경우 해당 내용에 대해 언제든지 질의응답을 나눌 수 있는 별도의 피드백 시간 및 공간을 마련함.

[행동의 유의점]
- 부장교사가 그렇게 행동한 이유에 대해 인정하면서 균형 잡힌 태도로 행동
- 강력하게 요구를 이야기하기보다 제안 형식으로 공감대를 먼저 형성
- 정서적 공감을 통해 예상되는 어려움과 가져다줄 장점을 우선적으로 이야기하여 분위기를 긍정적으로 만든 뒤 논리적인 제안을 제시

[구상형 1번]

[일부 학생들의 문제점]
- 수행평가 인정결석 악용으로 인한 형평성 저해 : 일부 학생이 고의로 결석한 뒤, 더 좋은 조건에서 재평가를 받아 성실하게 준비한 학생이 손해를 보는 상황이 발생함.

[교과 교사로서의 해결 방안]
- 재평가 상황에 맞는 별도 평가 설계 : 재평가를 위한 대체 과제를 미리 준비해두고, 재시험이 기존 시험보다 유리하거나 불리하지 않도록 공정하게 설계함.
- 과정 중심 평가 비중 확대 : 수행평가 결과뿐 아니라 준비 과정, 태도, 과정 기록물 등을 평가에 폭넓게 반영하여 당일 평가가 전체 점수에 큰 영향을 미치지 않도록 조정함.

[담임 교사로서의 해결 방안]
- 학생 대상 수행평가 제도 안내 및 인식 개선 교육 : 수행평가의 의미, 준비 과정의 중요성, 형식적 참여가 아닌 성실한 준비가 자기 성장에 중요함을 생활지도 시간에 지속적으로 설명함.
- 학급 내 공정한 평가문화 조성 : 학급 회의나 학급 규칙 만들기 등을 통해 평가를 대하는 책임 있는 태도와 공정한 학습 문화를 함께 만들어가는 분위기를 조성함.(예 '우리 반 수행평가 약속'을 학생과 함께 만들고, 실천 여부를 돌아보는 시간 운영)

[구상형 2번]

[AI를 활용한 수업 방안]
- AI 답변 검토 및 토의 활동 운영 : AI와 교사의 설명을 비교한 뒤, 어떤 설명이 더 신뢰할 만한지 근거를 들어 토의하게 함. 정보 판단 능력과 비판적 사고를 기를 수 있음.
- AI와 협업하여 글쓰기 초안 작성하기 : AI가 제시한 개요나 도입 문장을 참고해 본론부터는 자신의 생각으로 이어 쓰게 함. 글의 구조 이해와 자기 표현력을 함께 키움.

[AI를 활용한 평가 계획]
- AI 활용 탐구 일지 평가 : AI에게 한 질문과 답변, 그중 선택하거나 수정한 이유를 간단한 일지로 작성하게 함. 활용 과정을 평가하여 과정 중심 평가를 실현함.
- 출처 비교 및 자기 판단 평가 : AI와 교과서 자료를 비교하고, 어떤 정보를 선택했는지와 이유를 서술하게 함. 단순 정답보다 사고 과정과 판단 기준을 평가함.

[구상형 3번]

[선호하는 교사 선택]

A 교사
- 체험학습은 교육적으로 가치 있는 활동이지만, 안전 문제가 발생할 경우 학생과 교사 모두에게 큰 부담이 될 수 있음. 특히 수업 중 교사의 주의가 분산되거나 사고 발생 시 책임이 집중되는 현실을 고려할 때, 교사의 수업 안정성과 학생 보호를 우선적으로 고려해야 한다고 생각하므로 A 교사의 입장에 공감함.

B 교사
- 체험학습은 교과서로만 배울 수 없는 내용을 몸으로 느끼고 익힐 수 있는 소중한 기회라고 생각함. 다양한 상황에서 문제를 해결하거나 타인과 협력하는 과정은 교실 수업만으로는 경험하기 어렵기 때문에, 체험 중심 학습은 학생의 배움을 더 깊이 있게 만드는 교육적 장점이 있음. 학생 안전이 최우선이지만 철저한 준비와 사전 지도 등을 통해 교육적 효과와 안전을 모두 확보할 수 있다고 보기 때문에 B 교사의 입장에 공감함.

[학생 안전과 교육적 효과를 모두 고려한 체험학습 운영 방안]
- **학교 안에서 운영 가능한 체험형 활동 설계** : 외부로 나가지 않고도 실내에서 진행 가능한 체험학습 프로그램을 구성함. 교내 진로체험부스, 미니 진로 캠프, 실험·토론 활동 등을 통해 안전사고 위험을 줄이면서도 실습, 협력, 탐구 중심의 교육 효과는 일정 부분 확보할 수 있음.
- **사전 역할 분담 및 안전 시나리오 훈련 실시** : 체험학습 전 학생들에게 안전 수칙을 교육하고, 조별로 응급 상황 대처 역할(예 연락, 구조 요청 등)을 정해 모의 연습을 실시함. 이를 통해 학생은 스스로 안전에 대한 책임감을 갖게 되고, 교사는 현장 안전 부담을 덜 수 있어 수업과 체험의 균형을 이룰 수 있음.

[즉답형]

[자신이 B 교사라면 어떻게 행동할 것인지, 그 이유]
- **행동 방안** : A 교사의 수업 방식 중 학생들의 참여를 유도하는 요소(예 퀴즈, 짧은 영상 시청, AI 활용 개념 설명 등)를 일부 강의식 수업에 접목함. 이를 통해 학생들의 흥미를 끌고 학습 집중도를 높이며, 동시에 자신의 설명 중심 수업 방식도 유지할 수 있음.
- **이유** : 수업 방식은 절대적인 것이 아니라 유연하게 조정될 수 있어야 함. A 교사의 방식이 절대적인 정답은 아닐지라도 그 안의 효과적인 요소는 함께 적용해볼 가치가 있음. 다양한 교수 방법의 융합은 학생의 만족도와 학습 효과를 동시에 높일 수 있을 것임.

[A 교사의 수업 방식에 한계가 있다면 어떻게 보완할 수 있을지, 그 이유]
- **보완 방안** : 핵심 개념 정리는 교사 직접 설명으로 병행함. 에듀테크 기반 활동 후, 학생들이 혼란을 느낄 수 있는 부분은 교사가 짧게 정리해주는 시간을 마련함. 이를 통해 개별 활동에서 놓칠 수 있는 중요한 지식을 명확히 전달함.
- **이유** : 에듀테크 중심 수업은 흥미는 높지만 개념 이해가 깊지 않을 수 있음. 활동만으로는 학습 내용이 단편적으로 남을 수 있으므로, 교사의 설명을 통해 지식 구조를 정돈하는 과정이 필요함. 활동과 정리의 균형을 통해 비로소 깊이 있는 학습이 이루어질 수 있음.

2026학년도 평가원 지역 — 30회차

[구상형 1번]

[학생들이 겪고 있는 어려움]

광수
- 인공지능 기술, 기후 위기, 인구 변화 등 미래사회의 다양한 변화에 따른 사회의 불확실성 증가로 인해 불안감을 느끼고 있음.
- 개개인의 특성을 파악하고 이를 통한 주도적 진로설계가 이루어지지 못하고 있음.

영자
- 디지털 기초소양을 갖추는 것에 대한 어려움을 겪고 있음.
- 정보통신기술 매체가 갖는 장점을 느끼지 못하여 활용의 필요성을 느끼지 못함.

상철
- 사회의 복잡성과 다양성의 증가에 따른 협력의 필요성을 느끼지 못하고 있음.
- 여러 주제에 대한 문제를 스스로 해결하는 다양한 학생 중심 수업의 필요성을 느끼지 못하고 있음.

[교수·학습 방안]
- 다양한 학생참여형 수업을 통해 미래사회의 불확실성에 능동적으로 대응할 수 있는 능력과 주도성을 함양할 수 있도록 함.
- 정보통신기술 매체를 활용하여 교수·학습 방법을 다양화하여 학생이 자신에게 맞는 맞춤형 학습이 이루어지고 있음을 느끼도록 함.
- 모든 교과를 통해 디지털 기초소양을 함양할 수 있도록 하여 학생이 점점 적응할 수 있도록 함.
- 디지털 기기를 활용하여 실생활의 문제를 해결하는 기회를 제공함으로써 학생이 디지털 기초소양의 중요성과 필요성을 느끼도록 함.
- 단편적 암기를 지양하고 교과목의 핵심 아이디어를 중심으로 학생의 발달단계에 맞는 학습 경험과 폭을 제공하여 학습의 즐거움을 얻고 핵심역량을 기르도록 함.
- 실험, 실습, 관찰, 조사, 견학 등의 체험 및 탐구 활동 경험을 지속적으로 제공하여 능동적 참여와 학습의 즐거움을 느끼도록 함.
- 개별 학습 활동이 모이면 자연스럽게 소집단의 문제를 해결하는 문제 구조를 통해 협력적 문제해결의 경험을 충분히 갖도록 함.

[구상형 2번]

[교사의 역할과 필요한 역량]
- AI 튜터의 분석을 기반으로 학생 개인의 특성에 맞는 수업을 진행 : 인공지능 활용 역량, 지식정보처리 역량
- 학생들의 역량을 최대한 이끌어내는 멘토·코치 역할을 수행 : 협력적 소통 역량, 리더십 역량, 상호작용 역량
- 학생 개인의 학습성과를 최대화할 수 있는 학습 설계자 역할을 수행 : 수업설계 역량, 창의적 사고 역량
- 사회·정서적 변화를 관찰·진단하여 안정적인 상담·멘토링을 진행하는 정서적 지도자 역할을 수행 : 협력적 소통 역량, 공감 역량

[역량을 기르기 위해 노력한 점]
- **인공지능 활용 역량** : 다양한 생성형 AI 프로그램을 공부하고 내 전공과 관련하여 어떻게 활용할 수 있을지 수업사례를 연구함.
- **지식정보처리 역량** : 문제해결을 위해 다양한 영역의 지식과 정보를 공부하는 것에 적극적으로 임함. 사회의 최신 이슈와 기술에 항상 관심을 갖고 먼저 경험할 수 있도록 노력함.
- **협력적 소통 역량** : 상담, 공감과 관련된 다양한 서적 및 상담사례를 연구함. 이론에서 멈추지 않고 실제 상담 경험을 통해 소통의 자질을 향상함.
- **리더십 역량** : 동아리, 학생회 활동에 꾸준히 참여하여 다른 사람의 의견을 하나로 모으고 적절히 갈등을 조율하여 목표를 향해 나가는 경험을 자주함.
- **창의적 사고 역량** : 여러 공모전, 프로젝트에 지원함. 모두 성공하지는 못했지만 다양한 사람들과 함께 다양한 주제를 경험하면서 융합의 경험과 필요성을 느낌.

[구상형 3번]

[가치관에 따른 선택]

A 교사
- 학생의 인권과 학부모의 교육 참여권은 교권과 상충되는 것이 아니라, 상호 보완적인 관계라고 생각함.
- 교육공동체의 조화로운 발전이 곧 개개인의 권리 보호로 이어진다고 생각함.

B 교사
- 제대로 교육할 수 있는 권리는 학생의 기본적인 학교생활 및 교육을 보장할 수 있기 때문에 우선적으로 보호받아야 함.
- 다른 학생의 인권을 침해하는 학생을 지도 및 관리할 수 있도록 이와 관련된 권리인 교권이 우선적으로 보장받아야 함.
- 교권이 제대로 보장받지 못한다면 학생의 교육이 제대로 이루어질 수 없으며, 결국 학생들의 배울 권리를 보장하지 못하게 됨.

[선택의 유의점]

A 교사
- 완벽한 균형과 조화를 추구하다 보면 양쪽 모두를 보장하지 못하여 공동체 전체가 약해질 수 있음.
- 공동체 어느 한쪽으로 균형이 치우쳐지지 않도록 조심해야 함.
- 공동체의 권리가 충돌할 때 판단을 내릴 수 있는 근거를 마련해 두어야 함.

B 교사
- 교권이라는 이름으로 지나치게 학생의 기본 권리를 침해하지 않도록 해야 함.
- 교육공동체의 정당한 의견 및 요구를 교권이라는 이름으로 묵살하지 않도록 해야 함.
- 학교 교육공동체 간의 소통 및 상호 이해 증진이 아예 단절되지 않도록 주의해야 함.

[즉답형]

[김 교사의 행동 이유]
- 모든 학생을 수업에 참여시키는 것은 불가능하다고 생각하기 때문임.
- 참여하지 않는 학생의 수업 참여 유도로 인해 기존 학생들이 피해를 볼 수 있기 때문임.
- 학생들 스스로 수업을 듣지 않기로 한 것에 대해 설득의 필요성을 느끼지 못함.

[김 교사의 행동 비판]
- 교사는 자신이 맡은 학생을 쉽게 포기해서는 안 됨.
- 학생의 변화 가능성을 믿고 교사로서 인내심을 갖고 기다릴 줄 알아야 함.
- 동료교사의 조언을 듣고 더 좋은 교육을 위해 고민할 줄 알아야 함.

[부장교사로서 조언]
- 자신이 직접 경험했던 사례를 바탕으로 김 교사에게 학생들을 수업에 참여시키려고 노력하는 것의 중요성을 이야기함.
- 자신이 사용하는 좋은 수업 참여 유도 방안을 김 교사에게 여러 가지 제시하고 김 교사가 스스로 필요할 때가 되면 사용해 보도록 조언함.
- 김 교사가 걱정하는 부분에 대해 충분히 공감하고 있으며 추후에 생각이 바뀌거나 어려움이 생길 경우, 언제든지 이야기 나눌 준비가 되어 있음을 조언함.

2026학년도 평가원 지역 31회차

[구상형 1번]

[나타날 수 있는 문제점]
- 학업 중단 위기
- 교우관계 어려움
- 우울과 무기력증
- 기초학력 미달
- 기본 생활 습관 미형성

[문제해결 방안]
- 기초학력 책임지도제 활용
- 전문상담센터 활용
- 기본 생활 습관 개선을 위한 목표 설정 및 실천
- 학업 중단 숙려제 활용
- 진로 상담 및 설계

[구상형 2번]

[상호존중 문화 교육 시 필요한 자질과 향상을 위한 노력]
- **공감** : 교생 시절 학생들과의 대화에서 의도적으로 그들의 이야기에 집중하는 연습을 했음. 학생들과 일대일 면담 시간을 마련하여 그들의 생각과 감정, 경험을 듣고, 그들의 입장에서 상황을 이해하려고 노력했음.
- **소통** : 소통 관련 유튜브 채널을 구독하며 의사소통 기술을 배우고 연습했음. 특히, 비판적이지 않으면서도 명확한 피드백을 제공하는 방법, 질문을 통해 학생들의 생각을 유도하는 기술 등을 익히는 데 중점을 두었음.
- **인내심** : 대화할 때 3초 기다리기 연습을 지속적으로 해옴. 상대방에게 생각할 수 있는 기회와 나도 생각을 정리할 수 있는 시간을 갖는 연습을 통해 상대방을 이해하는 마음을 갖고 인내심을 기를 수 있었음.
- **존중** : 학생들이 주로 사용하는 SNS를 직접 사용해 보고 소통하는 노력을 해봄. 이 과정에서 내가 갖고 있던 편견을 줄이고 학생들의 생각과 감정에 대해 존중하는 마음을 기를 수 있었음.

[구상형 3번]

[공동체 선택 및 이유]
- 에듀테크를 활용한 미래 교육 대비 : 교사로서 변화하는 미래사회를 대비할 수 있는 능력을 갖추는 것이 중요하다고 생각함.
- 회복적 생활교육과 함께하는 공동체 회복 : 학생의 변화 가능성에 주목하고 처벌 중심보다 학생 회복 중심의 교육을 하는 것이 중요하다고 생각함.
- 독서로 완성하는 인성교육 : 미래사회에서 인간이 갖는 고유한 가치를 학생들에게 키워주는 것이 중요하다고 생각함.

[기대할 수 있는 학생의 모습]
- 에듀테크를 활용한 맞춤형 학습을 통해 자기주도적 학습을 실천하는 모습
- 상대방의 입장을 생각하며 갈등 회복을 적극적으로 실천하는 모습
- 기본 인성을 갖춘 미래 인재의 모습

[즉답형]

[교사로서 중요한 자질]
- 성실의 자질
- 협력의 자질
- 소통의 자질

적극적으로 독려
- 이 교사가 해야 하는 업무의 범위를 명확하게 설명하고 협조해줄 것을 요청
- 이 교사에게 적극적으로 독려하면서 어려움이 있으면 협력할 수 있다는 것을 당부

그대로 둠
- 이 교사와 함께 진행하는 업무이기 때문에 이 교사에게 할당된 부분은 스스로 책임질 수 있도록 해야 함.
- 이 교사의 자율성을 존중하는 차원에서 업무 방식에 간섭하지 않도록 함.

[행동의 유의점]
적극적으로 독려
- 이 교사의 업무 스타일을 침해하지 않도록 유의
- 이 교사에게 독려를 가장한 강요를 하지 않도록 유의
- 이 교사의 업무에 대한 마음을 듣고 소통하는 것이 함께 이루어지도록 유의

그대로 둠
- 이 교사가 해야 할 업무를 방치해 결과적으로 업무에 공백이 생겨 다른 교사들에게 피해가 가지 않도록 유의
- 업무의 부족한 부분에 대해서 이 교사가 스스로 책임질 수 있도록 유의

2026학년도 평가원 지역 — 32회차

[구상형 1번]

[교사들이 겪고 있는 문제점]

A 교사
- 수업 외 업무 과중으로 인한 교육활동의 집중 어려움.
- 불필요한 업무로 인한 교사 본연의 가르침에 집중 어려움.

B 교사
- 학부모의 과도한 민원으로 인한 교육활동의 집중 어려움.
- 적극적인 지도에 대한 악성 민원으로 지도 의지 상실

C 교사
- 교권 약화로 인한 학생 지도 한계
- 학생 생활지도에 대한 명확한 규정이 존재하지 않음.

[문제점에 대한 해결 방안]

A 교사
- 불필요하게 수기로 관리되고 있는 업무는 전자시스템화시켜 업무 부담 경감
- 수업에 전념할 수 있도록 행정 업무를 교육청 단위로 일부 이관
- 학기 초 업무 분담을 명확하게 하여 불필요한 업무가 교사에게 부여되지 않도록 조정

B 교사
- 학급에서 일어난 문제 상황과 대처 내용을 학급일지에 꾸준히 작성하여 객관적인 근거 자료로 교사지도의 정당성을 확보
- 학교 차원에서 민원, 상담 관련 연수물을 제작하여 가정통신문을 통하여 안내
- 학교 내 공식 소통 창구를 마련하여 민원이 교사에게 직접적으로 스트레스를 주지 않고 절차대로 처리될 수 있도록 환경 마련

C 교사
- 상담을 통해 비협조적인 태도를 보이는 학생들의 마음을 파악하고 도움을 줄 수 있도록 함.
- 문제 행동에 대해 명확하게 지도하고 지도 이유와 앞으로 지도 계획에 대해 학생들에게 설명함. 학생의 변화 정도를 기록으로 남겨 다음 지도에 객관적인 자료로 활용
- 교사의 생활지도에 대한 명확한 규정을 마련하여 법적으로 보호받을 수 있도록 함.

[구상형 2번]

[이 교사에게 필요한 자질]
- 책임감
- 도전정신
- 이해심
- 리더십
- 열정
- 문제해결력

[갖추고 있는 자질과 활용 방법]
- **인내심** : 생활지도에 어려움이 있는 학생들을 상대할 때 화내지 않고 학생들의 이야기를 끝까지 들어줄 수 있는 능력이 있음. 학생들의 돌발행동에 휩쓸리지 않고 중도를 지키면서 지도할 수 있을 것으로 예상됨.
- **열정** : 생활지도에 어려움이 있는 학생들이라도 결국 교사가 지도해야 하는 '학생'이므로 열정을 갖고 지도할 수 있음. 어려움도 있겠지만 해내겠다는 열정으로 이겨낼 수 있을 것으로 예상됨.
- **리더십** : 학창 시절에 여러 사람의 마음을 하나로 모아 일을 해냈던 경험이 많음. 학급 학생들을 리더십으로 하나되게 만들어 행복한 학급을 만들 수 있을 것임.
- **문제해결력** : 문제가 있으면 포기하지 않고 최선의 해결 방법을 찾는 능력이 있음. 평소 생활 태도에 문제가 있는 학생에게 어떤 도움을 줄 수 있을지 연구하고 시도하면서 문제를 해결할 수 있을 것임.

[구상형 3번]

[입장 선택과 이유]

① 선택과 이유
- 자신이 알고 있는 지식을 다른 사람과 공유하는 것이 공동체 발전에 도움이 됨.
- 다른 사람을 가르치는 것이 곧 자신의 실력 향상에도 도움이 됨.

② 선택과 이유
- 자신에게 좋다고 생각하는 것도 타인에겐 아닐 수 있으니 신중하게 접근해야 함.
- 내가 좋은 수업을 하는 모습을 보이는 것이 다른 사람의 자연스러운 참여 기회로 작용할 수 있을 것이라 생각함.

[선택한 입장의 유의점]

① 유의점
- 모든 사람들에게 강제로 참여시켜서는 안 됨.
- 적극적인 장려와 동시에 적극적인 도움을 제공해야 함.

② 유의점
- 개인 이기주의로 빠지지 않도록 조심해야 함.
- 자신의 수업에 집중하더라도 누군가가 도움을 요청한다면 적극적으로 알려드려야 함.

[즉답형]

[최 교사의 행동 이유]
- 박 교사의 반 학생과 관련된 문제이기에 담임교사도 알았으면 좋겠다는 관점에서 지도를 부탁했을 것이라 생각함.
- 문제 학생을 처음에는 스스로 지도했지만 정도가 심해지니 담임 선생님과 상황을 공유하기 위해서였을 수도 있다고 생각함.
- 박 교사의 생활지도, 학습지도 능력을 평소에 좋게 평가함.

[최 교사의 행동을 비판]
- 자신이 지도해야 할 일을 다른 교사에게 미루는 행동을 보임.
- 교사로서 스스로 자신의 지도능력이 떨어진다는 것을 인정하는 행동임.
- 자신의 수업 시간에 일어난 문제에 대해서 스스로 해결하려고 노력하는 최소한의 노력이 필요함.

[박 교사의 대처 방법]
- 최 교사에게 담임교사로서 문제 학생에 대한 정보를 제공하고 함께 해결할 수 있도록 노력해 보자고 제안함.
- 최 교사에게 기본적인 생활지도는 해당 시간 내에 해주실 것을 정중하게 부탁함.
- 다른 동료교사들과 이야기를 통해 해당 문제 학생의 생활지도 어려움에 대해 공유하고 모두가 함께 협력하여 지도할 수 있도록 도움을 요청함.
- 최 교사에게 담임교사로서 수업 준비와 다른 업무 처리에 어려움을 겪고 있음을 솔직하게 말씀드리고 생활지도 범위에 대해 함께 이야기 나눔.

2026학년도 평가원 지역 — 33회차

[구상형 1번]

[학생·학부모 상담 측면]
- **피해 학생 상담**: 정서적 안정 도모, 자존감 회복, 또래 관계 회복을 위한 전문 상담 연계
- **가해 학생 상담**: 언어의 폭력성과 타인에 대한 공감 교육, 자기 언어 사용 점검
- **피해 학부모 상담**: 학교의 절차적 대응과 보호 조치에 대한 신뢰 형성, 심리정서적 지원 안내
- **가해 학부모 상담**: '장난'이라는 인식 전환 유도 → 반복적 언어폭력의 심각성과 교육적 개입 필요성 강조 → 학교·가정의 공동 책임 인식 공유

[담임교사로서 생활지도 측면]
- **회복적 생활교육 적용**: 당사자 간 갈등을 중재하는 회복적 서클 활동 실시
- **학급 단위 언어폭력 예방 교육 실시**: 긍정 언어 사용 훈련, '말의 힘' 프로젝트 운영
- **자율적인 언어문화 캠페인**: '말꽃 피우기', '칭찬릴레이' 등 학생 참여 중심 문화 확산
- **생활지도 기록관리 철저**: 가해 학생의 변화과정을 지속적으로 관찰·기록하고 보호자와 공유

[구상형 2번]

[교사에게 요구되는 자질]
- **학생 중심 수업 설계 역량**: 배움의 주체로 학생을 세우고 활동 중심으로 수업 구성
- **흥미 유발 및 몰입 설계 능력**: 도입 단계에서 실생활 사례, 문제상황 중심 도전과제 제시
- **융합적 사고를 반영한 교수설계 능력**: 교과 간 연계, 프로젝트 기반 학습 설계 능력
- **유연한 수업 운영 역량**: 정형화된 강의식 전달에서 벗어나 학생의 피드백을 반영한 수업 조정력
- **ICT 활용 능력**: 크롬북, 패들렛, 미러링 도구 등을 활용한 디지털 기반 협업 수업 능력
- **의사소통 및 관계 형성 역량**: 학생들의 감정과 요구를 읽고, 수업에 반영하는 민감성
- **배움에 대한 철학과 비전**: 수업을 성적 중심이 아닌 삶과 연결된 배움으로 보는 교육철학

[수업 전문성 신장 계획]
- **수업 나눔 및 동료 장학 참여**: 수업공개, 공동연구수업을 통한 성찰적 개선
- **학생 피드백 수렴 시스템 마련**: 수업 후 만족도 조사, 개선 제안함 운영
- **수업 녹화 및 자기 수업 분석**: 수업 촬영을 통해 언어 사용, 질문 방식, 활동 비중 분석
- **외부 전문가 또는 지역 사회 연계**: 수업에 실재감과 맥락을 더하는 지역 사회 프로젝트 진행
- **학생 맞춤형 수업 설계 연구**: 수준별 과제, 흥미 기반 선택 활동 제공
- **프로젝트 기반 학습(PBL) 적용 확대**: 학생이 직접 문제를 정의하고 해결해가는 구조 설계

[구상형 3번]

[선호하는 교사 선택과 이유]

A 교사
- **교육관**: 교육은 가능성의 실현이라는 신념. 변화의 가능성을 전제로 교육을 설계하고 실천
- **학생관**: 아동은 끊임없이 성장·발달하는 존재이며, 충분한 지지와 기회가 주어지면 긍정적으로 변화할 수 있다고 봄.
- 한 아이도 포기하지 않는 교사의 신념은 학습결손, 정서적 위기 학생을 위한 교육적 개입의 근거가 됨.

B 교사
- **교육관**: 교육은 관계 중심의 만남. 학생의 현재 모습 자체에 의미를 두고 무리한 변화 요구보다 수용과 공감의 자세 중시
- **학생관**: 아동은 고유한 존재이며, 모든 아이가 같은 속도나 방향으로 성장하지 않는다는 현실적 관점
- 교사의 역할은 변화 유도자가 아닌 관계의 유지자로서, '존재의 수용'을 통해 자발적 성장을 기다리는 것임.

[구체적인 적용 방안]

A 교사
- **수업 계획**: 매 단원별로 학습 전후 자기 이해 카드 작성, 학습 과정 중 실수·성장 사례를 시각화하여 기록, 정기적인 피드백과 격려 제공(자기효능감 및 메타인지 발달 유도)
- **생활지도 계획**: 학생별로 생활·행동 목표 설정 후 매일 자기 점검, 부정적 행동에 대한 처벌보다는 긍정적 변화의 단서를 포착하여 칭찬 중심 지도

B 교사
- **수업 계획**: 동일 주제 내에서 학생의 특성을 고려하여 난이도와 양을 달리한 과제 제시, 수업 목표보다 학생의 탐구 과정과 표현 양식 다양성 존중, 점수 중심 평가 대신 학습 과정에 대한 성찰 등 질적 피드백 제공
- **생활지도 계획**: 문제행동을 지적하기보다 학생의 감정과 입장을 경청, 갈등 상황에서도 처벌보다는 공감적 중재와 합의 유도, '정해진 행동'보다 '함께 지키고 싶은 약속'을 학생과 공동 제작하여 공동체 규범의 내면화 유도

[즉답형]

[대응 방안]
- **교감 설득** : 학생 주도 수업의 긍정적 효과(참여도 향상, 자기주도적 학습 태도 형성 등)를 수업 녹화 영상, 학생 성찰일지, 관찰기록 등의 자료로 정리해 교감 선생님께 공유함. / 학습 목표 도달 여부가 명확하게 드러나는 활동지 및 평가 루브릭도 함께 제시 / 수업 구조를 일부 수정하여 탐구 중심 수업 중간에 교사의 설명 및 정리 파트를 추가함. / 수업 참관을 재요청하여 '학생 주도성과 교사의 전문성'이 함께 살아있는 수업을 보여드림.
- **교감 의견 수용 및 조율** : 교감 선생님의 우려에 공감하며 전면적 수정이 아닌 양측의 의견을 조율한 수업 구조를 제안함. / 핵심 개념 전달은 교사가 주도하고 이후 활동은 학생이 주도하는 방식으로 구성 / 학생 활동 중심 수업의 장점은 유지하되, 핵심 개념이나 용어 정리는 교사가 명확하게 전달하는 방식으로 일부 수업 구조 변경 / 활동 후 결과물 공유 시에도 학생 발표에 대한 교사의 정리 및 메타 피드백 덧붙임.
- **교사의 전문성을 강조** : 교사의 수업 자율성은 전문성에 기반한 권한이라는 점을 조심스럽게 설명 / 교육과정 성취기준을 기반으로 한 수업 설계임을 강조하고, 학생 주도 활동이 성취기준에 어떻게 연결되는지를 설명 / 협력적 관계를 유지하면서도 학생의 배움 중심 수업이라는 철학은 일관되게 유지함.

[교사의 수업 자율성과 조직 내 협업의 가치 중 바람직한 태도 선택과 이유]
- **교사의 수업 자율성** : 교사의 수업 자율성은 교육과정 해석, 교수학습 방법 결정, 평가 방식 선택의 권한 / 조직과의 협업은 의사결정에 영향을 미치지만, 교실 안 최종 책임자는 교사 자신임. / 다만, 자율성을 주장할수록 더 신뢰 가능한 자료와 효과성 입증이 필요함.
- **조직 내 협업** : 학교는 개별 교사의 공간이 아닌 공동체의 장이므로, 관계의 조화가 중요 / 자율성을 주장하기 전에 먼저 타인의 우려를 경청하고 이해하려는 태도를 취함. / 합의점을 찾기 위한 중재와 타협의 자세가 충돌을 협력의 기회로 전환함.

2026학년도 평가원 지역 **34회차**

[구상형 1번]

[A, B 학생의 동기적 특성]
- **A 학생** : 내재적 동기(개인의 내적 요인과 수행하는 과제 자체에 의하여 동기화)
- **B 학생** : 외재적 동기(특정 목적을 위한 수단으로서 참여하려는 동기)

[각 학생들의 특성에 부합하는 학습 조언]

학생 A
- **학생의 흥미와 관련된 과제 제시** : 학생이 관심사와 흥미를 고려하여 호기심을 자극할 수 있는 과제를 제시함.
- **학습에 대한 선택권과 자율권 부여** : 교수 목표 범위 내에서 학습자가 자신의 과제에 들일 시간과 노력을 계획하고 창의적으로 연습할 수 있는 기회를 선택할 수 있도록 안내함.
- **즉각적인 피드백 제공** : 학생의 행동에 따른 피드백을 즉시 제공하여 학생이 스스로 완성도 있는 결과물을 만들어 낼 수 있도록 도움을 줌.
- **동료 학생들과 상호작용할 수 있는 기회 제공** : 다른 학생들과 협력하는 과정에서 협업의 즐거움과 더불어 학습 자체를 더욱 즐겁게 느낄 수 있게 됨.

학생 B
- **격려와 칭찬** : 학습자가 성취를 보일 때 격려나 칭찬을 받으면 학습자는 학업에 더욱 열의를 갖게 됨. 특히, 과제가 어려울 때 교사의 칭찬과 격려가 더욱 의미 있게 받아들여짐.
- **상품 제공** : 수업 중에 퀴즈를 풀거나 특별한 과제를 수행한다면 상이나 경품을 보상으로 제공함.
- **경쟁 의식 자극** : 게임 형식을 통해 약간의 경쟁심을 자극하여 학생이 학업에 몰입할 수 있는 환경을 조성함.

[구상형 2번]

[윤 교사가 갖고 있는 자질]
- **창의성** : 학생들에게 의미 있는 학습 경험을 제공하기 위해 '우리말 퀴즈 대회'를 준비했음. 학생들이 적극적으로 참여하고 즐겁게 학습을 하는 데 중점을 두는 창의적인 교육 방법을 적용함.
- **책임감** : 학생들에게 좋은 학습 경험을 제공하려는 모습과 A 학생과의 상담 시 다룰 내용을 미리 생각해 봄으로써 학생의 성장을 지지하는 교사로서의 책임감을 보여줌.
- **관찰력** : A 학생의 활동 참여에 대한 행동 변화와 반응을 세심하게 관찰함.
- **학생에 대한 관심** : A 학생의 행동에 주목하여 이후 상담에 이를 다루어야겠다고 생각함으로써 학생을 이해하려는 노력과 그에 대한 배려를 보여줌.

[위에서 언급한 자질을 기르기 위한 향후 자신의 노력 방안]
- **창의성** : 관련 연수 수강이나 서적을 읽고 새로운 교육 기법에 대해 탐색하고 수업에 적용함. 전문적학습공동체에 참여하여 교육 트렌드를 파악하고 우수 수업 사례를 공유하며 역량을 증진함. 수업에 관한 학생 피드백을 토대로 학생들의 관심사에 맞춘 흥미로운 활동 기획함.
- **관찰력** : 학생 관찰일지나 꾸준한 상담을 통해 학생들의 행동, 감정, 반응 등을 꾸준히 살피는 것이 중요함. 교직 성찰일지를 작성함으로써 학생들의 피드백에 대한 개선 방안을 떠올림.
- **이해력** : 학생들의 마음에 공감하기 위해 노력함. 평상시 학생과의 꾸준한 소통을 통해 학생들의 관심사를 파악하고 학생들이 느끼는 감정에 주목함.
- **책임감** : 학생들에게 최선의 교육을 제공하기 위해 노력함. 교육 자료를 신중하게 결정하고 수업을 효과적으로 계획하고 학생들의 반응에 따라 이를 유연하게 조절함. 교육청 우수 수업 사례나 관련 소모임을 통해 다양한 수업 방식을 자신의 수업에 도입함.

[구상형 3번]

[자신의 입장에 부합하는 교사 선택]

A 교사

방학을 활용하여 새로운 것을 학습하고 성장하는 과정 속에서 교사가 제공하는 교육의 질이 높아지고 학생들에게 더 나은 지식과 가치를 전달할 수 있게 됨. 이는 교사의 전문성 신장과 직결됨. 이러한 관점을 토대로 일과 개인 생활의 균형을 유지하면서 교육자로서 지속적인 발전을 해나갈 수 있음.

B 교사

학생의 성장과 발달을 돕는 일은 교육의 본질임. 교사는 학생들의 '인생의 멘토'로서 갈등 상황에서의 올바른 지향점을 알려주는 역할을 함. 학생에게 방향성을 제시하고 더 나은 사람이 사람이 될 수 있도록 지지하는 것이 교사로서의 전문성이라고 생각함.

[20년 뒤 자신의 모습]

A 교사의 관점

교직의 한 분야에서 전문가로 성장하길 기대함. 현재 가장 관심 있는 분야가 학생들의 진로와 진학이므로 방학을 통해 여러 연수와 진로 관련 모임에 참여하여 많은 경험과 정보를 축적하여 진로 분야의 전문성을 가진 교사가 되고 싶음. 교사로서의 책임을 다하며 개인적 성장을 멈추지 않는 교사가 되어 후배 교사들에게 귀감이 될 수 있기를 희망함.

B 교사의 관점

가르치는 일은 교사의 본분임. 또한 잘 가르치는 것뿐만 아니라 학생들과 끊임없이 소통을 함으로써 학생들의 전인적 발달을 돕는 교사가 되고 싶음. 고연차 교사가 되었을 때에도 현실에 안주하는 것이 아니라 라포르 형성을 통해 학생들과 더불어 지내는 교사가 되기를 희망함.

[즉답형]

[차 교사에게 부족한 자질]
- **적극성** : 수행평가 방식과 교과 내 의사결정에서 자신의 의견을 전혀 제시하지 않고 정 교사의 의견에 무조건 따르겠다고 말하고 있음. 적극적으로 의견을 개진하여 최선의 교육 방안을 모색하려는 태도가 부족함.
- **책임감** : 연구 수업을 맡을 교사를 담당하는 자리에서 책임을 회피하며 대신 정 교사를 추천함. 누군가는 이 일을 맡을 것이라는 안일한 마음가짐으로 책임감 없는 모습을 보여줌.

[연구 수업을 맡을 것인지의 여부]
- **수락** : 연구 수업 자체가 새로운 도전과 성장의 기회라고 생각함. 전문적 지식과 역량을 발휘하여 학생들에게 더 나은 학습 경험을 제공할 수 있다고 생각하기 때문에 연구 수업을 맡기로 결정할 것임.
- **거절** : 연구 수업을 맡는 것 자체가 부담스러운 일임. 연구 수업은 새로운 내용과 방법을 탐구하고 적용하는 과정을 수반하기 때문에 추가적인 노력과 시간이 필요함. 또한 늘 차 교사가 자신의 책임을 회피하며 안위를 꾀하고자 했던 점이 마음에 걸리므로 연구 수업만큼은 차 교사가 맡는 것이 합당하다고 생각함.

[제3자로서 갈등 조율 방안]
- **상호 이해** : 차 교사와 정 교사 사이에 자리를 만들어 같은 수업을 맡으며 서로 느꼈던 감정들을 이야기할 수 있는 기회를 조성함.
- **역할 분담 협의를 제안** : 정 교사가 평가를 비롯한 그간의 의사결정을 맡아왔으니 차 교사가 연구 수업을 맡는 방안을 제안함. 정 교사가 차 교사가 연구 수업을 잘 마무리할 수 있도록 교수법과 효과적인 전략을 공유해 줄 것을 요청함.

2026학년도 평가원 지역 — 35회차

[구상형 1번]

[학생들이 겪고 있는 어려움]

학생 A
- 담임 선생님과의 관계 형성에 어려움을 겪고 있음.
- 담임 선생님이 학생을 공평하게 대하지 않는다고 느끼고 있음.
- 편애하는 것에 대해 친구들과 공감하며 힘들어하고 있음.

학생 B
- 학교 부적응을 겪고 있음.
- 가정에서 부모님과의 관계가 긍정적이지 않음.
- 가정, 학교, 학생과 원활한 소통이 이루어지지 않음.

학생 C
- 다른 선생님과 관계 형성에 어려움을 겪고 있음.
- 질문하는 것에 대해 두려움을 갖고 있음.

[담임교사로서 대처 방안]

학생 A
- 모든 학생에게 앞으로 관심을 갖고 살갑게 대하도록 노력하겠다고 이야기
- 학생들이 교사에게 의견을 자유롭게 보낼 수 있는 소통함을 만들어 모두와 소통하도록 노력
- 특정 학생을 차별하지 않을 것이고 열심히 하는 친구들과 조금 더 친밀해질 수밖에 없음을 솔직하게 이야기

학생 B
- 위클래스, 상담교사와 연계하여 학생 상담 실시
- 담임교사로서 정서적 도움을 줄 수 있는 방법을 찾아 최대한 돕겠다 이야기
- 가정과 원활한 소통이 될 수 있도록 학생 상담, 학부모상담을 연계하여 실시

학생 C
- 선생님도 충분히 실수할 수 있고 질문하는 것이 잘못된 것이 아님을 이야기
- 해당 선생님께 솔직하게 편지를 써서 마음을 전달할 수 있도록 도움.
- 원한다면 선생님과 직접 대화할 수 있는 자리를 마련하기

[구상형 2번]

[관심을 가져야 하는 이유]
- 교사로서 특정 학생을 차별하지 않고 모든 학생에게 관심과 애정을 제공해야 함.
- 학생들 사이에서 소외되는 학생들이 회복할 수 있도록 교사가 도와야 함.
- 모든 학생은 존중받고 사랑받을 권리를 갖고 있기 때문임.
- 한 사람의 작은 관심이 다른 한 사람의 인생에 영향을 미칠 수 있기 때문임.
- 위기학생의 사전 징후를 발견하고 대처하는 것이 교사에게 필요한 능력이기 때문임.

[라포르를 형성하기 위한 노력 방안]
- 관찰일지를 작성하여 해당 학생에 대한 작은 정보를 놓치지 않고 기록함으로써 학생의 강점과 흥미를 찾고 해당 주제에 대해 이야기를 나눔.
- 교실 내에서 역할을 부여하고 해당 역할에 대한 느낌과 감정을 정기적으로 교사와 이야기 나눔.
- 상담을 통해 학생의 솔직한 이야기를 듣고 교사로서 솔직한 이야기를 함으로써 서로 친밀감을 높임.
- 사제동행 프로그램을 통해 학생과 다양한 경험을 함께하면서 친밀감을 높임.

[구상형 3번]

[자신의 교육관과 가까운 교사 선택]

A 교사
- 좋은 지식을 학습하는 것은 예나 지금이나 미래에도 중요한 요소가 될 것임.
- 학교는 학생이 학습할 수 있도록 잘 돕는 것이 목적임.
- 4차 산업혁명 시대에 기본적인 학습 능력이 더욱 중요해지고 있기 때문임.

B 교사
- 학교는 학생들이 사회로 나가기 전 사회를 체험하는 작은 사회이기 때문에 사회적 관계를 잘 배우는 것이 중요함.
- 인간은 사회적 동물이기 때문에 살아가면서 사회적 관계를 잘 맺는 것이 중요함.

C 교사
- 자신감은 학습 능력 향상, 사회적 관계 향상에 모두 영향을 미치는 중요한 요소임.
- 작은 성공의 경험이 앞으로 삶을 살아가는데 있어서 꼭 필요하다고 생각함.
- 학교에서 도전하고 부딪히면서 스스로 자신감과 자존감을 기르는 연습을 충분히 하는 것이 사회에서 도움이 된다고 생각함.

2026학년도 평가원 지역 — 36회차

[위를 바탕으로 한 교육의 긍정적 영향]

A 교사
- 학생들의 기초학습 능력을 향상시킬 수 있음.
- 인공지능 시대에 다양한 정보를 활용할 수 있는 능력을 기를 수 있음.
- 학생 스스로 생각하고 판단할 수 있는 지적 능력을 기를 수 있음.

B 교사
- 학생들의 의사소통 역량, 공동체 역량을 향상시킬 수 있음.
- 학교를 통해 사회적 관계의 긍정성을 느끼고 삶의 만족도가 올라감.
- 건전한 또래 관계가 형성되어 자신의 정체성 형성에 긍정적인 영향을 받을 수 있음.

C 교사
- 실패를 통해 좌절하지 않고 다시 일어서는 긍정성을 기를 수 있음.
- 자기 자신을 사랑하고 타인을 사랑할 수 있는 능력을 갖출 수 있음.
- 어려운 상황에서 인내하고 이겨낼 수 있는 능력을 기를 수 있음.

[즉답형]

[B 교사라면 나의 행동]
- 나의 주장이 맞다고 생각하기 때문에 강하게 어필할 것임.
- A 교사의 주장을 존중하여 따르도록 함.
- A 교사뿐만 아니라 다른 같은 학년 선생님들과 토론이 있는 회의를 진행할 것임.

[나의 행동에 대한 유의점]
- 지나치게 나의 주장만 앞세워서 감정적인 싸움이 되지 않도록 조심
- 너무 수동적으로 A 교사의 의견에 휩쓸려 다니지 않도록 조심
- 결과가 내가 원하는 것과 다르게 나왔다 할지라도 수용할 수 있는 태도가 필요

[제3자로서 대처 방안]
- 토론이 있는 회의를 통해 대화를 진행하고 다수결에 의해 결정하자고 제안함.
- 서로 주장하는 내용의 공통점을 모아 공동규칙을 만들고 세부적인 내용은 자율성을 갖도록 함.
- 서로 양보할 수 있는 것과 불가능한 것을 이야기하도록 하고 함께 세부적인 내용에 대해 조율하도록 함.
- A, B 교사뿐만 아니라 다른 모든 선생님들도 자신의 의견을 솔직하게 말하고 이야기 나눌 수 있는 분위기를 형성함. 이를 통해 A, B 두 교사의 시야와 마음을 넓힐 수 있음.

[구상형 1번]

[수업일지 속에 드러난 수업설계 시의 문제점]
- **모둠 편성 방식** : 무작위로 모둠을 편성하였기 때문에 특정 모둠의 과제 수행 능력이 현저하게 떨어지는 문제가 발생할 수 있음.
- **모둠활동 시 학생 참여의 불균형** : 한 학생이 과제의 대부분을 수행함으로써 타 학생의 참여 기회가 축소되고 학습 기회가 감소함. 결과적으로 모둠활동의 목적인 협력과 상호 학습이 제대로 이루어지지 않음.

[구체적인 해결 방안]
- **모둠 편성 방식**
  - 학생들의 능력, 성향, 성격 등을 고려한 모둠 편성 방식을 적용 : 모둠원들의 수준이 전반적으로 낮을 경우 협력할 수 있는 환경이 구축되기가 어려움. 학생들의 성적이나 참여도 등을 기반으로 학생들의 특성을 분석하여 모둠원을 배치함으로써 서로 다른 강점을 가진 학생들이 협력을 통해 최선의 결과물을 만들어낼 수 있음.

- **학생 참여 불균형**
  - 모둠활동 과제 구성 시, 모둠원들의 역할을 명시 : 모둠 내의 개별 역할의 중요성을 일깨워 모든 학생들이 적극적으로 과제에 참여할 수 있도록 함.
  - 개인 과제 수행 정도를 모둠 과제 평가기준으로 배정 : 민서는 현재 혼자 과제를 수행할 때 더 나은 결과물을 만들 수 있다고 생각함. 이는 모둠활동의 취지를 잘못 이해한 발언으로 모둠 구성원 전체가 활동에 참여할 수 있도록 평가기준을 수정할 필요가 있음.
  - 봉 효과 방지를 위한 상호 평가 도입 : 다른 학생들이 활동에 거의 참여하고 있지 않기 때문에 민서가 혼자 과제를 수행하고 있는 것일 수 있음. 따라서 서로의 기여도와 협력 정도를 평가하게 하여 다른 구성원들의 참여를 독려함.

[구상형 2번]

[학생 인권과 교권의 조화를 위해 교사에게 필요한 역량]
- 의사소통 역량
- 갈등해결 역량
- 반성적 사고(성찰) 역량 등

[역량 신장 방안]
- **의사소통 역량**
  - 학생들과의 개별 면담 : 평상시 학생들이 학교생활에 대해 갖고 있는 생각들을 경청하며 학생들이 자신의 생각과 감정을 자유롭게 표현할 수 있는 안전한 환경을 조성함.

- 의사소통 창구 마련 : 구글폼이나 익명 사서함 등 수업에 대한 피드백이나 학급 운영에 관해 학생들의 의견을 들을 수 있는 창구를 마련하여 학생들의 의견을 건설적으로 이해할 수 있도록 노력함.

• 갈등해결 역량
- 갈등 중재에 관한 연수 수강 : 사제 간 관계 구축, 중재 기술에 관한 연수를 수강하여 다양한 갈등 상황에서 신속하고 공정하게 대응할 수 있도록 노력함.
- 생활교육 전문적학습공동체 참여 : 생활교육에 대해서 선배, 동료 교사들과 노하우를 공유하고 전수받으며 갈등 상황에 적절히 대처할 수 있는 능력을 기름.

• 반성적 사고(성찰) 역량
- 교직 성찰일지 작성 : 교실 내외에서 일어나는 사건들에 대한 정기적으로 성찰일지를 작성하여 자신의 모습을 성찰하고 반성함.

[구상형 3번]

[선호하는 교사 선택]

김 교사(잠재적 교육과정)
• 교사의 언행은 학생들의 가치관, 태도, 신념 형성에 깊은 영향을 미칠 수 있음. 학생들은 교사의 비의도적 언행을 통해서도 학습을 하며 이는 학생들의 발달에 지대한 영향을 미침.

이 교사(명시적 교육과정)
• 학교 교육과정 기반의 구조화된 학습을 통해 학생들이 균형 잡힌 지식과 기술을 배울 수 있도록 해야 함. 사회의 요구를 반영한 체계적인 교육 과정을 통해 학생들이 향후 4차 산업 시대의 다양한 분야에서 필요로 하는 역량을 개발할 수 있도록 돕는 것이 중요함.

[향후 목표로 하는 교사상]

김 교사
• 학생들의 롤모델로서의 교사 : 바른 언행과 모범적인 가치관을 전달하는 역할로 학생들이 본을 받고 싶은 모습을 항상 유지하겠음. 좋은 어른과 본받고 싶은 어른의 표본으로서 학생들을 마주하고 싶음.
• 환경 조성자로서의 교사 : 교사는 교실 환경을 조성하고 유지하는 중요한 역할을 담당함. 따뜻하고 배려 넘치는 교실 분위기는 교사의 민주적이며 세심한 학급 운영을 통해 가능하다고 생각함. 긍정적이고 포용적인 분위기 속에서 학생들은 협력과 존중의 가치를 내면화할 수 있을 것임.

이 교사
• 교육과정 전문가로서의 교사 : 교육과정에 대한 전문적 식견을 바탕으로 수업과 수업 외 학교 교육과정에서의 다양한 활동을 통해 학생들이 미래사회에 필요한 역량들을 익힐 수 있

도록 지도하고 싶음.
• 퍼실리테이터로서의 교사 : 계획된 교육과정 내에서도 학생들이 창의적으로 생각하고 문제를 해결할 기회를 제공하는 촉진자의 역할을 맡고 싶음.

[즉답형]

[교사의 역할]
학생들의 학습과 전인적 성장을 지원하는 것이 우선시되어야 함. 이를 위해 교사는 학생들이 주도적으로 참여하고 탐구할 수 있는 환경을 조성해야 하며 학습 과정에서 학생들의 창의력과 비판적 사고 능력이 개발될 수 있도록 촉진해야 함.

[윤 교사의 행동]
• 협업 제안 : 기존에 최 교사가 제시한 방안과 자신이 제시한 학생 참여 활동을 통합할 방안을 모색하여 생태전환 프로그램에 대한 업무 분담을 제안함. 최 교사가 새로운 프로그램 진행에 부담을 느끼지 않도록 협력할 것임을 언급함.
• 기존의 틀 안에서 변형이 가능한 활동을 제안 : 기존 강의 기반 프로그램에 학생 참여를 증진시킬 수 있는 간단한 활동을 추가하는 것을 제안함. 강의 후 소그룹 토론, 프로젝트 기반 학습 등 학생들이 적극적으로 참여할 수 있는 활동을 설계할 수 있음.

[윤 교사가 유의해야 할 점]
• 최 교사와의 소통 : 최 교사의 업무 부담을 충분히 이해하고 최 교사가 부담을 느끼지 않는 선에서 업무 협력을 제안해야 함. 자칫 지나친 개입으로 인해 최 교사가 업무 자율성을 침해받는다는 느낌이 들지 않도록 적정선을 유지하는 것이 중요함.
• 학생들의 준비 상태와 선호도 확인 : 학생 중심 활동 도입에 대해 학생들이 느끼는 부담감이 크지 않은지 사전 조사를 해야 함. 학생들이 선호하는 방식의 활동을 충분히 고려하여 학생 중심 활동이 실제로 교육적 효과를 거둘 수 있도록 해야 함.

2026학년도 평가원 지역 — 37회차

[구상형 1번]

[정서 측면 어려움]
- 비교로 인한 자존감 저하
- 정체성 혼란과 자기 강점에 대한 불확실성
- 또래 소외감으로 인한 심리적 위축

[학습 측면 어려움]
- 주의력 저하 및 몰입력 부족
- 학습목표의 부재로 인한 자기조절 결핍
- 성취 경험 부족으로 인한 학습 무기력

[정서 측면 지도 방안]
- 정서공감 중심의 상담을 통한 대화 및 피드백 제공
- '나의 강점 찾기' 또는 '성장 포트폴리오' 프로젝트 운영
- 또래 관계를 회복할 수 있는 협동 중심 활동 구성

[학습 측면 지도 방안]
- 낮은 수준의 과업을 설계하여 성취감을 느끼고 이를 확장해 지속적인 성공 학습 루틴 제공
- 자기 주도적인 학습 목표 설정 및 피드백 일지 활용 지도
- 학생이 수업에 몰입할 수 있도록 학생의 관심사를 반영한 참여형 수업 진행

[구상형 2번]

[문제점]

학생 1
- 같은 과제라도 점수의 기준이 명확하지 않다고 느끼며 평가에 대한 신뢰감을 잃고 있음.
- 평가 결과에 대한 정당한 설명이 부족하여 '운에 좌우되는 평가'라고 받아들이지 못하고 있음.
- 평가 기준의 불투명성과 신뢰 부족

학생 2
- 학생은 점수 중심의 피드백만 제공받아 자신의 강점과 보완점이 무엇인지 알 수 없음.
- 성장 기반 피드백의 부재로 인해 학생은 다음 과제를 수행할 때 필요한 개선점을 알 수 없음.
- 정성적 피드백 부족으로 학습 방향 인식 어려움.

[신뢰성 높이기 위한 방안]
- 학생들이 평가기준을 내면화할 수 있도록 과제 수행 전 루브릭을 사전에 공유하고, 평가 요소와 기준을 학생들과 함께 검토하여 성장의 지표로 인식하도록 유도
- 수행평가 결과에 대한 짧은 서면 피드백을 병행하여 점수 이외에도 질적인 정보를 제공
- 피드백 이후 추가적인 질문 시간이나 개별 설명 시간을 마련하여 학생이 평가 결과를 납득할 기회를 보장

[전문성 신장을 위한 노력]
- 수행평가 및 피드백 설계와 관련된 연수를 정기적으로 듣고 다양한 루브릭의 예시를 연구하여 실제 수업에 적용하도록 노력
- 채점 및 평가와 관련된 전문적학습공동체에 참여하여 학년/교과 내에서 상호 평가기준에 대해 공유하고 정립하는 시간을 확보
- 자신의 피드백을 녹음하거나 누가기록하여 정기적으로 피드백에 대한 점검 일지 작성하기

[구상형 3번]

[선호하는 교사 선택]

A 교사
- 공정성은 학급 및 학교 운영의 기본 신뢰 구조를 형성하며 학생들은 기준이 일관될 때 교사의 말과 평가를 신뢰함.
- 공정한 규칙은 학생의 자율성과 책임감을 길러주는 기초가 되며 규칙이 고정되어 있어야 학생이 선택과 행동에 따른 결과를 책임질 수 있음.
- 상황에 따라 기준이 바뀐다면 오히려 교사의 권위가 흔들릴 수 있음.

B 교사
- 학생의 발달 단계, 정서, 배경은 모두 다르기 때문에 일률적인 기준은 오히려 정의롭지 않게 작용할 수 있음.
- 학생이 각자 개인의 상황에 맞는 유연한 지도를 받을 때 교사를 신뢰하고 변화할 수 있는 동기부여가 됨.
- 동일한 행동이라도 학생의 상황을 고려한 해석이 필요함.

[학급운영 활동 사례]

A 교사
- 모든 반이 동일한 평가 기준과 피드백 체계를 따르도록 하고, 루브릭을 학생과 교사가 함께 공유하여 수행평가 체계를 운영함.
- 학년 초 모든 학생과 교사가 함께 규칙을 정하고 규칙 준수를 위한 서약과 같은 선언 캠페인을 운영함.
- 생활지도를 누적 관리하여 누구에게나 동일한 단계의 조치가 취해질 수 있는 구조를 마련하여 형평성을 강화함.

B 교사
- 정서 민감군, 주의력 결핍군 등 학생의 특성에 따라 맞춤형 생활교육 매뉴얼 개발 및 활용
- 담임교사가 학생별로 정서, 행동, 가정상황을 고려하여 개별화 상담 주간을 운영
- 같은 교과 내에서도 과제 난이도 선택, 발표 방식 다양화 등

학생 맞춤형 학습 운영을 통해 교육과정을 유연하게 운영하고 사례 공유

2026학년도 평가원 지역 38회차

[구상형 1번]

[A, B 학생의 진로 관련 문제점]
- A 학생 : 자신이 원하는 진로와 부모님이 원하는 진로 사이의 괴리
- B 학생 : 진로에 대한 인식이 부재(정체감 혼미 상태)

[학부모 상담 진행 시 학부모에게 조언할 내용]

학생 A

- **학생 A의 재능 인정** : 평상시 학교에서 봐왔던 A의 춤에 대한 열정을 비롯하여 유튜버로서의 평가와 수상 경력 등을 통해 A가 단순히 춤을 좋아하는 것뿐만이 아니라 춤에 재능이 있다는 것을 객관적인 자료를 바탕으로 언급함.
- **직업 안정성에 대한 부모님의 우려 이해** : 일반적으로 댄서라는 직업보다 공무원이 안정적이라고 판단되므로 직업적인 안정성을 갖길 바라는 부모님의 입장을 충분히 이해함을 말씀드림.
- **다양한 직업 분야 안내** : 춤을 전공하는 입장으로 택할 수 있는 여러 직업들을 말씀드림. 프로 댄서뿐 아니라 댄스 강사, 댄스 크리에이터, 엔터 업계 취업 등 춤을 매개로 다양한 분야에서 활동할 수 있음을 안내함.
- **학생의 행복** : 진로 선택 과정에서 가장 중요한 것은 학생의 행복이라는 것을 말씀드림. A는 춤을 통해 행복하고 만족스러운 미래를 설계할 수 있을 것임을 언급하며 부모의 지지와 이해를 통해 자신의 잠재력을 발휘할 수 있을 것임을 언급함.

학생 B

- **진로 탐색의 중요성 언급** : 청소년기에 자신의 정체성을 토대로 진로를 탐색하는 것이 중요함을 말씀드림. 현재 B는 진로에 대한 뚜렷한 인식이 없는 상태로 이러한 상태가 지속된다면 성인이 되었을 때 더욱 극심한 혼란을 겪을 수 있음을 언급함.
- **진로 검사를 통해 파악한 B의 강점 언급** : 진로 검사를 통해 발견한 B의 강점들을 언급하며 B가 자신의 강점을 바탕으로 외부의 압박 없이 자신을 이해하고 발견할 수 있도록 부탁드림.
- **학교 내외에서 실시하는 다양한 진로 프로그램 안내** : 방과 후나 방학 중에 실시하는 교육청 주관 진로 캠프나 학교에서 실시하는 직업 체험, 명사 초청 등을 안내하며 B가 여러 프로그램에 적극적으로 참여할 수 있도록 독려를 부탁드림.

[즉답형]

[박 교사로서 대응 방안]
- 학생 감정에 대한 공감과 신뢰 회복 시도를 통해 피드백의 의도가 성장 지원이었다는 것을 설명함.
- 교사도 학습과정에서 배워가는 존재라는 점을 인정하고 학생이 어렵게 느낀 표현 방식에 대한 성찰 공유
- 평가 루브릭, 전체 피드백의 맥락, 학생의 발전점 등을 학부모 상담을 통해 전달하고 비판이 아닌 가능성을 보는 관점임을 설명함.

[동료 교사로서 조언]
- 박 교사의 평가 철학과 피드백의 의도를 먼저 인정하며 감정적 지지를 먼저 표현하여 스스로 자책하지 않도록 함.
- 잘한 점을 이야기하고, 개선점은 제안 형식으로 이야기하도록 표현 방식에 대한 전략적 조정을 제안함.
- 사전 루브릭 공유, 서면 피드백 요약, 상담 일지 기록 등 기록과 구조를 남겨 오해를 줄일 수 있도록 조언함.

[구상형 2번]

[임 교사가 느끼는 무력감의 원인]
- **학부모 민원**: 교육적 훈계를 학생의 기를 죽이는 일로 받아들이는 학부모로 인해 학생에게 실질적인 교육적 조언을 할 수 없는 상황에서 무력감을 느낄 수 있음.
- **사회에서의 교사에 대한 부정적 인식**: 교단 일면에서 일어나는 부조리한 사태를 전체 교사의 문제로 일반화시키는 사회 풍조로 인해 직업인으로서의 자존감이 하락할 수 있음.

['교사 소진'을 방지하기 위한 방안]
- **전문적학습공동체 활동**: 비슷한 어려움을 겪고 있는 교사들에게 조언과 격려를 들으며 여러 활동을 통해 민원으로부터 교사를 보호할 수 있는 여러 방안을 동료교사들과 함께 모색할 수 있음.
- **'찾아가는 상담 프로그램' 활용**: 교육청에서 주관하는 교사 대상의 치유 프로그램을 신청하여 여러 민원들과 사회적 시선으로부터 받은 내적 상처를 회복할 수 있도록 스스로 노력하겠음.
- **전문적 역량 향상**: 관련 연수 수강, 서적 참고, 교육 워크숍, 전문적 멘토링 등을 통해 교육자로서의 역량을 향상시키고 학생들과 부모들에게 더 효과적으로 대응하는 방법을 배울 수 있음.
- **자기 돌봄**: 교사로서의 무력감은 스트레스와 연결되어 건강에 주의를 기울여야 함. 규칙적인 운동, 균형 잡힌 식사, 충분한 수면과 더불어 정신 건강을 위해 명상, 요가, 취미 활동 등을 통해 스트레스를 관리하도록 하겠음.

[구상형 3번]

[자신의 입장에 부합하는 교사 선택]

A 교사

교사는 학생들에게 진정성과 솔직함을 보여줌으로써 인간적인 신뢰를 쌓고 이를 바탕으로 라포르를 형성하여 교육적 효과를 극대화할 수 있음. 교사가 자신의 감정을 학생들과 공유함으로써 학생들은 교사에게 더욱 마음을 열고 다가갈 수 있을 것임. 사제 간의 유대관계를 바탕으로 교사의 지도가 학생들에게 더욱 긍정적인 영향을 미칠 수 있을 것이라고 기대함.

B 교사

교사의 감정이 교육과정에 투입이 되면 오히려 혼선을 빚을 수 있음. 교사의 개인적 가치관이 수업에 투영되어, 이는 학생들이 편향될 사고를 할 가능성을 높일 수 있음. 교육과정에서 학생들에게 안정감을 제공하기 위해서는 객관적이고 공정한 자세를 유지하는 것이 중요함.

[선택한 입장을 바탕으로 한 학생 생활지도 방안]

A 교사의 관점
- **감정 교육**: 교사가 자신의 감정을 공유하면서 학생들에게 감정을 인식하고 공유하는 방법을 가르침. 학생들의 자신의 감정을 조절할 수 있는 방법을 배우면서 관계를 맺는 방법을 익힘으로써 성장할 수 있음.
- **진솔한 피드백**: 학생의 잘못된 행동에 대해 인간 대 인간으로서 느껴지는 감정에 대해 피드백을 함. 학생들은 자신의 행동이 타인에게 어떠한 영향을 미치는지 깊이 있게 이해할 수 있음.
- **사제동행 멘토링 진행**: 학생들과 멘토링 과정에서 다양한 문화 체험을 경험하며 라포르를 형성할 수 있음. 교사에 대한 신뢰와 유대감을 바탕으로 학교 생활에 적응하고 사회 구성원으로서의 자질을 습득할 수 있을 것임.

B 교사의 관점
- **공정한 지도**: 특정 관점에 치우치지 않게 상황을 파악하고 이에 대한 객관적인 피드백을 제공함으로써 학생들이 자신의 잘못을 제3자의 입장에서 바라볼 수 있도록 안내함.
- **규칙 및 기준 설정**: 명확한 규칙과 기준을 설정하여 학생들이 행동의 지침으로 삼을 수 있는 표준점을 제공함.
- **역할 모델로서의 기능**: 항상 중립적이고 객관적인 자세를 유지함으로써 학생들에게 올바른 태도와 행동을 보여주는 역할 모델이 될 수 있음.

[즉답형]

[최 교사에게 부족한 자질]
- **감수성** : 최 교사는 강 교사가 힘들어한다는 점에 충분히 공감하지 못함. 강 교사가 학교폭력 업무로 스트레스를 겪고 있음을 이해하고 그의 입장을 공감해야 함.
- **배려** : 최 교사는 강 교사의 건강과 행복을 고려해야 하며 개인의 삶의 질은 공동체의 이익보다 중요할 수 있으므로 강 교사의 결정을 존중하고 이해해야 함.

[내년도 업무 결정에 대한 선택]
- **수락** : 올해의 경험을 바탕으로 개선점을 찾아 내년에는 능숙하게 일을 할 수 있을 것이라고 생각하기 때문에 이를 수락함. 다만, 수락할 때 업무 분장에 관한 재논의를 건의할 것임. 학교폭력에 관한 과중한 업무를 부장과 다른 계원들에게 분담하여 강 교사에게 지나치게 많은 책임과 민원이 몰리지 않도록 할 필요가 있다고 생각함.
- **거절** : 학생들에게 최선을 다하기 위해서는 교사 자신의 삶의 만족도가 보장되어야 한다고 생각함. 학교폭력 담당이라는 업무 자체가 현재 강 교사의 삶의 질을 떨어뜨리고 있음. 또한, 사회 분위기상 학교폭력 담당 업무가 학교 내부에서 기피 업무일 수밖에 없는데 기피 업무일수록 구성원들이 돌아가면서 맡아야 한다고 생각함. 해당 업무 외에도 다양한 업무를 경험함으로써 전문적 역량을 기르는 것이 중요하다고 생각하므로 학교폭력 업무를 거절할 것임.

[제3자로서 갈등 조율 방안]
- **이해의 장 마련** : 각자의 입장을 이해하고 서로의 관점을 존중하는 환경을 조성함.
- **업무 분장 희망서를 토대로 한 업무 분장** : 특정인을 해당 업무의 적임자로 못박는 것이 아니라, 여러 가능성을 열어 놓고 논의를 해야 함을 언급함.
- **인사자문위원회에 해당 안건 상정 건의** : 만약 업무 분장에 해당 업무를 희망한 사람이 없다면, 인사자문회의를 거쳐 논의와 추천받은 사람의 동의를 거쳐 업무 분장을 진행하도록 함.

2026학년도 평가원 지역 — 39회차

[구상형 1번]

[AI와 관련된 학생들의 언급에 관한 적절한 해결 방안]

학생 A
- 학습의 목적 및 AI의 한계에 대한 인식 강화
  - AI는 많은 정보를 빠르게 처리할 수 있지만, 인간의 창의력과 경험적 학습에 바탕을 둔 판단은 AI가 대체할 수 없는 영역임.
  - 공부의 목적이 단순 지식 습득이 아니라, 정보를 유기적으로 활용하고 적재적소에 적용할 수 있는 능력을 기르는 것임을 이해시킴.
  - AI의 답변에 오류가 있을 수 있음을 언급하며, 스스로 자료를 찾아보며 AI의 답변 내용을 검증함으로써 AI가 제공하는 정보를 비판적으로 수용할 수 있는 능력을 길러야 함을 강조함.

학생 B
- 수업 중 AI 사용에 대한 규칙 설정
  - 수업 중 AI와의 상호작용 시, 수업의 목표와 내용에 부합한 질문만을 사용하도록 규칙을 정함.
  - AI에게 비속어나 수업과 무관한 질문을 학생들에게 제재를 가하며, 그러한 행위가 수업의 흐름을 방해한다는 사실을 명확히 인지하도록 함.
  - AI를 사용할 수 있는 시간을 정해놓고, 그 외에는 답변을 토대로 학생들이 토의·토론을 하거나 협동학습을 할 수 있도록 수업을 설계함.

학생 C
- 개별적인 판단과 해석의 중요성 강조 & 명확한 질문 던지기
  - 같은 AI 챗봇을 사용해도 학생들의 표현력에 따라 그 답변을 가공하여 만든 결과물이 달라질 수 있음.
  - AI의 답변을 그대로 받아들이는 것이 아니라, 이를 자기 언어로 재해석하고 선별적으로 추려내 과제에 활용하는 능력이 중요함.
  - 다른 학습자들과의 토론이나 협동 학습을 통해 다각적인 접근 방식을 배움으로써 그 과정에서 자신의 독창적인 아이디어를 구축해 나갈 수 있도록 해야 함.
  - 어떠한 구성으로 질문을 하느냐에 따라 답변의 질이 달라질 수 있으므로 AI 챗봇에게 원하는 정보를 얻어낼 수 있는 적절한 질문 방식에 대해 연습하도록 안내함.

[구상형 2번]

[융합 수업의 문제점과 그 해결 방안]

- **문제점** : 시간 배분의 불균형
  융합 수업에는 여러 과목이 함께 연결되어 학습되어야 하므로 각 과목에 할당되는 시간이 균등하게 배분되는 것이 중요함. 하지만 박 교사는 4시간의 수업 시간 중 1시간만을 담당하게 되어 대주제를 학습하는 데 필요한 내용을 학생들에게 온전히 전달하지 못하였음.
- **해결 방안** : 융합 수업 계획 시, 각 과목의 목표와 핵심 내용을 먼저 파악한 후에 그에 따라 적절하게 시간을 배분해야 함. 이때, 각 과목의 내용을 충분히 다룰 수 있도록 협의를 통해 시간을 조정해야 함.

- **문제점** : 전문 지식의 부재(타 교과 내용의 숙지 부족)
  박 교사는 함께 융합 수업을 진행하는 과학 교과의 개념 이해가 부족하여 학생의 질문에 적절히 답하지 못했음.
- **해결 방안** : 융합 수업을 준비할 때, 교사들 간의 충분한 협의와 소통이 필요함. 이를 통해, 각자의 전문 분야 외에 내용에 대해서도 기본적인 지식을 갖추게 되어 표면상의 융합이 아닌 진정한 융합 수업을 할 수 있음.

[박 교사에게 부족한 자질 & 해당 자질을 기를 수 있는 방안]

- **융합적 사고 능력** : 자신의 교과만을 가르치다가 융합 수업에 참여하게 되었을 때, 다른 과목과의 연결점을 찾고 이를 통합하여 수업하는 능력이 부족함. 이러한 경우, 수업의 연계성이나 통일성이 떨어질 수 있음.

- 해당 자질을 기를 수 있는 방안
  - **교원학습공동체 참여** : 융합 수업 교원학습공동체에 참여하여 다양한 분야에 교사들과 특정한 주제로 융합 수업을 하는 경험을 통해 다른 과목의 지식을 습득하고 융합적으로 생각하는 방법을 연습할 수 있음.
  - **꾸준한 자기계발** : 다양한 분야의 서적 및 학술 자료 참고, 융합 수업 관련 연수 수강 등을 통해 여러 학문 분야의 지식을 획득할 수 있음.

- **대응 능력 및 유연성** : 학생의 질문에 즉각적으로 대응하거나, 수업 중 발생하는 예기치 못한 상황에 대해 적절하게 대처하는 능력이 필요함.

- 해당 자질을 기를 수 있는 방안
  - **다양한 시나리오 예상** : 실제 수업에서 발생할 수 있는 다양한 상황을 상정하고, 이러한 상황들에 대해 어떻게 대응할 것인지 충분히 생각함.
  - **자료 및 예비 활동 준비** : 학생들의 질문이나 수업 중 발생할 수 있는 문제에 대응하기 위해 추가적인 자료나 활동을 준비함.
  - **수업 성찰일지 작성** : 수업 후에 자신의 질문 대응 방식이나 수업 진행 방식에 대해 반성하고, 향후 같은 상황에서 더 나은 선택과 반응을 할 수 있도록 그 경험을 기록함.

[구상형 3번]

[자신의 입장에 가까운 교사와 그 이유]

A 교사 선택

최근 교권 침해 이슈가 부각됨에 따라, 교사들의 권리와 의무가 명확하게 정의되지 않으면 교육현장에서 발생하는 다양한 문제에 정확하게 대응할 수 없다고 생각함. 법률의 명문화를 통해 교사의 권리와 의무를 명확히 함으로써 교육현장이 안정되고 효율적인 학교 운영을 할 수 있다고 생각함.

B 교사 선택

교사가 자신의 전문 영역에 대해 깊은 지식과 탁월한 수업 능력을 갖추고 있다면 그것 자체로 학생들과 학부모들로부터 신뢰와 존중을 받을 수 있음. 또한, 공정하고 체계적인 학생 지도를 통해 학생들에게 적절한 조언과 지원을 아끼지 않는다면 학생들은 교사의 지도하에서 더욱 성장할 수 있을 것임. 교사의 전문성을 통해 교권이 자연스럽게 확립될 수 있을 것이므로 법률상으로 교권을 명시하는 것이 교권 회복의 능사는 아닐 것이라고 생각함.

[선택한 입장을 바탕으로 학생들과 관계를 형성해 나갈 방법]

A 교사 선택

교권의 법률적 명문화를 통해 교사와 학생 간의 명확한 권리와 의무를 설정함으로써 학교 내 안정을 추구할 수 있을 것임. 다만, 일관된 규칙과 기대치를 설정하되 학생의 상황에 따라 유연하게 대응하는 것이 중요하다고 생각함. 사제 간의 예의를 지키고 서로를 존중하며 학생과 관계를 맺어나가고 싶음.

B 교사 선택

학생들에게 진정한 교육의 가치를 전달하려면 전문성을 갖추어야 함. 수업 준비에 최선을 다하고 학생들의 이해도에 맞춰 수업해야 한다고 생각함. 또한, 각 학생의 능력과 상황을 고려하여 일관되고 공정한 평가와 피드백을 제공함으로써 학생들의 신뢰를 얻을 수 있도록 노력할 것임.

[즉답형]

[윤 교사가 진행한 학급 프로젝트의 문제점]

- **과도한 부담** : 매주 다양한 주제로 학급 프로젝트를 진행하는 것은 학생들에게 창의적인 생각을 할 기회를 제공하지만, 반대로 학생들에게 과도한 부담이 될 수 있음. 또한, 학급 프로젝트가 너무 자주, 과도하게 진행된다면 학생들의 학습 시간을 침해할 위험도 있음.
- **피드백의 부재** : 윤 교사는 학생들의 호응이 좋다고 생각했지만, 실제로 학생들은 프로젝트로 부담을 느끼고 있었음. 이는 교사와 학생 간의 의사소통이나 피드백 과정이 충분하지 않았음을 반영함.

[윤 교사와 김 교사가 부족한 자질과 그 이유]

- **윤 교사** : 의사소통 능력
  윤 교사는 학급 프로젝트의 호응도가 좋다고 생각하였지만, 학생들은 이로 인해 부담을 느끼고 있었음. 이를 통해 윤 교사가 학생들의 의견이나 피드백을 제대로 수렴하지 않았음을 알 수 있음. 적절한 의사소통 과정이 있었다면 학생들의 부담감을 조기에 감지하고 적절한 조치를 할 수 있었을 것이라고 생각함.
- **김 교사** : 개방적 자세
  김 교사의 '요즘 아이들은 ~해요.'라는 발언은 김 교사가 특정 교육 방식이나 학생들의 선호에 대한 고정관념이 있음을 나타냄. 교육은 지속적으로 변화하기 때문에 교사는 다양한 학습 양식과 변화하는 학생들의 필요를 수용할 수 있는 개방적인 사고를 갖춰야 함.

[민주적인 학급 운영의 관점에서 윤 교사가 학급 프로젝트를 개선할 수 있는 방안]

- **학생들의 의견 수렴** : 학급 프로젝트의 주제나 방식을 결정하기 전에, 학생들의 의견을 먼저 듣는 것이 중요함. 학생들에게 관심 있는 주제나 활동, 프로젝트 운영 방식 등에 대해 사전에 설문조사를 함.
- **프로젝트 진행 주기 조절** : 매주 프로젝트를 진행하는 것이 학생들에게 부담을 줄 수 있음. 주기를 2주나 한 달로 늘림으로써 학생들이 충분한 시간을 갖고 프로젝트에 몰두할 수 있는 환경을 조성할 수 있음.
- **학생 위원회 구성** : 학급 프로젝트와 관련된 결정 사항을 학생 위원회와 함께 논의하고 결정하도록 함. 학생 위원회는 학급 내 다양한 의견을 대표하는 역할을 하며 학급 운영에 직접 참여하기 때문에 책임감을 기를 수 있음.
- **정기적인 피드백 시간** : 프로젝트가 끝날 때마다 학생들과 결과에 대한 성찰과 향후 개선점을 모색하는 시간을 가짐. 프로젝트의 잘된 점, 아쉬운 점, 개선점 등을 공유하고 다음 프로젝트에 이를 반영할 수 있도록 함.

2026학년도 평가원 지역 | 40회차

[구상형 1번]

[학생 A~C의 발언에 나타난 수업의 문제점]

- **학생 A** : 학생들의 능력과 과제의 난이도 사이의 괴리
- **학생 B** : 비체계적인 수업 진도, 학기 초 수업 계획과 실제 진도의 불일치
- **학생 C** : 세태를 반영하지 못하는 수업 자료

[학생 A~C의 문제점을 해결하기 위한 방안]

학생 A

- **형성평가 실시** : 형성평가를 실시하여 학생들의 이해력과 과제 해결 가능 수준을 파악하여 이에 부합하는 과제를 제시함.
- **사전 설문조사 실시** : 학생들의 설문조사 결과를 반영하여 학기 초에 세운 과제 내용을 수정함. 과제 배점에 비해 과제를 수행하기 위한 절차나 분량이 많다는 의견이 지배적이라면 과제의 내용을 수정할 필요가 있음.
- **교사의 적절한 피드백** : 사전작업과 보고서 작성 과정에서 학생들이 어려움을 겪는다면, 이에 관해 교사가 적재적소에 필요한 조언을 해주어야 함.

학생 B

- **수업 내용 재검토** : 수업 내용을 재검토하여 효율성을 높이는 방향으로 계획을 수정해야 함. 중요한 내용에 집중하고 부가적인 내용은 학습 자료로 대체하는 등 학기 초에 정해놓은 수업 분량을 지킬 수 있도록 계획을 재검토해야 함.
- **자기주도학습 활성화** : 학생들이 수업 시간에 다루지 않은 내용을 스스로 탐색하고 연구하는 데 필요한 도움을 제공하여 학생들이 자율성을 발휘해 추가 학습을 진행할 수 있도록 함.
- **플립 러닝(flip learning)** : 학생들이 미리 주제에 대해 학습하고 교실에서는 심화 학습을 진행하여 학생들이 수업 시간에 효율적으로 핵심 내용을 학습할 수 있도록 함.

학생 C

- **학생들의 관심사 파악** : 학생들의 관심사나 학생들 사이에서 인기가 많은 연예인을 수업 예시 자료로 활용하여 학생들의 수업 집중도와 몰입도를 높임.
- **수업 자료 갱신** : 수업 시간에 활용하는 자료를 최신화하고 학생들이 공감할 수 있는 현대적인 예시를 활용함. 최신 사회 이슈나 유명인을 활용하여 주제에 관한 논의를 이끌어 냄.
- **학생참여형 수업 방식 도입** : 학생들이 수업에 직접 참여하여 최신 주제나 이슈를 제안할 수 있도록 함. 프로젝트 기반 학습, 토론, 조별 과제 등을 통해 보다 학생들이 관심을 가질 만한 내용을 위주로 수업을 이끌어갈 수 있음.

[구상형 2번]

[박 교사에게 부족한 인성적 자질]
- **공정성** : 박 교사는 특정 학생들에게 편중된 주의를 기울이며, 그로 인해 다른 학생들에게 불공정한 대우를 하고 있음.
- **책임감** : 교사는 모든 학생의 학습을 지원해야 하는데 특정 학생들과 친분을 유지하느라 수업 내용에 관한 질문에 충실히 답변하지 못했음.

[해당 자질을 기르기 위한 노력 방안]
- **공정성**
  - **발문 균등화** : 수업 중 발문이나 토론 참여 기회를 모든 학생들에게 공정하게 분배해야 함. 필요하다면 발문 순서를 기록하여 균등한 참여를 보장하는 시스템을 도입함.
  - **시간 공유** : 특정 학생들에게만 시간을 할애하는 것이 아니라, 모든 학생들이 교사의 시간을 공유하고 지원을 받을 수 있도록 함. 교무실 방문 시간을 명확하게 정하고, 필요한 경우 예약 제도를 도입하여 학생들이 공평하게 교사의 도움을 받을 수 있도록 함.
  - **피드백 및 평가 측면에서의 공정성 유지** : 개인적인 감정이나 관계가 평가에 영향을 미치지 않도록 주의를 기울이고, 평가기준을 명확히 공개하여 학생들이 이해할 수 있도록 해야 함.

- **책임감**
  - **교직 성찰일지 작성** : 성찰일지를 작성하며 자신의 행동이 모든 학생에게 책임을 다하지 못했다는 것을 인정하고 반성해야 함. 자신의 일과를 돌아보며 성찰일지를 작성함으로써 교사로서의 책임감을 스스로 상기할 수 있음.
  - **상담을 통해 모든 학생들과 라포르 형성** : 주기적인 상담을 통해 학생들과 라포르를 형성하여 학생들의 학업 진행 상황, 이해도, 학습 습관 등을 관찰하고 이를 바탕으로 필요한 지원을 제공함.

[구상형 3번]

[자신의 교육관과 가까운 교사]

A 교사
학생들의 행동을 조절하고 교육 환경을 유지하며 효과적인 교육을 제공하기 위해 교사의 권위가 필수적이라고 생각함. 이러한 목표를 달성하기 위해 학생의 인권을 부분적으로 제한할 필요가 있을 수 있음. 학생들의 권리를 무제한 인정한다면 학생의 권리는 그 자체로 교사의 지도를 거부할 수 있는 방패가 될 수 있기 때문임. 단, 학생들의 권리의 부분적 제한은 학생들의 교육적 이익을 위한 것이며 일시적이고 적정한 범위 내에서 이루어져야 함.

B 교사
교사의 권위는 학생의 인권을 침해하거나 제한하는 방식으로 행사되어서는 안 됨. 교사의 권위는 교육 환경을 유지하고 학생들의 성장을 돕는 수단이 되어야 함. 학생 인권은 학생들의 존엄성을 인정한다는 점에서 교육의 핵심 가치임. 따라서 학생의 인권을 존중하는 것과 교사의 권위를 행사하는 것은 상호 배타적이지 않음.

[선택한 입장을 바탕으로 '교사의 권위'에 대한 자신의 생각]

A 교사의 관점
교사의 권위는 학생들의 학습을 지원하고 학생들의 발전을 촉진하는 도구로 보는 것이 적절함. 이 권위는 항상 책임감과 함께 행사되어야 하며 교육적 이익을 추구하는 것을 최우선으로 생각해야 함.

B 교사의 관점
교사의 권위는 학생들의 인권을 존중하고 학생들의 성장에 도움을 줄 수 있는 학습 환경을 조성하는 데 사용되어야 함. 이를 통해 학생들은 자신의 권리를 인식하고 존중하면서도 동시에 교사의 권위에 대한 적절한 이해와 존중을 배울 수 있음.

2026학년도 평가원 지역 — 41회차

[즉답형]

[차 교사의 발언의 문제점]
- **세대 간 공감 불가** : 차 교사는 자신의 경험을 일반화하여 현재의 MZ 세대를 일률적으로 비판하고 있음. 이는 세대 간의 이해와 공감을 저해하므로 다양한 세대가 공존하고 있는 교육 환경에서는 부적절함.
- **개인주의 오해** : MZ 세대의 개인주의를 비판하는 차 교사의 발언은 개인주의에 대한 오해를 내포하고 있음. 개인주의는 무조건 나쁜 것이 아니며 각자의 개인적인 시간을 통해 계발과 성장을 도모할 수 있다는 점에서 긍정적으로 평가될 수 있음을 간과함.
- **교사 간 평가의 부적절성** : 차 교사는 김 교사와 장 교사의 업무 수행 방식을 비교하며 김 교사를 비난하고 있음. 이는 개개인의 근무 방식에 대한 이해가 부족한 것에 기인함. 교사의 업무 수행 능력을 평가할 때는 실질적인 성과와 학생들에게 미치는 영향 등을 고려해야 할 것임.

[차 교사의 발언을 듣고 김 교사가 할 수 있는 생각]
- **불공정한 평가** : 김 교사는 자신의 업무를 충실히 수행하고 있고 개인 시간을 교사로서의 역량 증진에 활용하고 있음에도 불구하고, 단순히 퇴근 시간을 기준으로 교사로서의 자질을 평가받았기에 이를 불공정하다고 판단할 것임. 장 교사가 늦게 퇴근하는 이유는 일과 시간의 일을 방과후에 처리하며 개인 동호회 활동을 위한 것이므로 비교의 잣대가 단순히 퇴근 시간이 되어서는 안 된다고 생각할 것임.
- **개선된 교육 환경 필요** : 현재의 교육 환경에 변화와 발전이 필요하다고 느낄 것임. 차 교사의 발언을 통해 교사들 사이에는 아직도 과거의 관습과 가치관이 존재함을 느꼈을 것이며 이를 개선할 필요가 있다고 생각할 것임.

[MZ 세대의 강점을 교직 사회에 적용할 수 있는 방안]
- **에듀테크 기술 활용** : MZ 세대는 디지털 기술에 익숙하므로 에듀테크 활용에 크게 기여할 수 있음. 온라인 학습 플랫폼, 앱, SNS 등을 통해 새로운 학습 자료를 찾아내고 이를 수업에 활용하여 학생들의 배움을 도울 수 있음.
- **개별화된 학습 경험 제공** : MZ 세대는 개인주의를 선호하는 성향이 있음. 이는 학생들의 개별적인 학습 경험을 중시하는 교육 환경 조성으로 이어질 수 있음. 학생들의 개별적인 관심사와 능력을 인식하고 그에 맞는 학습 계획을 개발하는 데 역량을 발휘할 수 있을 것임.
- **창의적인 사고 활용** : MZ 세대는 창의적인 사고를 중요시함. 이는 학생들에게 새로운 문제해결 방법을 탐색하도록 격려하고 전통적인 교육 방법에 제한되지 않는 획기적인 교육 전략을 개발하는 데 도움을 줄 수 있음.

[구상형 1번]

[문제점]
- 온라인상 타인의 모습과 비교를 통해 스스로 자존감이 낮아짐.
- 자신의 강점에 주목하기보다 타인의 성과에 주목하여 상대적 박탈감을 느낌.
- 낮아진 자기효능감으로 인해 노력의 의지가 상실됨.
- 친구와의 관계를 무의미하게 여기고 상호작용을 회피하려는 성향을 보임.
- 학교생활에 대한 흥미가 떨어지며 이로 인해 전체적인 만족도가 낮아짐.
- 정서적 위축과 피로도가 심화된 상태임.

[지도 방안]
- 나의 성장 포트폴리오 활동을 통해 자신의 성장과 변화정도를 기록하고 스스로 인식하여 긍정적 감정을 갖도록 함.
- 디지털 리터러시 교육으로 SNS 상의 모습과 현실을 구분하고 상대적 박탈감을 줄일 수 있는 방안을 함께 모색함.
- 학생들끼리 서로의 장점을 피드백하고 긍정 언어로 되돌려 받는 활동을 진행함.
- 학생의 관심사를 기반으로 학생 소모임을 운영할 수 있도록 하여 모임과 역할을 통한 소속감을 형성함.
- 학교생활에 대한 지속적인 글쓰기 활동과 피드백 시간을 운영하여 스스로 학교생활에서의 가치를 생각해볼 수 있도록 함.
- 집단 상담을 통해 서로의 감정을 공유하고 함께 회복을 위해 노력하는 분위기를 조성함.

[구상형 2번]

[몰입도 저하 원인]
- 학습 목표와 핵심 개념에 중점을 두는 것이 아닌 형식 중심의 설계
- 다양한 활동이 하나의 경험으로 연결되지 않아 나열 중심으로 인식
- 교사가 제시한 자료를 수동적으로 받아들이는 느낌으로 인해 몰입이 아닌 끌려가는 느낌을 받을 수 있음.
- 방대한 양의 자료로 인해 수업의 내용이 내제화되기에 어려움.

[노력 방안]
- 디지털 기기는 보조 수단으로 활용하고 매 활동마다 학습목표와 연결된 질문을 던져 주제의 연설성을 확보함.
- 퀴즈나 자료 열람을 넘어 태블릿을 통한 개별 의견 정리 및 상호 의견 교류 등 학생 중심의 활동이 이루어지도록 함.
- 수업 후 배운 내용을 정리할 수 있는 시간을 마련하고 누적하도록 하여 수업에서의 경험을 내제화할 수 있도록 도움.

2026학년도 평가원 지역 [42회차]

[구상형 1번]

[학생들의 문제 행동]
- 체험활동을 시간 때우기로 인식하여 진로에 되는 유의미한 시간을 무의미하게 흘려보냄.
- 준비물 미비 및 활동 중 기본 생활 태도, 학습 태도 결여

[학교 측의 운영 문제]
- 체험활동의 목적, 의미에 대한 사전 교육 부재
- 프로그램 운영 과정에 대한 체계적 준비 및 지도 부족

[학생 지도 방안]
- 체험활동 전, 프로그램의 의미 및 기대효과를 학생 눈높이에 맞춰 설명
- 활동 전, 개인별 준비물 점검표 작성 및 점검 미이행 시 사전 피드백 실시
- 활동 후, 포트폴리오 작성 및 체험 소감 발표회를 통해 참여 의미를 강화

[운영 방안]
- 사전 오리엔테이션 실시(목적, 역할, 준비사항 설명)
- 체험 프로그램별 담당 교사 지정 및 점검 프로세스 마련
- 활동별 성취기준을 명확히 하고, 사후 학생 피드백 조사 실시

[구상형 2번]

[수업 준비에 성실해야 하는 이유]
- 학생 학습 효과 극대화 및 몰입도 향상
- 교사에 대한 신뢰와 수업에 대한 긍정적 태도 형성
- 학습 격차 해소 및 학생 개인 맞춤형 지도 가능

[전문성 신장 계획]
- 월별 개인 수업 목표를 설정하고, 스스로 성취도 점검
- 전문적학습공동체 및 수업 나눔 연수 참여
- 학생 성장 사례를 기록하여 작은 성취를 인식하고 동기 부여
- 교육철학서나 교직 에세이 정기 독서를 통해 초심 회복

[구상형 3번]

[선호하는 교사 선택]
A 교사
- 실패는 도전 정신과 문제해결 능력을 키울 수 있는 기회
- 안전한 실패를 경험하며 회복탄력성 강화
- 실패를 긍정적으로 바라보는 태도를 통해 도전 회피 경감
- 학교는 학생이 실패를 안전하게 경험하고 성장할 수 있는 공간

[구상형 3번]

[교육관과 일치하는 교사 선택]
A 교사
- 학교는 학생의 삶을 위한 공간이기 때문에 운영의 최우선 기준은 학생 경험과 눈높이라고 생각함.
- 학생 스스로 목소리를 낼 수 있는 다양한 경험을 제공하는 것이야말로 민주시민 역량을 길러줄 수 있으며 이는 학교의 중요한 역할임.

B 교사
- 학생은 모든 상황을 판단할 수 있는 역량이 완성된 것이 아니므로 교사의 교육적 안목과 운영이 중심이 되어야 함.
- 교사의 일관된 운영 기준은 학생들의 학습에서 예측 가능성과 심리적 안정감을 높여줄 수 있음.

[유의점]
A 교사
- 다수의 의견이라고 무조건 수용하는 것이 아닌 교육적 기준을 바탕으로 조정이 반드시 필요함.
- 학생 참여가 강조될수록 교사가 방관하는 것이 아닌 안내자로서의 역할을 더욱 정교하게 수행해야 함.

B 교사
- 교사의 전문성이 지나치게 강조되어 학생의 자율성과 참여 기회를 지나치게 제한하지 않도록 주의해야 함.
- 교사의 전문성도 변화하는 사회에 맞춰서 지속적으로 수정하고 발전할 수 있도록 노력해야 함.

[즉답형]

[김 교사로서 학생 대응방안]
- 학생의 감정 표현을 수용하되 평가적 발언에는 동조하지 않아야 함.
- 학생의 문제 인식이 단순 비난에서 그치는 것이 아닌 건설적 제안으로 연결될 수 있도록 유도함.
- 수업 비평이 사람에 대한 비난이 아니라 수업 방식에 대한 의견을 표현해야 함을 명확하게 제시함.

[동료교사로서 도움을 줄 수 있는 방안]
- 직접적이고 공식적인 피드백보다 아이디어 공유 방식을 통해 간접적으로 자연스럽게 접근함.
- 공개 수업 또는 협력 수업 제안을 통해 수업에 대한 변화를 자극하며 자연스럽게 동료교사로서 도움을 제공함.
- A 교사가 가진 강점과 내가 제안하고 싶은 내용이 함께 공유될 수 있는 수업 공유 소모임 또는 전문적학습공동체를 운영하자 제안함.

B 교사
- 초기 성공 경험은 학습 자신감과 자기효능감을 높임.
- 학생들의 지속적인 성취 경험이 학습 동기를 강화
- 긍정적 경험을 통해 안정적인 학교 적응을 도움.

[구체적인 적용 방안]
A 교사
- **도전 과제 데이 운영** : 매월 1회, 학생들에게 도전 과제를 제시하고 성공/실패 여부와 관계없이 도전 과정을 공유하게 함.
- **실패 사례 발표회 기획** : 본인이 경험한 실패 사례와 그로부터 배운 점을 공유하는 발표 수업 운영
- **시도 자체를 칭찬하는 피드백 제공** : 도전하고 실패한 학생에게 시도 자체를 긍정적으로 평가하는 구체적 칭찬 실시
- **과정 중심 평가 비율 강화** : 프로젝트형 과제에서 결과물보다 도전 과정과 협력 태도를 주요 평가 항목으로 설정

B 교사
- **소확행 과제 설계** : 누구나 작은 성공을 경험할 수 있는 쉬운 난이도의 미니과제 주간 운영
- **성공 포인트 적립제 실시** : 학생 개인 또는 모둠 단위로 성취를 기록하고 누적하여 보상하는 시스템 운영
- **미니 성취 발표회 진행** : 짧은 주간 학습 목표 달성 시, 학급 전체 앞에서 성공 사례를 소개하고 함께 축하하는 시간 마련
- **1:1 미니 상담을 통해 맞춤형 칭찬 제공** : 개별 상담 시간을 통해 학생별 성취를 구체적으로 언급하며 긍정 피드백 제공

[즉답형]

[대응 방안]
- 최 교사의 입장을 경청하여 상황을 정확히 이해
- 공동 목표(학생 학습 효과)를 중심으로 대화 방향 설정
- 변경된 수업 방식에 대해 구체적 사례를 들어 협의 필요성 설명
- 수업 운영 방안에 대해 함께 조율하는 합의안 마련 시도
- 후 유사 상황 방지를 위한 운영 규칙 사전 합의 추진

[유의점]
- 감정적 대응 없이 사실 중심으로 대화
- 감정 대립 피하고 문제 해결 관점에서 접근
- 협의 과정에서 상대방을 비난하지 않고 개선 방향 제안
- 1:1 대화 방식 유지, 공개석상에서는 협력적 자세 강조
- 향후 갈등을 사전에 예방하는 시스템 구축 유도

2026학년도 평가원 지역 | 43회차

[구상형 1번]

[문제 상황]
- 디지털 수업에 대한 불신
  - 스마트 기기를 활용한 수업의 목적과 가치가 명확히 전달되지 않아 학생이 수업 활동을 단순 시청각 자료 소비와 동일시함.
  - 스스로 디지털 기기를 학습 도구로 인식하지 못하고, 수동적 태도로 참여함.

- 스마트기기 오용과 수업 전반에 대한 학생들의 수용 저하
  - B 학생은 몰래 게임을 하며 수업에 대한 몰입도가 낮고, 통제 어려움 발생
  - 일부 학생들은 디지털 수업이 교사의 설명보다 기계에 의존하는 방식이라 느끼며 수업 효과에 대해 부정적인 인식을 보임.

[해결 방안]
- 디지털 수업 대한 불신에 대한 해결 방안
  - **디지털 수업 도입 시 학습 목적과 방식에 대한 오리엔테이션 실시** : 도구 사용 목적과 학습에 도움이 되는 방법 등을 설명함, 전통적 수업과 디지털 수업의 차이점 및 보완 관계를 명확히 안내
  - **학생 주도 활동 중심으로 스마트 기기 활용 수업 재설계** : 정보 검색, 발표 자료 제작, 문제 해결 활동 등을 통해 기기가 지식 소비 도구가 아닌 생산 도구임을 경험하게 함
  - **A 학생과 개별 상담 진행 → 인지적 부담 혹은 회피 심리 파악** : 단순한 불평인지, 디지털 리터러시 부족이나 학습 불안인지 확인하고 맞춤형 피드백 제공

- 스마트기기 오용에 대한 해결 방안
  - **수업용 기기 사용 규칙 및 디지털 에티켓 공동 제작** : 학급 구성원과 함께 '이용 가능 앱', '집중 시간', '학습 도중 행동 규칙' 설정, 규칙 어길 경우에 대한 후속 조치도 함께 명확히 설정
  - **수업 중 실시간 모니터링 툴(예 화면 공유, 활동 추적 앱) 활용** : 몰입도 체크 및 비학습 활동 사전 차단, 기술 기반 관리보다는 선제적 예방 중심 운영

[구상형 2번]

[김 교사에게 요구되는 역량]
- 의사소통 역량 : 다양한 의견을 가진 동료들과 소통하며 상호 이해를 이끌어내는 능력, 비판이 아닌 공감 기반의 대화로 갈등을 완화하는 능력
- 협업 리더십 : 공동의 목표 아래에서 구성원의 참여를 유도하고 구성원 간 역할 조정을 할 수 있는 역량
- 협업 기반 소통 역량 : 동료 교사의 의견 차이를 존중하면서도, 공동의 목표 달성을 위해 자신의 관점과 아이디어를 공감적으로 제시하고 긍정적인 분위기를 형성하는 능력

[해당 자질을 향상하기 위한 노력]
- 교생 실습 기간 동안 담임교사 및 지도교사와의 일일 협의에서, 주도적으로 의견을 전달하기보다는 먼저 수업 흐름과 맥락을 충분히 이해하려는 태도를 유지하며 경청 중심의 대화를 실천함.
- 교육봉사 활동 중 학생 상담 시, 학생의 말에 공감하며 반응하는 방식으로 소통함으로써 관계 형성의 중요성을 체감함.
- 교직과목 조별 과제나 프로젝트에서 갈등 상황이 발생했을 때, 감정을 자제하고 '내가 놓친 관점이 있을지도 모른다'는 태도로 상황을 수용하며 조율한 경험이 있음.

[앞으로의 실천 계획]
- 실제 교사로서 협업 상황에서 다양한 의견을 수용하고 정리할 수 있도록 '요약·반영·공감' 중심의 대화 기법을 꾸준히 연습할 계획임.
- 학년 협의나 수업 연구 협의와 같은 실제 회의 상황에서는 먼저 듣고 질문하는 태도를 통해 신뢰를 형성하겠음.
- 비언어적 표현(표정, 고개 끄덕임 등)의 중요성도 인식하고, 경청과 수용의 자세가 드러나는 교사상을 실천하겠음.

[구상형 3번]

[자신의 교육관에 가까운 교사 선택과 이유]

A 교사
- 교육의 목적은 단순한 지식 전달이 아니라, 학생이 스스로 사고하고 삶과 연결짓는 힘을 기르는 것이라고 생각함.
- 교사는 정답을 제시하는 사람이 아니라, 학생이 스스로 탐구하고 질문할 수 있도록 안내하는 촉진자의 역할을 해야 한다고 봄.
- 지식 습득도 중요하지만, 그보다는 학생이 '왜 배우는가', '이것이 내 삶과 어떤 관련이 있는가'를 성찰하도록 돕는 것이 교육의 핵심이라 생각함.

B 교사
- 교육의 목적은 학생이 사회적 삶을 살아가는 데 필요한 핵심 역량과 개념을 정확히 이해하고 적용하는 능력을 기르는 것이라 생각함.
- 교사는 학생이 혼란 없이 방향을 잡을 수 있도록 구조화된 정보를 전달하고, 학습 목표에 도달할 수 있도록 체계적으로 안내하는 역할을 해야 함.
- 결과에 대한 책임을 강조함으로써 학생이 노력의 중요성과 성취의 의미를 함께 배우도록 돕는 것이 교육의 일환이라 생각함.

[해당 교육관을 반영한 수업 및 평가 운영 방식]

A 교사
- 수업 운영 방식
  - 실제 생활과 연결된 문제 중심 수업 운영(예 '학교에서 플라스틱 줄이기 캠페인을 한다면 우리가 할 수 있는 일은?' 같은 실제적 질문을 중심으로 수업 설계)
  - 정답보다는 질문 생성, 다양한 관점 탐색, 협업적 사고 중심의 수업 전개
  - 교사는 답을 말해주는 대신 질문을 함께 만들어가는 자세 유지
- 평가 운영 방식
  - 단편적인 결과보다는 과정 중심 평가를 실시함(예 탐구 과정 중 나타난 학생의 태도, 질문, 피드백 반응 등을 포트폴리오나 루브릭으로 기록)
  - 자기평가 및 동료평가 등을 통해 학습 과정에 대한 자기 성찰 기회 제공
  - 완성된 정답보다 학생 스스로의 의미 구성 노력을 긍정적으로 평가

B 교사
- 수업 운영 방식
  - 학습 목표를 명확히 제시하고, 개념과 기능을 단계적으로 구조화하여 제시(예 목표 안내 → 핵심 개념 설명 → 활동 → 정리 및 확인 학습)
  - 지식 전달뿐 아니라, 오개념 교정과 정확한 이해 점검을 철저히 수행
  - 다양한 수준의 학생을 고려해 보정 학습과 개별 피드백을 병행
- 평가 운영 방식
  - 형성평가와 총괄평가를 명확히 구분하여 진행. 목표 성취 여부를 기준으로 객관적 평가를 실시함.
  - 결과 중심 평가를 하되, 학생이 스스로 부족한 점을 인지하고 보완할 수 있도록 피드백 제공
  - 성취기준에 따른 기록 기반 평가를 통해 신뢰도와 타당도를 확보

[즉답형]

[대응 방안]
- A 학생과 먼저 개별 상담을 실시하여 실제 정서 상태, 따돌림의 구체적 양상, 당사자의 인식 정도를 확인함.
- 도움을 요청한 학생들과도 익명성이 보장된 방식으로 상황을 진술받아 객관적인 정보와 다각도의 시선을 확보함.
- 확인된 사실이 경미한 갈등을 넘어서 반복적 소외나 배제의 양상을 띤다면, 즉각적인 교사 개입과 학급 차원의 중재 프로그램(회복적 서클 등)을 가동함.
- 보호자에겐 교사의 대응 방향, 절차, 학생 정서 안정 조치 등을 구체적으로 설명하고, 감정적으로 대응하지 않도록 신뢰를 회복함.
- 보호자 학교폭력 신고 의사를 확인하고 절차를 안내함.
- 필요 시 관리자 및 학교폭력 전담기구에 사안 접수, 협력체계 구축
- 향후 유사 상황 방지를 위해 학급 자치 운영 기준을 재정비하고, 교사 개입 기준을 학급 규칙에 명문화함.

[학급 내 민감한 관계 문제나 갈등 상황 발생 시 교사가 유의해야 할 점과 이유]
- **학생의 심리적·정서적 안전을 최우선으로 판단** : 갈등 상황은 학습 환경보다 학생의 자기 존중감과 소속감에 더 큰 영향을 미침.
- **갈등 양상과 관계의 권력 불균형 유무를 정확히 판단** : 친구 사이의 일시적 다툼과 반복적 배제는 본질적으로 다름, 교사가 표면적 중립을 고수할 경우 힘이 없는 학생에게 2차 피해가 발생할 수 있음.
- **학생 자율성과 교사의 책임 개입 사이의 기준을 명확히 설정** : 평소 자율을 강조하던 학급일수록 개입 시기의 명확한 기준이 필요함, '누군가가 정서적 불편함을 호소하거나 도움을 요청할 경우'는 교사 개입 사안으로 명시
- **감정보다 관찰과 기록 중심으로 접근** : 상황 판단 시, 감정적 개입이 아닌 사실 기반의 관찰과 기록, 다면적 진술 확보가 중요
- **보호자, 동료 교사, 전문 인력과의 소통을 유기적으로 유지** : 개인 판단의 오류를 줄이고 다각도로 문제에 접근

2026학년도 평가원 지역 | 44회차

[구상형 1번]

[A 학생이 처한 어려움]
- **신체적 학대** : 제시문에서 A 학생과 상담을 하던 중, 집에서 부모님의 말을 듣지 않는다는 이유로 보호자가 손으로 A 학생의 얼굴을 3회 때리고, "한 번만 더 이러면 죽여버리겠다."라며 위협했다는 사실을 알게 됨.
- **정서적 학대** : 결석이 잦고 수업에 집중하지 못함. 다른 학생들의 작은 동작에도 지나치게 놀라거나 방어적인 태도를 보임. 하교 후 집에 가는 것을 두려워함. 식사를 잘 하지 못하고, 수면과 성격에도 영향을 미침.

*아동학대
- **정의** : 보호자를 포함한 성인이 아동의 건강 또는 복지를 해치거나 정상적 발달을 저해할 수 있는 신체적·정신적·성적 폭력이나 가혹행위를 하는 것과 아동의 보호자가 아동을 유기하거나 방임하는 것

- **유형**
  - **신체학대** : 아동의 건강 복지를 해치거나 정상적 발달을 저해할 수 있는 신체적 폭력 또는 가혹행위로서 아동의 신체에 손상을 주거나 신체의 건강 및 발달을 해치는 행위
  - **정서학대** : 아동의 건강 복지를 해치거나 정상적 발달을 저해할 수 있는 정신적 폭력 또는 가혹 행위로서 아동의 정신건강 및 발달에 해를 끼치는 정서적 학대행위 「가정폭력범죄의 처벌 등에 관한 특례법」 제2조 제1호에 따른 가정폭력에 아동을 노출시키는 행위로 인한 경우를 포함
  - **성학대** : 아동의 건강 복지를 해치거나 정상적 발달을 저해할 수 있는 성적 폭력 또는 성적 가혹행위로서 아동에게 음란한 행위를 시키거나 이를 매개하는 행위 또는 아동에게 성적 수치심을 주는 성희롱 등의 행위
  - **방임** : 자신의 보호·감독을 받는 아동을 의식주를 포함한 기본적 보호·양육·치료 및 교육을 소홀히 하는 행위

[교사로서 지원할 수 있는 방안]
- 아동학대 징후 파악 및 신체 또는 정서적 이상 징후 기록·아동학대 신고 및 증거 확보
- 위클래스 및 위센터 상담, 보건교사·특수교사·전문상담교사 등 협조 의뢰
- 아동의 안전확보 및 보호, 비밀 누설 금지

[A 학생과 대화할 때 유의점]
- 교사는 조사를 목적으로 하는 것이 아닌 피해아동의 심리적·신체적 안전 확인 및 보호 등을 목적으로 대화를 진행함.
- 피해아동의 상황 및 심리·신체적 상태에 대한 이해를 바탕으로 아동은 현재 어려움을 이겨낼 수 있는 강점과 자원이 많은 사람이라는 것을 전제하는 해결중심적 관점으로 접근함.

- 사안에 대한 민감한 내용이나 전문적인 상담은 전문기관에 연계하는 것이 바람직함.
- 외부에서 피해아동에게 암시성 있는 질문을 하거나 유도 질문을 통해 개입하면 진술의 신빙성이 떨어지고 왜곡되지 않도록 주의함(피해아동의 진술 오염 방지).

[구상형 2번]

[교사에게 필요한 자질과 평화로운 학급을 조성하기 위한 방안]

- **학생을 이해하고 사랑하는 자질** : 온·오프라인 소통 창구를 마련하여 학생들과의 적극적인 소통을 통해 학생을 이해하려는 노력을 기울임.
- **신뢰와 믿음을 주는 태도** : 학생이 자신감을 가지고 자신의 행동을 성찰하고 성장해나갈 수 있도록 평소 학생들의 이야기를 경청하며 학생을 평가하거나 비난하지 않고 수용하는 모습을 보여줌.
- **인내와 이해** : 학생들의 성장과 발전을 기대하며 인내심을 가지고 기다려줌. 매일 아침 명언 필사하기 활동을 통해 학생들이 자신의 행동을 성찰하고 올바른 삶의 방향을 설정하며 스스로를 믿고 성장할 수 있도록 지원함.
- **긍정적인 모델로서의 자질** : 교사로서 긍정적이고 적절한 언어를 사용하고 학생이나 동료교사 등 상대방을 존중하고 배려하는 모습을 솔선수범하여 보여줌.
- **문제해결 능력** : 학급 분위기를 통해 우려되는 점을 솔직하게 이야기하고 서클활동을 통해 갈등을 해결하기 위한 노력을 함.

[구상형 3번]

[본인의 생각에 더 가까운 교사와 이유]

김 교사

인공지능이 개인별 맞춤형 교육을 제공함으로써 학생들은 자신의 학습 수준과 속도에 맞추어 학습할 수 있음.

이 교사

인공지능을 효과적으로 활용하기 위해서는 인공지능에 대한 기본적인 이해와 활용 능력이 필요함. 그러나 경제적으로 취약한 지역이나 가정에서는 통신비나 기기 미비 등으로 이러한 접근성이 떨어질 수 있음.

[교육 불평등을 해소하기 위해 공교육이 해야 할 노력]

- **디지털 리터러시 교육 강화** : 인공지능과 같은 기술을 올바르게 이해하고 활용할 수 있는 기본 소양을 갖출 수 있도록 함.
- **디지털 격차를 해소하기 위한 지원** : 경제적으로 취약한 지역이나 가정의 학생들에게 디지털 기기를 제공하거나 디지털 활용 교육을 제공함.

[즉답형]

[교사로서 중요한 자질]

- 의사소통 능력
- 갈등 조정 능력
- 문제해결 능력
- 평화적 대응 능력
- 상황 판단 능력

[어떻게 행동할 것인지]

- 지역 주민의 항의 내용을 듣고 이해하며 공감함.
- 학생들이 놀라지 않도록 화가 난 지역 주민과 함께 다른 장소로 이동하여 이야기를 진행함.
- 주민의 항의를 듣고 공감하며 이해하되 교육과정 중임을 설명하고 협조해줄 것을 정중하게 요청함.
- 학생들에게는 상황을 이해할 수 있도록 설명하고 체육대회가 정상적으로 진행될 수 있도록 함.
- 필요시 학교 관계자나 경찰 등에게 도움을 요청함.

[행동의 유의점]

- 폭력이나 과격한 대응은 피하고 평화적인 해결 방안을 모색함.
- 학생들의 안전을 최우선으로 고려해야 함.
- 감정적으로 대응하지 않고 상황을 객관적으로 판단하여 차분하게 대처함.

2026학년도 평가원 지역 45회차

[구상형 1번]

[문제 상황]
- **A 학생(발표 회피 및 소극적 태도)**: A 학생은 발표 불안을 이유로 활동을 거부하며 프로젝트 활동 전반에 소극적으로 임하고 있음. 이는 프로젝트의 핵심 요소인 의사소통과 협력에서 이탈되는 행동이며, 학급 내 협업 분위기에 영향을 줄 수 있음.

- **B 학생(협업 갈등 유발)**: 학생은 자신의 주장만을 고집하며 다른 의견을 존중하지 않고 집단 내 갈등을 유발함. 팀 활동에서 민주적 의사결정과 경청 태도 부족이 드러남.

[해결 방안]
- **A 학생(대안적 역할 제안과 단계적 참여 기회 제공)**
  - 발표 대신 슬라이드 제작, 자료 정리, 발표자에게 피드백 제공 등 다양한 방식의 기여 방안 제시
  - 소그룹 발표 → 부분 발표 → 전체 발표로 점진적 참여를 유도
  - 발표 불안은 '회피할 문제'가 아닌 '지원할 과제'로 접근해야 함

- **B 학생('역할 토론'과 '의사결정 규칙'을 활용한 팀 운영 구조화)**
  - 사전 회의에서 구성원이 함께 발언 순서, 결정 방식(다수결, 합의 등)을 정함.
  - B 학생에게는 '서기'나 '요약자' 역할을 부여해 타인의 의견을 정리하는 경험을 통해 경청 유도

[구상형 2번]

[김 교사에게 요구되는 자질 또는 역량]
- **정서적 공감능력**: A 학생의 말은 자신감 부족뿐 아니라 소외감, 인정 욕구를 나타냄. 교사는 단순한 격려가 아니라 학생의 감정을 세심하게 듣고 공감하며 정서적으로 연결되는 태도가 필요함. 관계 형성을 통해 학습 이전의 심리적 안전 기반을 마련해야 함.
- **학생 개별화 동기유발 역량**: 모든 학생이 동일한 방식으로 동기화되지 않기 때문에, 학생의 성향과 반응을 고려한 차별화된 접근 전략이 필요함. 특히 반복된 실패 경험이 있는 학생에게는 단계적 성공 경험과 의미 있는 과제 제공이 중요함. 교사는 정서적, 과제적 난이도 조절을 통해 '할 수 있다'는 경험을 설계해야 함.

[A 학생의 자기효능감을 높이기 위해 시도할 수 있는 방안]
- 작은 성공경험과 구체적인 피드백 제공
  - 학생이 성공할 가능성이 높은 활동을 먼저 제시하고, 점차 난이도를 높이며 '나는 할 수 있다'는 감각을 회복하게 함 (예 문제 풀이 활동에서 정답률 높은 문항부터 제시하거나, 짧은 문장 쓰기부터 시작하여 점진적으로 확장)
  - 단순히 "잘했어"가 아닌, 행동 기반의 구체적 칭찬 제공 ("처음에는 힘들어했는데, 이번엔 끝까지 시도한 점이 정말 좋았어.")
- 선택권이 있는 과제 및 활동 제시로 자기결정감 유도
  - "이건 나랑 안 맞아요."라는 발언은 자기주도권 결여의 표현일 수 있음.
  - 학생이 과제를 선택할 수 있는 권한을 주어 과정에 대한 주인의식과 동기가 함께 회복되도록 함.
- 모델링 및 또래 협력 구조 활용
  - 비슷한 과제를 수행한 친구의 사례를 보여주며 "나도 할 수 있겠다."는 사회적 학습 기반 자기효능감을 자극함.
  - 학생이 신뢰하는 친구와 짝활동, 팀활동 등을 통해 정서적 안정과 협력 속에서 참여 유도

[구상형 3번]

[자신이 더 선호하는 리더십 유형에 가까운 교사 선택과 이유]

A 교사(추진력·계획 중심형 리더십)
- 학교 업무는 기한과 형식이 명확한 과제가 많기 때문에, 빠른 결정과 추진력은 협업의 효율성을 높이는 데 매우 중요함.
- 협의와 조정이 길어지면 오히려 업무 피로도와 책임 회피가 생기기 쉬움.
- A 교사처럼 명확한 지시와 역할 분배를 통해 책임과 일정을 명확히 하는 리더십은 구성원 모두에게 안정감을 줄 수 있음.
- 특히 공동 과제에서 책임 소재가 불분명한 상황을 방지하고, 실행력을 확보하는 데 효과적임.

B 교사(경청·조율 중심형 리더십)
- 학교 조직은 다양한 가치관과 업무 방식이 공존하는 공간이기 때문에, 의견을 경청하고 조율하는 리더십이 더 지속가능하다고 생각함.
- 팀원 간 상호 신뢰를 바탕으로 할 때 과정에 대한 만족도와 자발적 참여가 높아지며, 결과 또한 자연스럽게 따라옴.
- B 교사의 리더십은 '함께 일하고 싶은 리더'로서 조직의 응집력을 강화하는 데 효과적임.
- 특히 구성원 간 역할 편차, 업무 강도 차이가 존재할 때 유연한 조정이 갈등을 예방하는 핵심 전략이 될 수 있음.

[해당 리더십을 바탕으로 갈등 상황 조율 또는 공동과제 완수를 위한 실천 전략]

A 교사
- 초기 회의에서 역할 분담과 일정표를 명확히 설정
  - 과제의 성격, 요구되는 결과물, 담당 역할을 문서로 제시하여 업무의 예측 가능성과 책임감 확보
  - 팀원 간 협의보다는 사전 조사 후 안을 제시하고 동의받는 방식으로 빠르게 결정
- 중간 점검 시스템 운영으로 실행력 강화
  - 일정의 절반 시점에서 역할별 진행 상황을 점검하고, 필요 시 일정 재조정
  - 팀원 간 차이가 있을 경우, 보완 가능한 지원안 제시
    (예 자료 공유, 공동 수정 등)

B 교사
- 강점 기반의 유연한 역할 배분과 선택권 부여
  - "이 중에서 가장 자신 있는 역할이 무엇인지?"를 먼저 묻고 분배함으로써 자율성과 책임감을 동시에 확보
- 갈등 발생 시 중재자 역할로 분위기 조율
  - 의견 충돌 시 감정을 자극하기보다는 공통의 목표(학생 중심, 학교 발전 등)를 상기시킴.
  - 직접 판단하기보다는 서로의 말을 정리해 주며 감정이 아닌 내용 중심 대화를 유도

[즉답형]

[학생 참여 수업이 효과적이라는 점을 설명]
- **학생의 반응과 변화 중심으로 설명** : 질문 중심 수업을 통해 학생들이 자기 생각을 말하고, 서로 다른 관점을 듣고 받아들일 수 있음. 단순 암기보다는 개념을 스스로 조직하고 적용하는 경험을 통해 학습의 깊이와 지속성이 높아질 수 있음.
- **교육과정과 연계하여 설명** : 2022 개정 교육과정에서 '자기주도성'과 '비판적 사고'가 핵심 역량으로 강조되며, 참여형 수업은 이를 실현하기 위한 실제적 방법임. 교사 중심 설명만으로는 도달하기 어려운 사고 수준을 학생 중심 수업으로 끌어올릴 수 있음.

[수업에 대한 의견이 다를 때 자신의 철학을 지키면서도 갈등을 피하는 방안]
- **존중과 경청** : 선배 교사의 의견을 무시하지 않고 기존 방식이 가진 강점과 의도를 이해하려 노력, 먼저 배우려는 태도를 보이며 상호 존중의 관계를 유지
- **성과 공유** : 직접 설계한 수업의 실제 운영 장면, 학생 반응, 결과물 등을 공개수업 등의 자리에서 공유함. 말로 설득하기보다 '보여주는 방식'으로 신뢰를 얻음.
- **공통 지점을 찾는 유연한 태도 유지** : 모든 수업을 참여형으로 밀어붙이기보다, 수업 흐름에 따라 설명과 활동을 혼합하거나 선배 교사의 장점을 반영한 절충안을 모색

2026학년도 평가원 지역 46회차

[구상형 1번]

[문제 상황]
- 반복적 민원 대응으로 인한 심리적 소진 및 업무 부담
- 생활지도에 대한 학부모와 교사 간 신뢰 부족
- 학교 내 민원 대응 매뉴얼 및 지원 체계 부족
- 교권 보호 시스템 부재로 인한 교사의 심리적 위축

[해결 방안]
- 교사 차원
  - 생활지도 과정 기록
  - 학생과 보호자 상담 시 경청과 설명 중심의 의사소통 노력
  - 학부모 민원에 감정적 대응 지양, 객관적 사실 중심 대화
  - 동일 사례 공유를 통한 동료 교사 간 사례 협의
- 학교 차원
  - 학부모 민원 대응 절차 마련 및 지원팀 운영
  - 생활지도 원칙 및 사전 안내 강화(가정통신문 등)
  - 전체 교직원 협의회를 통한 사례 공유 및 지도 일관성 확보

[구상형 2번]

[이 교사가 갖추어야 할 역량]
- **관계 중심 생활교육 역량** : 학생 간 관계를 단순히 "친하게 지내야 한다."는 수준에서 지도하는 것은 오히려 강요처럼 느껴질 수 있음. 갈등을 완화하고 공동체 안에서 건강한 거리를 유지할 수 있도록 돕는 민감하고 유연한 관계 지도 능력이 필요함.
- **회복적 대화 역량** : 감정적 충돌이나 갈등 상황에서 당사자들이 안전하게 대화할 수 있도록 돕고, 서로의 감정을 이해하고 회복적 관계를 형성할 수 있도록 중재하는 역량이 필요함.

[해당 역량과 관련된 자신의 경험과 앞으로의 적용]
- **관계 중심 생활교육 역량** : 교직실습 및 교육봉사 활동 참여하면서 특정 학생이 모둠활동에서 소외감을 느끼는 상황을 본 적 있음. 당시 지도교사께서 학생 간 갈등을 언급하지 않고, 다음 활동에서 조를 재구성하거나 학생 개개인에게 역할을 부여하는 방식으로 문제를 유연하게 풀어가는 모습을 관찰하였음. → 학생의 감정을 직접 드러내게 하기보다, 정서와 심리적 안정을 고려해 우회적으로 접근하는 방식으로 관계를 지도하겠음.
- **회복적 대화 역량** : 교육실습 중, 체육시간에 언쟁이 있었던 두 학생을 두고 지도교사께서 바로 사과를 요구하지 않고, 각자의 감정을 따로 들어주신 뒤, 함께 대화 자리를 만들어 어떤 말이 서운했는지를 중심으로 소통을 유도하셨음. 이 과정을 보며 감정을 이해하게 돕는 대화 구조가 관계 회복에

효과적임을 느낌. → 현장에서도 즉각적인 훈육보다 감정을 말할 수 있는 분위기를 만들고, 감정카드나 회복적 질문을 통해 학생 스스로 감정과 관계를 돌아보게 돕고자 함.

- 학생 스스로 탐구결과 발표 후, 교사가 정리 및 피드백 제공
- 탐구활동 종료 후 전체적으로 학습개념 정리하여 개념화 유도

[구상형 3번]

[자신의 입장에 더 가까운 교사 선택과 이유]

A 교사(교사가 충분히 설명하고 정리해주는 수업)

- 학습의 기초 개념 명확히 정립 : 기초개념을 정확히 이해하지 오개념 발생할 수 있음.
- 교사의 전문성을 활용한 체계적 설명 : 전문적인 지식 구조를 학생 수준에 맞게 조직하여 설명하는 것이 효과적임.
- 수업 시간의 효율성 확보 : 제한된 수업시간 내에 학습목표 달성을 위해 교사의 명확한 설명 필수
- 학생들의 인지부담 감소 : 탐구에 앞서 교사의 안내를 받으면 학생들이 학습 내용에 접근하는 부담이 줄어듦.
- 기본 개념 이해 후 학생 활동이 더 효과적 : 개념이 먼저 정립되면 이후 학생 중심 활동에서도 깊이 있는 사고가 가능해짐.

B 교사(학생 스스로 탐구하고 협력하며 배우는 수업)

- 학생 주도적 탐구가 학습의 내면화를 촉진 : 스스로 질문하고 탐구하는 과정이 장기적 이해와 전이학습에 도움이 됨.
- 문제해결력, 비판적 사고력, 협력적 소통능력 함양 가능 : 다양한 역량 중심 교육과정 취지에 부합함.
- 학생의 학습 흥미와 주인의식 증진 : 학습을 학생의 과업으로 경험하게 하여 학습 동기를 높임.
- 학생 수준에 따른 다양한 접근 가능 : 각자 흥미에 맞는 방식으로 탐구할 수 있어 개별화 학습이 용이함.
- 교사는 촉진자 및 조력자로 작용 : 학생의 주도성을 지원하며 학습과정을 면밀히 관찰·피드백 제공 가능.

[선택한 입장을 바탕으로 한 수업 운영 방안]

A 교사

- 수업 도입부에서 학습 목표와 개념을 명확히 설명하고 정리
- 교사의 설명 후 짧은 개념 확인 문제나 질문으로 이해 여부를 즉시 점검함.
- 개념 이해 이후 소규모 활동, 실생활 적용 문제 등으로 확장 학습 유도
- 학생의 질문을 충분히 받고 오개념이 있는 경우 즉시 교정 지도 실시
- 설명 중 시각자료, 도표, 사례 활용으로 이해를 촉진

B 교사

- 수업 시작 전 학생들에게 탐구 과제나 문제 상황 제시
- 모둠 협력학습, 토의, 프로젝트 등 다양한 활동 중심 수업 운영
- 탐구 과정에서 필요한 경우 교사가 질문 제시 및 자료 제공으로 지원

[즉답형]

[학생들의 반발에 대한 지도]

- 규칙은 모두를 위한 공동 약속임을 설명 : 생활규정은 학생을 통제하기 위한 것이 아니라 학습권 보호와 모두의 공정한 환경 조성을 위한 것임을 이야기함. 학교에서 정한 원칙을 나부터 지키는 것이 공동체 신뢰의 시작이라는 점을 강조
- 타 반과의 비교보다 '우리 반의 책임'에 집중하도록 유도 : '다른 반도 다르게 할 수 있지만, 우리 반은 원칙을 지키는 반이라는 자부심을 가질 수 있다.'라고 안내함. 불만보다는 규칙을 통해 우리 반이 더 신뢰받는 모습을 상상하게 함.
- 규정에 대한 학급 토론 기회 제공 : 일방적인 설득보다 학생들이 생각을 말하고, 학교 규정의 필요성에 대해 고민해보는 토론이나 의견 나누기 시간을 마련함. 학생의 참여를 통해 자율과 책임이 공존하는 규칙 문화를 유도

[생활규정 운영 방식에 대한 생각과 이유]

원칙대로 운영

- 학교 규정은 일관되게 운영되어야 함 : 학생은 규칙 자체보다 공정하지 않은 운영에 더 민감하게 반응함. 교실마다 운영이 다르면 형평성 문제가 반복되고, 규칙에 대한 신뢰도 약화됨.
- 자율보다 우선되는 것은 '공동체 합의'임 : 규칙은 자율보다는 학교 구성원이 함께 정한 약속이라는 점이 우선되어야 함. 자율은 공동체적 합의 이후에 조정 가능하며, 그 전에는 교사 간 일관된 실천이 필요함.

각 반 자율에 맡김

- 규정 자체에 대한 학생 참여와 재구성이 병행되어야 함 : 단순한 통제보다, 규정이 실제 생활과 맞지 않는다면 학생 의견을 반영해 합리적으로 조정하는 과정이 필요함. 교사는 그 조율의 중심에서 학생의 목소리와 규정 사이의 균형을 고민해야 함.
- 학급별 자율 운영은 학생의 책임 있는 선택과 실천을 이끌어냄 : 생활규정이 일률적으로 강제되면 외적 통제에 의한 행동만 남고, 학생 스스로 규칙의 의미를 이해하고 내면화하기 어려움.

2026학년도 평가원 지역　47회차

[구상형 1번]

[수업 측면]
- **수준별 과제 제공** : 핵심 개념은 전체와 함께, 심화·기초 내용은 개별 과제로 구성
- **협동학습** : 서로 다른 수준과 배경의 학생들이 소그룹에서 역할을 나눠 수행하도록 수업 설계
- **시각적 자료, 그림 사전, 녹음자료 등 다양한 자료 활용** : 기초학력 미도달 학생, 다문화 학생 등 모두 학생의 접근성을 보장할 수 있도록 적절한 수업 자료 활용
- **보조 인력(두드림, 학습도움팀, 학습지원강사 등) 연계** : 1:1 또는 소집단 맞춤형 수업 병행

[생활지도 측면]
- **학생 맞춤 생활계획표 운영** : ADHD 의심 학생에게 구체적 행동 목표 제시
- **교실 내 감정온도계·감정카드 비치** : 정서 표현이 서툰 학생의 감정 인식 및 공유 지원
- **문화다양성 주간 운영** : 다문화 학생의 자존감 회복 및 공동체 소속감 강화
- **교사의 지속적 관찰일지 작성** : 학생별 변화와 특성 기록 → 통합적 지원 근거 마련

[학부모 소통 측면]
- **초기 학부모 상담** : 신뢰 기반 형성, 학생 이해도 심화
- **다문화 가정에 안내시 이중언어 제공**
- **가정·학교 간 연결노트 운영** : 학생 학교생활 및 관찰 내용 공유
- **공동체 중심의 긍정적 피드백 제공** : 문제보다 성장 가능성을 강조한 표현 사용

[구상형 2번]

[김 교사에게 요구되는 자질 또는 역량]
- **학생 이해 역량** : 문제행동의 이면에 숨은 정서적·환경적 요인을 파악하는 능력
- **회복적 생활교육 역량** : 단순 처벌이 아닌 관계 회복 중심의 생활지도 실행력
- **학부모와의 관계 유지 역량** : 감정적 방어가 아닌 공감과 경청을 통한 민원 대응
- **교사의 자기돌봄 역량** : 소진 방지를 위한 자기관리 능력

[지금까지 해 온 노력]
- **교육실습 중 문제행동 학생 지도 참관 및 지도 보조 경험** : 실습 학교에서 수업 중 자리이탈과 언어 중단 행동을 보이는 학생을 지도하는 담임교사의 방식을 관찰하였고 그 과정에서 회복적 언어 사용과 일관된 생활 규칙의 중요성을 실감함. 이후 학급 활동 시간에 보조교사 역할을 맡아 해당 학생과 짝 활동을 진행하며 긍정 피드백을 중심으로 관계 맺는 경험을 함.
- **지역아동센터 교육봉사 경험** : 초등 고학년 학생을 대상으로 방과후 학습지도를 하며 주의력이 산만하거나 감정기복이 큰 학생과 일대일 활동, 감정 카드를 활용한 대화 등을 시도해 봄. 보호자와의 연락 시에는 센터 지도교사와 함께 상황을 정리해 공유하는 경험을 하며 보호자 대응의 언어방식과 정보전달의 중요성을 체험함.
- **유튜브 등을 통해 '회복적 생활교육', '민원 대응을 위한 교사 언어' 관련 다양한 콘텐츠 시청** : 모의 상황을 가정하여 민원 대응 대화 스크립트를 직접 구성해보며 언어적 대응 전략을 연습함.

[구상형 3번]

[선호하는 교사 선택과 이유]

A 교사
- 교육은 문제해결력과 탐구정신을 기르는 것이며 교사는 정답보다 질문을 던지는 역할임.
- 학생을 능동적 주체로 보며 '생각하는 힘'을 길러주는 것이 장기적 성장을 이끎.
- 정답 중심 교육은 오히려 질문하는 힘을 약화시키고 창의성 억제 가능성 있음.

B 교사
- 기초학력 보장 없는 열린 교육은 학습격차를 오히려 심화시킬 수 있음.
- 교사는 먼저 정확한 개념과 구조화된 지식 전달을 통해 학생에게 안정감을 줘야 함.

[학교에서 운영할 수 있는 교육 활동 사례]

A 교사
- **'질문 만들기' 수업** : 텍스트나 주제 자료(기사, 교과본문 등)를 읽고, 학생 스스로 '궁금한 점'을 만들게 함. / 만든 질문을 공유한 뒤 서로의 질문 중 탐구할 만한 질문을 골라 조별 프로젝트나 토론 활동으로 확장 / 정답 맞히기보다 질문을 통한 사고 확장에 중심을 둠.
- **'무엇이든 질문지'를 활용한 수업 마무리** : 수업 종료 5분 전 '오늘 수업 중 생긴 궁금한 점'을 자유롭게 작성 / 질문을 다음 수업 도입이나 게시판, 학급 SNS 등에 공개하고 학생 스스로 답 찾기 활동 유도 / 학습을 스스로 이끌어가는 경험 제공
- **'질문 릴레이' 독서토론** : 독서 후 등장인물이나 장면에 대해 "왜?" "만약 ~라면?" 형 질문 생성 / 팀원이 돌아가며 서로의 질문에 자신의 생각을 말하고, 다시 질문으로 되묻는 활동 / 정답이 없는 문제에 대해 다양한 시각과 논리적 근거 제시를 연습함.

B 교사

- **'개념 틀 구조화 노트' 작성 수업** : 단원 핵심 개념을 도식화(예 개념·용어·예시 오개념·문제 적용)하는 노트 활동 / 특히 기초학력 미도달 학생에게는 이해 흐름을 시각적으로 안내함. / 추후 자기주도 학습 시 복습 도구로도 활용 가능
- **'문장 완성형 발문'을 통한 개념 정착 활동** : 개념을 학생에게 바로 질문하지 않고, 문장 일부를 제시해 정답을 유도하며 완성하도록 지도(예 "주인공이 화가 났던 이유는 ~때문이다." → 구조화된 사고 유도) / 약간의 틀 안에서 반복 연습을 통해 개념 이해도를 높임.
- **'바로 쓰기/바로 말하기' 활동** : 수업 중간마다 개념 정리 시간 확보 후, 학생이 배운 내용을 바로 말하거나 쓰게 함. / 즉각적인 피드백과 정리를 통해 지식 전달과 정착을 동시에 실현

[즉답형]

[대응 방안]

- **감정 조절 및 상황 정리** : 박 교사의 불쾌한 어조에 감정적으로 반응하지 않고, 침착하게 상황을 정리함. / 회의 분위기가 경직되었음을 인지하고, '저의 제안이 부담스럽게 느껴지셨다면 죄송하고, 더 나은 방향을 함께 고민해 보고 싶었다.'는 것을 알림 / 회의 종료 후 박 교사에게 개별적으로 찾아가, 의견 충돌이 아닌 아이들을 위한 논의였음을 설명하고 오해를 풀기 위해 노력함.
- **공감 및 재조정** : 작년 프로그램이 만족스러웠던 이유를 물어보고 동료의 입장을 먼저 경청 / 지역 연계 프로젝트는 아이들의 배움에 어떤 점에서 더 도움이 될 수 있을지 함께 검토해 보자는 의미였음을 말하며 제안의 의도를 부드럽게 설명 / 정해진 방향을 고수하기보다 새로운 방안과 기존 방안의 장점을 결합한 수정안 제시

[동료 교사라면 어떻게 할 것인지]

- 회의 분위기가 경직된 것을 인지하고 "우리 모두 아이들을 위한 방향을 고민 중이니, 다양한 의견을 열어두고 생각해 보면 좋겠어요."라고 말하며 분위기 전환을 위해 노력
- 김 교사의 의도와 박 교사의 우려를 중립적으로 요약해 양측의 이해를 돕는 중재자 역할 수행
- 회의 후 박 교사에게는 감정 표현의 방식에 대해, 김 교사에게는 전달 방식에 대해 각각 조언하며 팀워크 회복 유도
- 공식 회의 외에도 대화의 장을 따로 마련해 서로 오해 없이 의사결정을 돕도록 기획

2026학년도 평가원 지역 48회차

[구상형 1번]

[학생들의 태도에서 나타난 문제점]

- 학생들이 학교 수업의 교육적 가치를 낮게 인식하고, 입시 중심의 태도로 수업에 집중하지 않음.

[김 교사의 입장에서 문제를 해결하기 위한 수업 중 지도 방안]

- **수업 도입부에 수업 목표와 실생활·진로 연계 강조** : 수업을 시작할 때 오늘 배울 내용이 실생활이나 진로와 어떻게 연결되는지를 간단한 사례와 함께 설명함. 학생들은 학습의 목적을 인식하면서 수업에 몰입할 수 있음.
- **수업 내 자기주도 활동 포함** : 소단원별로 '질문 만들기', '핵심 개념 정리 카드 작성' 등 학생 스스로 정리하고 표현하는 시간을 짧게 마련함. 수동적 수업 참여에서 벗어나 자기주도적으로 학습 내용을 구조화하게 도와줌.
- **수업 전 '집중 예고 활동' 운영** : 수업 시작 전 짧은 퀴즈, 흥미 유발 질문, 소그룹 의견 나누기 등 간단한 활동을 통해 학생의 주의를 수업으로 전환함. 수업 초반 집중 유도와 분위기 전환으로, 학원 과제 등 사적인 활동을 차단하고 수업 참여를 유도하는 효과가 있음.

[구상형 2번]

[문해력 저하의 원인]

- **디지털 환경 중심의 단편적 정보 소비** : 학생들이 짧고 자극적인 콘텐츠에 익숙해지면서 긴 글을 읽고 맥락을 파악하는 능력이 약화됨. 깊이 있는 사고와 정교한 표현이 어려워짐.

[담임 교사의 입장에서 학생들의 문해력을 향상시킬 수 있는 방안]

- **'생각 나눔 독서' 활동 운영** : 학급 단위로 짧은 글을 함께 읽고, 그에 대한 감상이나 질문을 모둠 또는 전체 활동을 통해 나누게 함. 독서를 강제하지 않고 '느낀 점 한 줄 쓰기' 등 간단한 방식으로 문해에 대한 부담을 줄이고, 읽고 생각하고 표현하는 경험을 자연스럽게 유도함.
- **'생활 글쓰기' 시간 운영** : 학급 게시판이나 온라인 플랫폼에 '오늘의 한 문장', '감정 일기', '책 속 인용구 소개' 등을 쓰는 활동을 정기적으로 실시함. 일상 언어로 자신의 생각을 표현하면서 자연스럽게 어휘력과 표현력이 향상되고, 문해력의 바탕이 되는 자기 언어 사용 경험이 누적됨.

[구상형 3번]

[본인의 생각에 더 가까운 교사 선택과 그 이유]

A 교사 선택(학생 선택권 확대)
- 학생의 자기주도성과 진로 탐색 역량을 키우기 위해서는 다양한 과목 선택권 보장이 필수적임. 선택권이 주어질 때 학생은 자신의 학습에 책임을 가지게 되고, 수업 몰입도와 학습 만족도도 높아질 수 있음.

학교 차원의 노력 방안
- **공동교육과정 운영 연계** : 학교에서 개설이 어려운 과목은 온라인 공동교육과정이나 지역 연계 공동교육과정과 협력하여 학생의 과목 선택권을 실질적으로 확대함. 물리적 제약을 넘어 학생 맞춤형 교육과정을 구성하는 데 실질적 도움이 됨.

B 교사 선택(현실적 운영 기준 마련)
- 교육과정은 이상만큼이나 실행 가능성도 중요함. 학교 자원의 한계를 고려하지 않고 과목만 늘리는 것은 오히려 교육의 질을 떨어뜨릴 수 있음. 안정적이고 지속 가능한 고교학점제 운영을 위해선 합리적인 기준 정립이 필요함.

학교 차원의 노력 방안
- **과목 개설 기준과 절차의 공론화 및 체계화** : 학교 교육과정 운영위원회나 학년별 협의체 등을 통해 과목 개설에 대한 기준과 절차를 사전에 공유하고 협의함. 학생 수요, 교사 수급, 시설 여건 등을 고려해 가능한 범위 내에서 유연하게 결정함으로써 갈등을 줄이고 운영의 안정성을 높임.

[즉답형]

[본인의 생각에 더 가까운 교사]

정 교사 선택(관계 중심 개방적 소통)
- 학생들이 자율적으로 교사를 찾아올 수 있는 분위기를 조성함으로써 교사에 대한 거리감을 줄이고 자연스러운 소통과 상담을 통해 신뢰를 쌓을 수 있음. 이는 학생의 정서적 안정과 학급 문화에도 긍정적인 영향을 줄 수 있음.

박 교사 선택(업무 효율과 질서 중심)
- 교무실은 교사의 업무 공간으로, 자유로운 출입이 반복되면 학생과 교사 간의 경계가 흐려지고 업무 집중이 어려워질 수 있어 적절한 제한이 필요함. 이는 교사의 수업 준비와 행정 업무의 효율성에도 직접적인 영향을 미침.

[소통과 질서의 균형을 위한 실천 방안]
- **교무실 방문 예절 지도** : 교무실은 열려 있는 공간이지만, 사전에 노크하기, 타 교사 업무 방해 금지 등 기본적인 방문 예절을 학급 규칙으로 정하고 지도함. 학생 스스로 질서를 지키는 태도를 기를 수 있도록 반복적으로 안내하고 실천을 독려함.
- **교무실 방문 시간 안내** : 학생이 교사를 찾을 수 있는 시간대를 정해 주간 시간표나 학급 게시판에 안내하여 소통 기회를 열어 두되, 불필요한 출입은 자연스럽게 줄일 수 있도록 함. 교무실의 기능과 분위기를 함께 고려한 실용적인 방법임.

2026학년도 평가원 지역 — 49회차

[구상형 1번]

[학생 A의 문제점]
- **사고력 결여** : 학생 A는 AI가 제시한 내용을 정답처럼 수용하고, 자신의 관점을 덧붙이려는 시도 없이 그대로 옮겨 씀. 이는 창의적 사고력과 자기 표현 능력이 부족하다는 점을 보여줌.

[A 학생에 대한 AI 활용 지도 방안]
- **사례 중심 피드백 제공** : AI 예시를 바탕으로 자신만의 생각을 어떻게 확장할 수 있는지 개별 피드백 시간에 구체적으로 안내함. 예를 들어, AI 문장에 자신의 경험이나 감정을 덧붙이는 훈련을 제공함.
- **'자신의 문장으로 재구성하기' 제안** : A 학생에게 AI가 제시한 문장을 참고하되, 동일한 의미를 자신의 표현으로 바꿔 써보게 지도함. 같은 의미라도 어휘, 문장 구조, 표현 시점을 달리해 서술하게 함으로써, 표현력과 비판적 수용 능력을 기를 수 있도록 지도함.

[전체 학생에 대한 AI 활용 지도 방안]
- **AI 도구 활용 윤리 및 활용법 교육** : AI는 참고 도구이지 정답 제공기가 아니라는 점을 명확히 안내함. AI의 답변을 비판적으로 수용하고, 자신의 언어로 재구성하는 활동(예 AI 답안 재해석하기)을 수업에 포함시킴.
- **AI 답안과 학생 답안 비교 토론** : AI가 작성한 감상문과 학생이 작성한 감상문을 비교하며, 표현 방식과 해석의 차이를 분석하는 활동을 진행함. 이를 통해 AI에 대한 맹신을 줄이고, 자기 생각의 타당성과 독창성에 대해 고민하도록 유도함.

[구상형 2번]

[두 교사의 대화에서 알 수 있는 학생들의 문제점]
- **문해력 부족** : 학생들이 긴 글이나 복잡한 문제를 읽는 것을 회피하며, 글의 구조나 의미를 깊이 있게 이해하지 못함.
- **집중력 저하** : 교사의 설명이 조금만 길어져도 학생들이 주의가 분산되고 수업 흐름에 몰입하지 못함.

[교과 교사로서 수업 차원의 지도 방안]
- **문해력 부족**
  - 단계적 글 읽기 활동 도입 : 긴 글을 짧은 단락 단위로 나누어 읽은 뒤, 핵심 정보나 중심 생각을 요약하게 하는 활동을 수업에 정례화함. 점진적으로 읽기에 대한 부담을 줄여 문해력을 향상시킴.
  - 시각적 보조자료 활용 : 글의 흐름이나 구조를 시각화한 마인드맵, 도식 등을 함께 제시하여 학생들이 내용을 직관적으로 이해하고 정리할 수 있도록 도움.
- **집중력 저하**
  - 상호작용 위주 수업 전개 : 설명 중간에 질문, 퀴즈, 짝토의 등 상호작용 요소를 삽입하여 학습 참여도를 높이고, 지속적인 주의 집중을 유도함.
  - 수업 시간 구조 재구성 : 설명 시간을 5~7분 이내로 제한하고, 이후 활동-피드백-다음 설명의 순서로 수업을 리듬감 있게 분절하여 학생의 몰입을 유지함.

[구상형 3번]

[본인의 생각에 더 가까운 교사 선택과 그 이유]

A 교사 선택
- 학생 자치는 학생이 주도적으로 문제를 해결하며 주체성과 책임감을 기를 수 있는 중요한 교육 기회임. 실패를 포함한 경험 자체가 성장의 발판이 되므로, 교사의 과도한 개입은 자율성을 약화시킬 수 있음.

갈등 대처 방안
- 학생 간 갈등이 발생했을 때, 먼저 당사자 간 대화를 통해 스스로 해결해보도록 유도함. 이후 학급 회의를 통해 문제 해결 과정을 공유하고, 교사는 조력자로서 질문과 피드백을 제공하여 갈등 조정 능력을 기를 수 있도록 지원함.

B 교사 선택
- 학생 자치가 안정적으로 운영되기 위해서는 초기 단계에서 교사의 지도와 구조화가 필요함. 갈등이나 편향된 운영이 자칫 자치 활동 전체에 대한 불신으로 이어질 수 있기 때문에, 교사의 개입은 예방적 차원에서 의미 있음.

갈등 대처 방안
- 학생 자치 활동 중 갈등이 발생하면 즉각적으로 개입하기보다는 먼저 갈등의 원인을 파악하고, 관련 학생과의 면담을 통해 상황을 조율함. 이후 학급 전체에 공정성과 민주적 운영 원칙을 재확인시키고, 필요 시 자치 규약 개정 등을 통해 제도적 기반을 보완함.

[즉답형]

[동료 교사로서 김 교사에게 건넬 수 있는 조언]
- **정서적 지지와 시각 전환 유도**: 김 교사가 감정적으로 고립되지 않도록 공감적 태도로 지지함. "김 선생님, 누구나 처음엔 흔들릴 수 있어요. 지금 겪는 어려움이 교사로서의 전문성이 부족하다는 뜻은 아니에요."와 같은 말로 불안을 수용하고 안정감을 제공함. 문제 상황을 객관적으로 바라보며 자기 효능감을 회복할 수 있도록 돕고자 함.
- **이유**: 신규 교사는 초기 민원 상황에서 심리적 위축을 쉽게 겪으며, 이를 매개로 장기적으로 교직을 포기할 가능성도 있음. 이때 동료의 공감과 지지는 정서적 회복탄력성을 높이고, 감정과 상황을 분리해 인식하도록 유도하는 데 중요한 역할을 함.

[담임 교사로서 실천할 수 있는 사전 예방 방안]
- **학부모와의 신뢰 관계를 형성하기 위한 정기적 소통 체계 마련**: 학기 초 생활지도 원칙과 학급 운영 방침을 안내하고, 정기적인 상담 및 가정통신문을 통해 학생의 성장 과정을 공유함. 민원이 발생하기 전부터 긍정적 관계 기반을 쌓아, 오해나 불신을 예방함.
- **생활지도 상황 기록 및 공유 체계 마련**: 민감한 생활지도 상황은 간단히 기록해두고, 필요 시 학년부, 상담부 등과 공유함. 이는 객관적인 사실 확인 자료가 되어 학부모와의 불필요한 갈등을 사전에 차단하고, 교사의 대응을 조직 차원에서 지지할 수 있는 근거가 됨.

2026학년도 평가원 지역 | 50회차

[구상형 1번]

[학생들의 문제점 및 지도 방안]

학생 A의 문제점
- **책임 회피적 태도**: 공동 과제에서 발생한 오류에 대해 자신의 역할을 분명히 했음에도 불구하고, 결과에 대한 책임을 회피하며 문제의식을 드러내지 않음.
  → **공동 책임에 대한 인식 지도**: 조별 활동은 과정과 결과 모두 공동의 책임임을 안내하고, 정보 활용에 대한 주의와 협업의 책임감을 함께 성찰할 수 있도록 대화함.

- **AI 정보에 대한 비판적 사고 부족**: AI가 제공한 정보를 그대로 인용하면서도 그 정확성과 적절성을 검토하지 않았고, 결과적으로 조 전체에 영향을 미친 정보 오류에 대한 책임감을 인식하지 못함.
  → **AI 정보 검증 활동 안내**: AI가 제공하는 정보도 오류가 있을 수 있음을 인식하도록 돕고, 신뢰도 높은 출처와 비교하며 내용을 점검하는 활동을 통해 비판적으로 활용하는 태도를 기르도록 지도함.

다른 조원들의 문제점
- **비난 중심의 책임 전가**: 조원 전체가 협력해 발표를 준비했음에도 불구하고, 실수한 조원에게 책임을 전가하며 공동 감점에 대한 불만을 정서적으로 표출함.
  → **갈등 상황에서의 의사 표현 교육**: 문제 상황에서 감정이 아닌 사실 중심의 대화를 할 수 있도록 조정하고, 갈등을 해결하기 위한 적절한 표현 방식과 태도를 함께 모색함.

[구상형 2번]

[빈칸에 들어갈 말]
- **삶의 조력자**: 학생들이 교실 안에서 겪는 갈등과 성장의 순간마다 교사는 학생들과 함께 고민하며 방향을 잡아주는 조력자여야 함. 이를 통해 교사와 학생 간의 신뢰와 유대가 깊어질 수 있음.
- **성장을 이끄는 안내자**: 학교는 학업 성취를 넘어서 공동체 속에서 살아가는 법을 배우는 공간임. 교사는 학생의 가치관과 사회성을 함께 길러주는 존재로서 인성 교육의 안내자임을 인식할 필요가 있음.

[필요한 역량]

삶의 조력자
- **개별에 학생에 관한 이해심**: 교사는 학생의 발달 단계와 개인적 배경을 고려해 적절한 조언을 건네고 지도할 수 있어야 하며, 이를 바탕으로 학생들과 의미 있는 관계를 형성할 수 있음.

성장을 이끄는 안내자
- **공감적 소통 능력** : 학생의 감정과 처지를 공감하며 경청하고 반응하는 태도가 필요함. 이를 통해 학생은 감정을 건강하게 표현하고 타인을 배려하는 태도를 기를 수 있음.

[구상형 3번]

[본인의 생각에 더 가까운 교사 선택과 그 이유]
A 교사 선택
- 학생 간 갈등이 학급 전체 분위기에 부정적 영향을 줄 수 있으므로, 교사가 조기에 개입해 사태를 안정시키는 것이 중요하다고 생각함. 학생의 감정이 격해지기 전에 중재하는 것이 학급 정서 안정망 확보에 효과적임.

선택한 관점을 반영한 학급 운영 방안
- **'즉시 대화 시도' 원칙 수립** : 사소한 갈등 상황에도 교사가 즉시 개입하여 양측의 입장을 공정하게 듣고, 함께 해결 방안을 찾아가는 경험을 제공함. 이를 통해 갈등이 확대되기 전에 안정적인 학급 질서를 유지할 수 있음.

B 교사 선택
- 갈등은 학생이 스스로 문제를 해결해보는 과정을 통해 사회적 문제 해결 능력과 타인에 대한 배려를 기를 수 있는 기회라고 생각함. 교사는 즉시 개입하기보다 상황을 관찰하고 학생의 자율적 해결을 유도하는 조력자 역할을 해야 함.

선택한 관점을 반영한 학급 운영 방안
- **'감정 나누기' 활동 운영** : 갈등이 발생한 후 학생들이 자신의 감정을 차분히 설명하고 상대의 입장을 경청할 수 있도록 돕는 활동을 운영함. 이 과정을 통해 학생은 감정을 표현하고 타인을 이해하는 능력을 함께 기를 수 있음.

[즉답형]

[정 교사의 입장에서 학생 반응에 대한 대처 방안]
- **감정 공감 후 합리적 설득** : "이런 상황에서 속상할 수 있다."와 같은 말로 학생의 감정을 수용한 뒤, 시상이 이미 종료된 상황에서는 결과를 되돌리기보다 다음 기회를 위한 준비에 집중하자고 안내함. 감정을 받아들이고 건설적으로 전환하는 경험을 통해 정서적 회복과 성장을 유도함.
- **절차에 따른 이의 제기** : 학생들의 반응에 감정적으로 동조하기보다, 담임교사로서 행사 규정에 따라 이의 제기 절차가 있는지 확인하고 체육 담당 교사나 행사 운영위원에게 관련 사실을 정중하게 전달함. 학생들에게는 결과 정정보다는 절차에 따라 판단될 수 있다는 점을 안내하여 공동체의 규칙을 존중하는 태도를 기르도록 지도함.

[유사한 상황이 재발하지 않도록 하기 위한 담임 교사의 사전 지도 방안]
- **'승부보다 과정 강조하기' 사전 교육 실시** : 행사 전, 체육대회의 목적과 참여 태도에 대해 학급 단위 사전 교육을 실시하고, 승패보다 과정의 공정성과 협력의 의미를 강조함.
- **'공정한 판정 절차 안내' 제도화** : 오심에 대한 대응 절차(예 영상 확인 요청 가능 시간, 담당 교사 확인 등)를 행사 전에 안내하고, 안내문이나 리플릿을 통해 학급에 사전 공지함. 학생이 감정이 아닌 절차로 문제를 해결할 수 있도록 돕고, 공정성과 질서의 가치를 인식하도록 지도함.

저자 약력

류은진
- 2015 경기 중등 국어 임용 합격
- 2016 서울 중등 국어 임용 합격
- 2018~2019 『수상한 임용 심층 면접』 저자
- 2020~2025 『임용 면접 레시피』 저자

양왕경
- 2017 서울 초등 임용 수석 합격
- 2018~2019 『수상한 임용 심층 면접』 저자
- 2020~2025 『임용 면접 레시피』 저자
- 『면접왕』 저자
- 박문각 임용고시학원 2차면접 강사
- 박문각 임용고시학원 초등 임용고시 강사

이광한
- 2016 서울 중등 기술 임용 합격
- 2018~2019 『수상한 임용 심층 면접』 저자
- 2020~2025 『임용 면접 레시피』 저자

이지혜
- 2012 강원 중등 보건 임용 합격
- 2016 서울 중등 보건 임용 합격
- 2018~2019 『수상한 임용 심층 면접』 저자
- 2020~2025 『임용 면접 레시피』 저자

2026 임용 면접레시피 [평가원 지역]

인 쇄 | 2025년 11월 1일
발 행 | 2025년 11월 7일
공 저 | 류은진, 양왕경, 이광한, 이지혜
발행인 | 양왕경
발행처 | 위더스
출판신고 | 제 2025-000093호
주 소 | 서울시 송파구 위례광장로 199 성희프라자 501-1-3호

ⓒ 류은진·양왕경·이광한·이지혜, 2025
ISBN 979-11-991875-2-8 / 979-11-991875-0-4 (전 2권)
이 책은 저작권법에 따라 보호받는 저작물이므로 무단전재와 무단복제를 금지하며,
위반할 시 저작권법 제136조에 의거하여 처벌받게 됩니다.
낙장이나 파본은 구입처에서 교환해 드립니다.

정가 36,000원